SeaEagle

SeaEagle

【清朝，一個距離今天最近的封建王朝！】

一讀就停不下來的大清史

愛新覺羅為「像金子般高貴神聖的覺羅族」之意，「愛新」意為「金子」，「覺羅」是地名，黑龍江省依蘭一帶

大汗之路，努爾哈赤的天命傳奇
虎父無犬子，雄才大略的皇太極
聖祖康熙，千秋功罪任評說
雍正，俯仰無愧天地，褒貶自有春秋
一朝浮華夢將醒，興也乾隆，衰也乾隆
有心無力是嘉慶
錯上寶座的咸豐，無法重來的歷史
垂簾聽政，半個世紀的荒唐富貴

劉觀其——著

前言

清朝，一個距離今天最近的封建王朝。他的敗落更替，不但改變了中華民族發展的軌跡，更是在世界大環境中突顯出這個民族無與倫比的榮耀與痛徹天地的悲涼之間的巨大反差。在短短的二百多年中，一個民族和一個社會急遽轉型，只給一個王朝留下倉促而淒涼的背影。

讓我們回顧一下這個王朝的興衰更替：一六一六年努爾哈赤建立後金。一六三六年皇太極稱帝，改國號為清。一六四四年入關，進逼中原，推翻朱明王朝。一九一一年辛亥革命爆發，滿清政府大勢已去。一九一二年宣統皇帝退位。這個從朱明王朝手中奪來的少數民族政權歷經二百六十八年，在內憂外困中告別了歷史的舞台。從此中華大地硝煙四起，一系列轉型和外族入侵的陣痛逐漸蔓延開來。

清王朝的消亡是中國兩千年封建社會的句點，是整個中華民族轉折的起點。大清由盛到衰，短短二百餘年，是中國封建社會的濃縮。撥開興衰的迷霧，可以看到一個完整的封建時代的沒落。他有對封建文化的傳承和發展，也有末路時改革的微弱曙光。但是在世界發展大潮中，在西方弱肉強食的進化論中，在內部土崩瓦解的現實面前，他一步步被迫面對現實，走入歷史的塵埃。這是事物發展的規律所致，遠非人所能夠控制。

努爾哈赤於遼東建立後金，皇太極躍馬進逼中原，此所謂興；康熙皇帝勵精圖治，削三藩，收台灣，平噶爾丹，安定家國，廓清疆土。雍正、乾隆擎起安定發展大旗，站在最後一個王朝最後強盛的頂峰，此所謂盛；嘉慶帝開始的衰敗到宣統帝的正式退位，此所謂衰。

在本書中，清朝的政治、經濟、外交、文化、軍事盡含其裡；血雨腥風，紅顏柔情，文人情懷，錚錚傲骨，涓涓清淚縷嵌其中；開闢疆土，劈波斬浪，竭力中興，欲挽狂瀾，外族欺凌歷歷呈現……一部清史，十二帝，一段驚人心魄，大氣華麗，卻又晚景淒涼的歷史勾勒出大清最真實的輪廓。兩百多年的清史，有指點江山、揮斥方遒的豪邁，也有不思進取，落後挨打的沮喪；有文治武功，勵精圖治的興盛，也有退而不放，牝雞司晨的沒落；有歌舞昇平的盛世，也有揭竿而起的鬥爭；有風花雪月的柔情，也有錚錚傲骨的激蕩；有跨洋驅虜的豪情，也有飽受侵略的屈辱。有平定海疆的激越，也有喪權辱國的淒涼。忠貞與叛逆，壓迫與反抗，悲歡與離合，治世與外患，開疆與喪土，興盛與悲亡皆盡穿插其間，描繪出一段段歷史，一幕幕場景，恰似如煙如霧的過往，而今再看卻依然盪氣迴腸……

留一段豐厚的歷史給後人，恰似美酒入腸——跌宕起伏，甘美醇香！

目錄

第二章：虎父無犬子，雄才大略的皇太極

第三章：中原初入，坐穩江山還是刀

第四章：聖祖賢君——千秋功罪任評説

第五章：雍正——俯仰無愧天地，褒貶自有春秋

第六章：一朝浮華夢將醒，興也乾隆，衰也乾隆

第七章：有心無力是嘉慶

第八章：天朝上國，美夢終被鴉片碎

第九章：錯上寶座的咸豐，無法重來的歷史

第十章：垂簾聽政，半個世紀的荒唐富貴

第十一章：洋務運動，士大夫的一廂情願

第十二章：救亡圖存，大清還是咱們的國

第十三章：受盡煎熬是大清，民主共和人心向

第一章：大汗之路，努爾哈赤的天命傳奇

從帳下平民到開國之君，從十三鎧甲到千軍萬馬，努爾哈赤用四十四年的時間完成了人生的蛻變。四十四年裡，他斬冰破浪，激蕩煙波，統建州，並海西，收野人，滅葉赫，一統女真。「七大恨」反明，摧枯拉朽，縱橫遼東。直到袁崇煥橫空出世，後金勢不可當的鐵騎方才為之一滯。

天命起始，鎧甲十三副

明嘉靖三十八年（一五五九年），建州左衛蘇克素護部赫圖阿拉城（後改稱興京，今遼寧省撫順市新賓縣）中傳來一聲新生兒響亮的哭聲，他的父親、大明建州左衛指揮愛新覺羅・塔克世為自己的這個第一個兒子取名為努爾哈赤。他就是日後的清太祖。在滿語裡，努爾哈赤是為「野豬皮」之意。雖然這個名字不怎麼雅，但也能看出愛新覺羅家族那種剽悍的性格。

在滿語中，愛新覺羅為「像金子般高貴神聖的覺羅族」之意，「愛新」意為「金子」，「覺羅」是地名，在今天黑龍江省依蘭一帶，是清太祖努爾哈赤祖先最先居住的地方。這片廣袤的白山黑水，滋養著眾多女真兒女。

眾所周知，努爾哈赤生活的時代，從全國來看，大明王朝已然出現衰落之兆，但依然是死而不僵的百足之蟲。從遼東地區的女真族來看，此時的女真部落眾多且征伐不斷，混亂不堪。不凡的努爾哈赤自幼便有雄心壯志，希望改變這一狀況。

所謂時事造人，亂局之中必出英雄。那時，大明王朝在遼東對女真人採用分而治之的政策，使得當時的建州右衛指揮使王杲（音稿，努爾哈赤外祖父）與朝廷摩擦越來越大。明萬曆二年（一五七四年），遼東都督僉事李成梁率領六萬大軍奉旨征討王杲部落，王杲逃脫後卻被與其結怨的哈達部獻於明朝，淩遲處死，其子阿台（努爾哈赤之舅、堂姐夫）僥倖逃脫，潛回古勒寨，繼續對抗朝廷，以期為父報仇。萬曆十一年（一五八三年）朝廷下令李成梁攻打古勒寨，除掉阿台。覺昌安（努爾哈赤祖父）、塔克世進城去探望，因戰事緊急被圍在寨內。建州女真蘇克素滸河部圖倫城的城主尼堪外蘭在李成梁的指揮下誘阿台開城，攻破古勒寨之後屠城，覺昌安、塔克世均死在明軍屠刀之下，未能倖免。

祖父和父親就這樣無辜受害，努爾哈赤心中從此燃起復仇怒火。祖、父之仇自然要報，但自己的實力遠遠不夠，強大如阿台者，固若金湯的古勒寨也沒有抵擋住明軍的刀鋒，因此伺機而動才是道理。他首先上疏，向明廷索要賠償。明廷很快做出回應：

明覆曰：汝祖、父實是誤殺，遂以屍還，仍與敕書三十道，馬三十匹，復給都督敕書。——清・佚名・《滿洲實錄》

雖然朝廷用「誤殺」一詞來解釋覺昌安和塔克世之死，也算是做出了很有「誠意」的賠償，但這並不能消除努爾哈赤的復仇之心，因為在復仇心之上，他還有更大的野心。復仇，僅僅是他的第一步。

第一步向誰復仇？目標自然不可能是明朝。努爾哈赤現在的全部家當只有三十匹馬、一個龍虎將軍的虛銜，外加父親塔克世留下來的十三副盔甲，用這點裝備對明朝宣戰，無異於以卵擊石。他先將報復的目標鎖定在了炸開古勒城城門的女真族圖倫城城主尼堪外蘭身上。

最初，努爾哈赤希望借明軍的力量來處置尼堪外蘭，他曾對明軍邊將說：「殺我祖、父者實尼堪外蘭唆使之也，但執此人與我，即甘心焉。」然而邊將則稱：「爾祖、父之死，因我兵誤殺故，以敕書馬匹與汝，又賜以都督敕書，事已畢矣。今復如是，吾即助尼堪外蘭築城於嘉班，令為爾滿洲國主。」（清・佚名・《滿洲實錄》）話說得很不客氣，並且警告努爾哈赤，尼堪外蘭即將是滿洲的領導，你努爾哈赤也不過是他的一個子民罷了。

努爾哈赤氣急敗壞地往回走，途中偏又遇到了尼堪外蘭這個冤家。對尼堪外蘭的質問不但沒有得到結果，反而被其奚落了一頓。這下更加深了努爾哈赤對尼堪外蘭的仇恨。回到其地，努爾哈赤聯合起沾河寨主常書等百餘人，加上自己的三十來人，於萬曆十一年四月三十日晚，趁著夜色，向尼堪外蘭所據的圖倫城（今遼寧省新賓縣湯圖）發起了進攻。

努爾哈赤輕騎直進，直撲圖倫。次日東方未明之時，便已將圖倫城圍了個水泄不通。見圖倫城內的人已是插翅難飛，努爾哈赤吹響了攻城的號角。努爾哈赤的部下，與之自小長大的安費揚古一馬當先，率一部人馬在城牆之下搭成一道人梯，安費揚古順著人梯一躍而上，數個守城的兵丁頓時倒在了他的刀下，餘人紛紛躍上城頭，一番血戰之後終於將城門由內打開。在城外早已等得急不可耐的努爾哈赤，見城門洞開，立刻率領部下蜂擁而入。猛烈的攻擊持續了不到一刻鐘，便以圖倫城守兵棄械投降而告終。

此役，努爾哈赤「得甲三十副，兵百人以歸」（民國・漢史氏・《滿清興亡史》），取得了起兵之後的第一場大捷，但尼堪外蘭卻跑了。

努爾哈赤閃擊圖倫的舉動引起了其叔父們的不安，因為尼堪外蘭是朝廷欽命官員，公開與其作對就是與朝廷作對，這勢必引起朝廷不滿招來禍患。但開弓沒有回頭箭，努爾哈赤只能繼續向前，恰此時，努爾哈赤巧妙地打敗放走尼堪外蘭的薩爾滸城主諾密納兄弟，輕取薩爾滸。

拿下薩爾滸，意味著努爾哈赤完成了蘇克蘇滸部的統一，但這又豈是努爾哈赤的最終目的？他的眼光望向的是更為廣闊的天地——建州。

建州女真共分成建州部與長白部。建州部包括已經成為努爾哈赤囊中之物的蘇克蘇滸部（遼寧蘇子河流域）、渾河部（遼寧渾河北岸）、完顏部（吉林通化以南）、董鄂部（遼寧桓仁縣附近）、哲陳部（遼寧撫順附近）五部。長白部包括納殷部（吉林撫松縣東南）、珠舍里部（吉林臨江縣北）、鴨綠江部（吉林吉安縣）三部。夜襲薩爾滸之後，實力得到進一步壯大的努爾哈赤橫掃建州，至萬曆十四年（一五八六年），已將建州部的大部分地區收入囊中。然而，當他面對實力最為強大的董鄂部時，戰場上的叱吒風雲無法幫他達成所願，為了征服這個強有力的對手，努爾哈赤不得不另闢蹊徑。

【知識鏈結】

敕書，是明朝政府一次性發給女真各部酋長的換信。女真各部酋長憑此「敕書」，才可到馬市進行商品交換。萬曆年間，大明只准敕書持有者入京朝貢貿易，發放的敕書數就是朝貢的限額，朝貢貿易由此真正成為敕書貿易。建州初得敕書時只有五百道（海西女真有一千道），因此努爾哈赤因其祖、父命而獲得敕書三十道，其部落無疑獲得了一個以遼東特產換錢、壯大自己的生財之道。

剛柔並濟，建州實乃囊中之物

萬曆十六年（一五八八年）的某個黃道吉日，赫圖阿拉城內張燈結綵，時年二十八歲的努爾哈赤在自己的建州左衛指揮府上大宴賓客。在這裡，努爾哈赤長女——年僅十歲的東果格格即將出嫁，他的夫婿便是只比她的父親小一歲的才俊何和禮。可是，何和禮已經是有家室之人，為何努爾哈赤如此急著將自己年幼的掌上明珠嫁給一個有婦之夫做妾呢？

此時的努爾哈赤雖然還不是清太祖，但已是大明建州左衛指揮，名義上的建州女真之主，他為何要這樣做？難倒何和禮真的優秀到了萬裡挑一的地步嗎？

沒錯，何和禮是遼東地區少有的青年才俊，武藝高強、性情寬和、內斂而富謀略，在部落威信極高，絕非庸常之輩。二十六歲時便繼承其兄長之位成為了董鄂部的首領。日後在努爾哈赤統一女真、與明軍交戰之際，和額亦都、費英東、安費揚古、扈爾漢一起成了努爾哈赤的「開國五大臣」。

不僅如此，何和禮的董鄂部是建州女真五大部落之一，擁兵七千餘人，兵強馬壯，實力雄厚。兼併董鄂部是努爾哈赤圖謀建州的關鍵一步。用武已然不成，於是他動起了聯姻的念頭。正所謂捨不得孩子套不到狼，把幼女當做政治的犧牲品，對努爾哈赤來說也是無奈之舉。

這場婚宴，將努爾哈赤的雄心彰顯出來。

按照滿洲的婚禮習俗，「午夜亮轎，五更娶親」，也就是新郎官要在午夜時分帶著轎子來到未過門的媳婦家，由女方家安排一頓迎親宴，再到五更天（凌晨三點～五點）時將新娘子帶入家門拜天地。因此，何和禮於子夜時分準時上門迎親，並高坐在迎親宴上。

看起來一切都很順利，但何和禮忘了一個人：他的原配——賽堪。

酒宴正酣，一個守兵匆匆來報：城門口有一百多人正在一個女子的帶領下破口大罵，高聲叫嚷讓努爾哈赤還了她的丈夫出來。新郎官的臉頓時嚇得煞白，他知道，那個帶兵的女子正是他的原配夫人，有母老虎稱謂的賽堪。

何和禮帶兵臨走之時，向賽堪說是去與努爾哈赤就兩部聯合一事做些商討，可誰知道這傢伙出了城門便穿戴一新、抬起轎子給人家做女婿去了。留守城中的賽堪得到來自心腹之人的消息時，當場就火冒三丈，點起一百親兵向赫圖阿拉城殺奔而來。

得知在城外鬧事的是新女婿何和禮的原配夫人，努爾哈赤感到既好笑又無奈。清官難斷家務事，更何況這也不是什麼能一笑置之的事，連忙讓妻子富察氏・袞代和女將椒箕，陪同女婿一同前去探察真相。

結婚本來是一件喜事，可被老婆這麼一鬧，何和禮的面子怎能掛得住？連忙跑到城外想先把賽堪哄回去。誰知剛走到一身戎裝、勒馬持劍的賽堪面前，就被老婆當頭一劍劈了過來。何和禮勉強躲過，衣服卻被劃破一道，狼狽至極。準岳母袞代一看女婿那邊情況不對，忙讓椒箕迎戰賽堪，不出幾個回合，便將賽堪生擒活捉。

賽堪帶著一肚子的怒火被縛到府中，本以為自己此次凶多吉少，卻沒想到努爾哈赤滿臉堆笑地親自為其鬆綁賜座，上茶賠禮，說道：「我把女兒嫁給你的丈夫與兒女私情無關，而是想透過這種方式讓我們的兩個部落聯合起來。我的女兒嫁過去之後也不會搶你的地位，你還是大福晉，讓東果做偏房，就當自己多了個小妹妹罷了。」一席話說得賽堪啞口無言，再見到還是一個小孩子的東果格格後，也感覺自己為這個小孩吃醋有些不值，也就默許了這門親事。

這是在清代天嘏所著的《滿清外史》中所記載的故事。按其中所說的，努爾哈赤就是用這種先兵後禮的手段把何和禮從賽堪手中搶了過去，這裡面的賽堪也是通情達理之人，努爾哈赤說了幾句好話也就接受了；而民國期間小橫香室主人在其所編的《清朝野史大觀》中說，雖然賽堪在身陷赫圖阿拉城的不利局面時勉強將自己的丈夫拱手讓人，但一肚子的怨氣還是無處發洩，以至於缺少了封建社會嚴格要求婦女遵守的三從四德，最後導致她所生的子女都不為何和禮所重視，日後世襲何和禮爵位的子女，全都是東果格格所生，這個倒是歷史上明確記載的。至於其他的，正史之上倒也沒有提及，只能仁者見仁，智者見智。

無論怎麼說，何和禮算是正式成為了努爾哈赤的女婿，董鄂部與努爾哈赤也正式聯合起來。如此，則建州女真的大半江山就等於是為努爾哈赤所據，統一建州女真，僅是一個時間問題。

後來，努爾哈赤手刃尼堪外蘭，為其祖其父報仇雪恨。在以後的日子裡，努爾哈赤由近及遠，恩威並行，「順者以德服，逆者以兵臨」（清・鄂爾泰・《清太祖武皇帝實錄》），將分散在建州的異己勢力一個個削平：

萬曆十五年（一五八七年）八月，努爾哈赤派額亦都率軍攻取哲陳部巴爾達城，隨之親領大軍攻佔哲陳部洞城（今黑龍江省黑河北白砬子南，一說在遼寧省渾河流域，根據努爾哈赤的出兵順序來看，後一種更為可信），滅哲陳部。

次年，「蘇完部主索爾果率本部軍民來歸……又董鄂部主……亦率本部軍民來歸……是時上招徠各路，歸附益眾」（清・王先謙・《天命東華錄》），實力進一步壯大。

同年九月，努爾哈赤率兵攻克完顏城（今吉林省通化市及其西南地區），滅完顏部。

萬曆十九年（一五九一年）正月至萬曆二十一年，努爾哈赤兼併了長白部的納殷部、珠舍里部、鴨綠江部。

至此，努爾哈赤統轄區域西起撫順，東至鴨綠江，北接開原（今遼寧省開原市老城鎮），南連清河（今遼寧省本溪市清河城），建州女真實現了統一，努爾哈赤走完了他統一大業的第一步。

下一步，他的鐵騎將要踏上另一片黑土——海西女真的部落。

【知識鏈結】

滿族八大姓，佟佳氏、瓜爾佳氏、馬佳氏、索綽羅氏、齊佳氏、富察氏、納喇氏、鈕祜祿氏。冠以漢字姓為：佟、關、馬、索、齊、富、那、郎。在清朝近三百年歷史當中，八大姓族人叱吒風雲，遍布清朝廟堂後宮各個角落，而後經過長時間的歷史變遷，八大姓稱謂也逐漸演變，體現了民族融合和社會發展的結果。

揚威古勒破九盟，英雄難過美人關

海西女真別稱扈倫四部，包括葉赫部（今吉林四平）、哈達部（今遼寧清河流域）、輝發部（今吉林樺甸縣）、烏拉部（今吉林伊通縣）四部。這是一塊難啃的硬骨頭，尤以葉赫女真部為最。努爾哈赤統一女真的過程離不開一個人，他就是歷史上有名的「葉赫老女」——葉赫那拉・布喜婭瑪拉，小名東哥。

萬曆十九年，剛剛統一建州不久的努爾哈赤，遭到了海西女真葉赫部討要領土的挑釁，努爾哈赤口氣強硬，不是魚死，就是網破。

努爾哈赤的態度讓東哥的老爹、海西四部首領、葉赫部頭人布齋為之恐慌。為集合更多的力量先下手為強，他的女兒東哥，便成為了犧牲品。

東哥是名揚塞外的美女，據說任何語言都難以形容她美之萬一。她也因此成為葉赫部最具殺傷力的政治武器，而且屢試不爽，短短的一生中竟然換了七個未婚夫。早在東哥十一歲那年，她就為老爹奪得海西四部頭把交椅「犧牲」了一次。而此後六次許婚都與努爾哈赤有著直接或間接的聯繫。

為了鞏固聯盟、組建九部聯軍攻擊努爾哈赤，布齋答應了海西女真烏拉部首領為其弟布占泰聘娶東哥的請求，征得了烏拉部的支援，一場在統一海西女真中起到關鍵性作用的大戰爆發了。

萬曆二十一年（一五九三年），九月，扈倫四部加上長白部的朱舍哩、訥殷兩部及蒙古科爾沁、錫伯、瓜爾佳三部，組成多達三萬兵力的九部聯軍，兵分三路向建州發起進攻。

敵報傳來，時近五更。得訊的努爾哈赤毫無驚恐之色，反而可酣然入夢，實則是有成竹在胸。三萬大軍雖來勢凶猛，但終究是烏合之眾。臨時集合起來的聯軍各自為政，缺少統一的戰前部屬與作戰計畫，散沙一堆而已。「但傷其一二頭目，彼兵自走」（清・鄂爾泰・《清太祖武皇帝實錄》）。建州兵雖少，但優勢在於一心，只要並力出擊，不愁不勝。

是故，古勒山一役，努爾哈赤以少勝多，殲敵四千多人，獲戰馬三千匹，東哥的老爸布齋戰死沙場；第二任未婚夫烏拉部布占泰做了努爾哈赤的階下囚。

此役過後，努爾哈赤打破了女真九部軍事聯盟，改變了建州女真和海西女真的力量對比，標誌著女真力量的核心從海西轉到建州。此戰之後，努爾哈赤「軍威大震，遠邇懾服」。

九部聯軍雖破，但海西女真仍在。不蕩平海西女真，統一大業就無從說起。努爾哈赤需要一個理由，需要一個讓鐵騎踏上海西女真領地的理由。

布齋之子布楊古害怕努爾哈赤為九部聯軍大舉進攻一事而復仇，連忙開出將妹妹東哥（此時僅十三歲）嫁給努爾哈赤為妻的條件，請求「聯姻盟好」。努爾哈赤允諾，取代布占泰成為東哥第三任未婚夫，這也是兩個人一生距離最近的一刻。

但東哥誓死不嫁殺父仇人，並以殺死努爾哈赤為條件向各部徵婚。美女的拒絕並沒有讓努爾哈赤惱羞成怒，他等待著時機。

幾年後，哈達部發生內訌，葉赫貝勒金台吉趁機率兵將哈達部劫掠一空。哈達部向努爾哈赤求援，請求努爾哈赤出兵。這個消息很快就傳到了葉赫。大敵當前，葉赫驚恐之下，將東哥許給哈達首領孟格布祿，以此為條件欲令他倒戈。極具誘惑力的東哥不負眾望，成功讓哈達倒戈。努爾哈赤以此為藉口，發兵討伐哈達部，隨即滅之。剛榮升為東哥第四任未婚夫的孟格布祿賠了夫人又折兵，還搭上性命。

不久，輝發部亦發生內亂，拜音達弒叔自立，眾多族人投靠葉赫。拜音達兩次請求努爾哈赤出兵向葉赫索要逃眾。葉赫仍以東哥（已二十五歲）為誘餌，將第五任未婚夫的「爵位」賜予拜音達，後者立刻神魂顛倒，當即撕毀盟約，向努爾哈赤宣戰。努爾哈赤找到口實，揮師直搗輝發部，滅輝發，殺掉剛定了婚約的拜音達。

海西四部僅存烏拉與葉赫兩部，而且烏拉部布占泰與努爾哈赤又有聯姻，葉赫感到孤立無援恐慌至極，使出最後的殺手鐧——東哥（此時已三十一歲「高齡」），表示要與布占泰重續前緣。癡情的布占泰受寵若驚，馬上囚禁建州之妻，並以子女及十七寨主之子為質，投向葉赫，唯恐葉赫反悔。色迷心竅的布占泰以為終於搞到了一張登上東哥之舟的舊船票，渾不知握住的是地獄的邀請函。努爾哈赤舉兵蕩平烏拉部，葉赫以布占泰失國無用，撕掉婚約。身兼第三任和第六任未婚夫兩職的布占泰就這樣被罷免，眼巴巴地看著近在眼前的美人，鬱鬱而終。

直到三十三歲，大齡女青年東哥終於找到自己的「真命天子」，蒙古喀爾喀部首領莽古爾岱——當然也是政治婚姻，葉赫部為了聯合蒙古制衡努爾哈赤——東哥結束了長達二十一年的單身待嫁生活。可惜，紅顏薄命，次年就魂斷漠北。

任何一個王朝的開國都是一部武力征服的血腥歷史，任何一個王朝都是建立在森森白骨之上的。女真的統一過程亦是如此。不同的是，因為有了「葉赫老女」徵婚的鬧劇，整個過程充滿了戲劇效果。

東哥「找婆家」的過程，也是努爾哈赤逐步擴張的過程，在這個充滿血腥、欺詐、背叛的過程中，看似東哥是葉赫部的最大政治王牌，其實她也是努爾哈赤的「戰爭工具」，她就像努爾哈赤的前鋒，為努爾哈赤敲開進攻的門。她的繡球拋向哪兒，努爾哈赤的兵戈就指向哪兒，戰爭就蔓延到哪兒。努爾哈赤將這個政治工具運用的如此酣暢淋漓，令人感歎。

四年後，風華絕代、風靡萬千女真熱血青年的「葉赫老女」東哥早已芳魂歸天，蒙古與葉赫的盟姻名存實亡。此時，努爾哈赤才擺出「將已聘之女另許他人」的藉口，傾全國之師啃掉葉赫這根「硬骨頭」。

【知識鏈結】

滿族八大姓之一的那拉氏，又譯納喇氏、納蘭氏，明末海西女真葉赫、烏拉、哈達、輝發四部的王族姓氏。以其歷史上氏族的居住地納拉河流功能變數名稱冠用姓氏，其族人散居於四部各處。史料記載：「雖為一姓，各自為族」，不屬同宗。經過一系列民族融合與變遷，清朝滅亡後，那拉氏後人大多改為漢姓那或南。

七恨告天抗大明

努爾哈赤覬覦大明江山由來已久。早在其祖、父為遼軍「誤殺」之後，便心懷復仇之意，不過其時能力有限，也無法公開與明王朝決裂，只能在遼東地區祭起戰旗，一步步地統一遼東，壯大實力。如今，整個滿洲已經被納入愛新覺羅氏的麾下，而朱明王朝那邊卻已是夕陽落日，還有什麼理由讓人繼續向明王朝納貢稱臣呢？

至此，挑起後金與大明王朝之間的戰爭僅僅需要一個光明正大的藉口。

「朕與大明國成釁，有七大惱恨，此外小忿難枚舉矣。今欲征大明。」（清・鄂爾泰・《清太祖武皇帝實錄》）這個就是努爾哈赤在天命三年二月提出來的理由，也就是後人所稱的「七大恨」。

是年四月十三日，努爾哈赤正式以「七大恨」告天：

我之祖、父，未嘗損明邊一草寸也，明無端起釁邊陲，害我祖、父，恨一也。明雖起釁，我尚欲修好，設碑勒誓：「凡滿、漢族人等，毋越疆圉，敢有越者，見即誅之，見而故縱，殃及縱者。」詎明復渝誓言，逞兵越界，衛助葉赫，恨二也。明人於清河以南、江岸以北，每歲竊窬疆場，肆其攘村，我遵誓行誅；明負前盟，責我擅殺，拘我廣寧使臣綱古里、方吉納，挾取十人，殺之邊境，恨三也。明越境以兵助葉赫，俾我已聘之女，改適蒙古，恨四也。柴河、三岔、撫安三路，我累世分守疆土之眾，耕田藝谷，明不容刈獲，遣兵驅逐，恨五也。邊外葉赫，獲罪於天，明乃偏信其言，特遣使臣，遺書詬詈，肆行凌辱，恨六也。昔哈達助葉赫，二次來侵，我自報之，天既授我哈達之人矣，明又黨之，挾我以還其國。已而哈達之人，數被葉赫侵掠。夫列國這相征伐也，順天心者勝而存，逆天意者敗而亡。何能使死於兵者更生，得其人者更還乎？天建大國之君即為天下共主，何獨構怨於我國也。初扈倫諸國，合兵侵我，故天厭扈倫啟釁，唯我是眷。今明助天譴之葉赫，抗天意，倒置是非，妄為剖斷，恨七也。——清・鄂爾泰・《清太祖高皇帝實錄》

與任何一場「師出有名」的戰爭一樣，每位征討者都是搜羅罪狀、尋找藉口的高手。「七大恨」中，除去「殺我父祖」的血海深仇外，努爾哈赤又把「葉赫老女」這件過時的政治工具搬了出來，將「援助葉赫，致使我已聘之女轉嫁蒙古」列為七大恨之一。

努爾哈赤之所以選擇這個時間向明朝宣戰，是因為此時的遼東內外形勢都對其有利。明軍方面的抗倭援朝戰爭剛剛結束不久，無論是人力、物力還是財力都有極大的損耗；多次與葉赫部落作戰的遼東守軍亦是抗倭援朝戰爭中的主力部隊，戰爭結束後的實力更是銳減。

外部軍事實力已經如此堪憂，朝廷內部更是腐敗到了骨子裡：封建官僚把軍隊糧餉納入私囊，使得軍隊的裝備陳舊不堪，軍需嚴重匱乏，吃不飽肚子的士兵只能紛紛逃離軍隊，號稱十萬大軍的遼東守軍，實際人數不過三四萬而已；就是這點人，軍隊長官也無心對其進行操練，軍營之中本應終日不歇的金鼓之聲，在遼東大營卻幾乎不聞，就算是有偶爾的訓練，士卒們也打不起精神來，致使軍隊毫無士氣可言；自李成梁卸任之後，遼軍的軍械從未被修繕過，刀槍劍戟，鏽跡斑斑，遇到女真部落的挑釁，大多數情況下都選擇了退縮讓避，不敢正面迎擊。這樣的軍隊又哪有戰鬥力可言？

在軍力部署上，僅三四萬人的軍隊，還分散在北起開原、南至鴨綠江口，以及遼東、遼西的一百二十多處據點中，這就給對手留下了各個擊破的餘地。

當時除了後金政權和明王朝之外，還存在著一個第三方勢力，那就是蒙古。此時，喀爾喀蒙古部落已經跟後金有了聯姻的關係，科爾沁蒙古部落也已跟後金政權結盟，而位於漠南的察哈爾部希望借明朝的力量統一漠南蒙古而跟明王朝保持著緊密的聯繫；同時，明王朝也企圖把察哈爾部當做遏制後金發展的屏障。這樣，蒙古方面就剩下察哈爾部是努爾哈赤的一個威脅。

還有一方力量不可為努爾哈赤所輕視，那就是與中國只有一江之隔的朝鮮。明代之時，日本正值戰國時期，日本關白豐臣秀吉大舉侵略朝鮮，作為朝鮮宗主國的明朝出兵援助，雙方形成了軍事同盟關係。此時倭寇之亂未解，朝鮮仍需要來自明軍方面的支援，因此對於後金政權，朝鮮方面也相應地採用了敵對政策。努爾哈赤曾一度想要與朝鮮結盟，但朝鮮國王光海君怕開罪明朝，只得暗中與後金往來。努爾哈赤對此卻很不滿意，以為「交則交，不交則已，何必暗裡行走」（《李朝光海君實錄》卷一百六十九），斷然打消了與朝鮮結盟的念頭，不過飽受侵略之苦的朝鮮也沒有足夠的軍事實力成為後金的威脅，不足為患。

而讓努爾哈赤不得不對明朝宣戰的最重要原因是後金政權的內部危機。據朝鮮史書《李朝光海君日記》記載，天命初年，遼東地區洪水氾濫，百姓疾苦已經到了無以復加的地步，餓殍遍野，千里無人煙，就連部落首領都不得不命部下去死人堆裡找食物。突如其來的嚴重天災一方面讓明朝財政進一步赤字，再次削弱了軍事實力，另一方面也在後金政權的內部造成了激烈的階級矛盾和民族矛盾。努爾哈赤抓住這個時機，把女真人的不滿情緒和日趨激化的矛盾引向明王朝方面，轉移民眾視線，並準備採用戰爭掠奪的方式來緩解政權內部的危機。

天時、地利、人和，天賜之良機豈會被蓄意已久的努爾哈赤所錯過？後金與大明之間的戰爭一觸即發，一場改天換地的大戰即將打響。

【知識鏈結】

相傳，遼東總兵李成梁在當年剿滅王杲時，本欲將身為其外孫的努爾哈赤斬草除根，卻因為聰明的努爾哈赤對他痛哭請死而心生惻隱，「憐之，不殺，留帳下卵翼如養子」。後來，李成梁無意中發現了努爾哈赤腳心七顆紅痣（天子之兆）的秘密，急欲殺之。努爾哈赤被善良的李府小妾偷偷放走，並在一四大青馬、一條大黃狗、一群黑烏鴉的幫助下成功脫困，回到古勒山開始他的雄心霸業。養虎為患、縱虎歸山這兩個詞，李成梁是肯定了。

浴血薩爾滸，以少勝多

努爾哈赤已然宣戰，大明豈可繼續任其得意！

明軍迅速集結十一萬大軍兵分四路向赫圖阿拉進逼，意欲會師於後金都城；而努爾哈赤手中總共只有四・五萬人馬，雖已做足準備，但相對於可以隨時調撥全國武裝力量的明政府來說，還有著天壤之別。與之硬碰硬，無異於以卵擊石。

面對這種不利局面，努爾哈赤並不擔心。范文程提出一條「管他幾路來，我只一路去」的作戰方針，後金無須忌憚明軍的強大實力，因為明軍的內部矛盾，正為後金提供了各個擊破的條件。

明軍方面戰略部署完畢之後，原計劃於明萬曆四十四年（一六一九年）二月二十一日兵出遼東，然而天公不作美，自十六日起普降大雪，出兵日期被迫推遲。但內閣首輔方從哲卻無視天氣狀況，一再敦促楊鎬出兵。

方從哲擔心，一旦戰況被拖延，那麼龐大的軍費開支勢必定讓朝廷承受不起，只有速戰速決才是正道。他認為一個小小的後金不足畏懼，「數路齊搗，旬日畢事耳」（《清太宗實錄》卷四），根本無須大費周章。而久經戰場的楊鎬方面清楚地知道天氣因素會給作戰帶來什麼樣的不利影響，尤其是深入到對手所控制的範圍中去；再加上糧草遲遲未予送到，更是無法出兵。

努爾哈赤讓治下的漢族人充當間諜，深入明軍腹地，把楊鎬方面的作戰意圖、進軍路線、兵力部署等各方面偵察得瞭若指掌。如此一來，戰端未開，明軍就已失勝算，陷入被動局面。

再加上明軍四路大軍的將領之間早有罅隙，作為最高統帥的楊鎬也無力約束，兼之明軍戰線鋪開足有六百里之廣，相互之間資訊溝通不便，這對於分路配合作戰來說是最為不利的因素。這一點，正是范文程提出「憑爾幾路來，我只一路去」這一作戰方針的信心所在。

明軍西南路軍由李成梁之子李如柏率領，努爾哈赤僅用五百人便抵擋住了來自西南方向的佯攻；西路軍則有杜松率隊，四．五萬（另一說為三萬）正遇到努爾哈赤的主力部隊，頃刻之間便灰飛煙滅，杜松中箭身亡。

西路軍覆滅後，努爾哈赤率主力北上，在薩爾滸山（今遼寧撫順東）直接面對馬林的北路軍，又形成了一場單方面的屠殺，馬林僥倖逃脫。

而此時的東南路軍統帥劉綎尚且不知道其他兩路軍均以戰敗，仍舊按原計劃繼續北上，恰恰陷入了後金軍的包圍。激戰之後，劉綎命喪遼東。

李如柏方面受到後金五百兵馬阻攔在虎欄關（鴉鶻關東）之後，始終按兵不動。楊鎬得知杜、馬兩路相繼慘敗，急命李如柏、劉綎軍後撤，而劉綎尚未接到命令便已全軍覆沒，李如柏只得匆忙回撤。得知李部撤退的消息之後，努爾哈赤僅用了二十名哨騎便將李如柏軍攪得大亂，明軍自相踐踏，傷亡慘重。

此次大戰自三月二日正式打響，三月五日宣告結束。不到五天的時間裡，明軍方面四萬五千多名士卒戰死，劉綎、杜松等三百多文武官吏魂歸西天，馬、騾等牲畜損失近三萬匹；而後金軍，僅付出了二千多人傷亡的代價。

薩爾滸之戰對於作戰雙方來說都有著極其深遠的影響。明軍方面，杜松與劉綎戰死沙場，僅僅過了三個月，僥倖從薩爾滸戰場上逃生的馬林也死在了同樣是與後金軍交戰的開原之戰中，四位明軍主將已去其三，僅剩下李如柏因為始終沒有與後金軍正面交鋒而留得一條性命。然而戰火沒有燒掉李如柏，朝中政局卻讓他魂歸西天。

薩爾滸之戰結束後不久，監察官便對李如柏提出糾劾。原因是李如柏的父親李成梁曾經把年幼的努爾哈赤收歸帳中，厚待於他，甚至還有將之收為義子的傳言。所以努爾哈赤跟李如柏「有香火情」，否則「何以三路之兵俱敗？何以如柏獨全？」（《明神宗實錄》）奏摺之中已明顯地透露出來對李成柏有通敵嫌疑的懷疑態度。

不過當時的萬曆皇帝對此不置可否，此事暫且風平浪靜。然而過了一年半之後，遼東地區的局勢更加緊張，這件事又被某些別有用心之人重提，重壓之下，李如柏為表心意，自盡明志。四大軍事將領的相繼離世，對於本已風雨飄搖的明朝武裝力量來說，無異於雪上加霜。

作為薩爾滸之戰明軍方面的最高統帥、遼東經略楊鎬，自然也推卸不了戰敗的責任。楊鎬在兵敗之後引咎辭職，此時的朝廷還算是網開一面，讓他「姑令策勵供職，極力整頓以圖再舉」（《明史・楊鎬傳》）。然而沒過多久，遼東的開原和鐵嶺又相繼在楊鎬的手裡淪陷，楊鎬被定罪入獄，於明崇禎二年（一六二九年）病死獄中。

兵敗薩爾滸的消息傳到京師之後，北京城的米價頓時暴漲，為數不少的人認為後金軍即將打出山海關，進而圍困北京城，進而開始紛紛囤積大米，以備不急之需，這就進一步破壞了明朝的財政。

從根本原因上來看，擁有火器、兵力占優的明軍之所以敗在了一個本以游牧為生的政權手中，實質上是因為其官僚機構之腐敗已經到了一個無可挽回的地步。這種腐敗早已有之，只不過是薩爾滸之戰將之徹底地暴露出來罷了。明帝國之覆亡，只此便可以預見。

薩爾滸之戰對交戰雙方來說都極為關鍵。此戰之後，明朝的實力大為衰弱，再也無力阻止後金政權的進一步發展，被迫由主動進攻轉入被動防禦。而明朝的對手，努爾哈赤的後金政權，則因此而實力倍增，隨之而來的是政治野心的大幅度膨脹。下一步，努爾哈赤的目光投向了另一處戰略要地——遼陽。

【知識鏈結】

范文程（一五九七～一六六六），字憲斗，遼東瀋陽衛（今遼寧瀋陽）人。北宋名相范仲淹十七世孫。明萬曆四十六年（一六一八年），二十一歲躊躇滿志準備科舉的他正值努爾哈赤攻破撫順，不幸被擄為奴，後被努爾哈赤另眼相看，成為後金重臣。此後侍奉清太祖（努爾哈赤）、太宗（皇太極）、世祖（順治帝）、聖祖（康熙帝）四代皇帝，其足智多謀，為清初興盛立下汗馬功勞，是清朝聲名卓著的開國宰輔、文臣領袖。

遷都遼陽，望眼山海關

薩爾滸之戰後，後金愈戰愈勇，拿下戰略要地開原。而大明王朝卻依然黨爭不斷，政局不安。這更給了努爾哈赤以發動進攻的良機。後金開始儲備糧草，置備車營，打造鉤梯，準備對明朝發動新一輪的進攻。

從後金天命六年、明天啟元年（一六二一年）二月二十一日起，至三月二十一日傍晚，短短一個月間，瀋陽、遼陽相繼淪陷，時任遼東督師的袁應泰，將此前能將熊廷弼在遼東做的一切努力化為灰燼，在最後時刻，他於遼陽城東北角正元樓上自焚殉國。京師北方的最後一塊屏障就此灰飛煙滅。

拿下瀋遼之後，努爾哈赤當即下了遷都遼陽的決定。

遼陽城地處遼東半島中部，是一座擁有兩千多年歷史的軍事重鎮。南方群山將之環繞其中，太河諸水域自城中貫穿而過，依山貫水，乃天然之要塞，兵家必爭之地。秦漢以降，歷代王朝均在此處，設立郡制予以管轄；到了遼金兩代王朝，更曾將國都設立於此；到了元朝時期，設置遼陽等處行中書省，明朝時期則在這裡設立了遼東都指揮使司。

遼陽所處的地理環境佔據了很大的優勢，再加上歷代王朝的傾力打造，使得此處人丁興旺，貿易興盛，成為明朝統治時期遼東地區的政治、經濟、文化中心。在熊廷弼駐紮遼陽的時期，在城邊挖了數層城壕，各種火器沿壕邊而列，四面城牆分兵把守。同時，遼陽還是明朝與朝鮮和蒙古接壤的要衝地帶。一旦為後金軍所佔據，就可以形成挾朝鮮、扼蒙古，與明朝分庭抗禮之局面。

因此努爾哈赤在攻佔遼陽之後大喜過望，連稱「天既眷我，授以遼陽」（《清太祖高皇帝實錄》）。

後金天命六年、明天啟元年四月初，即遼陽城被攻克之後不久，後金自赫圖阿拉遷都至遼陽。從此之後，京師喪失了北方最後一塊屏障，完全暴露在努爾哈赤的鐵騎面前，明王朝的安全受到了嚴重的威脅。遷都遼陽，後金的政權中心進一步逼近明王朝，扼住了朱明帝國的咽喉，成為一支可以動搖明朝統治的強大力量。

每一個階段的戰役結束，都意味著雙方較量的重新開始。

天命六年三月，剛一攻下遼陽，努爾哈赤就把眼光放在了可敵可友的朝鮮和蒙古身上，意欲爭取之，不受其壓力。這個方法果然奏效。同年，努爾哈赤開始了計丁授田的改革措施，修建遼陽新城，一切都很順利。

接著，努爾哈赤的目標是遼東軍事中心——廣寧。廣寧是明朝在東北地區的最高軍事機關駐地，是控制蒙古扼制女真的軍事重鎮。瀋遼喪失之後，明朝僅剩此地可以用來與後金相抗。可以說，如果明朝失去了廣寧，那麼就等於徹底失去了在遼東、遼西地區的控制權。

此時，駐守廣寧的遼東經略熊廷弼和遼東巡撫王化貞之間卻毫無默契可言。王化貞的目標是攻，聲稱要「一舉蕩平遼東」。「鎮江大捷」後，王化貞志得意滿，著力與毛文龍前後夾擊之計，為了確保對後金作戰的勝利，他又計畫秘密策反已經降了努爾哈赤的李永芳，希望以裡應外合之勢讓後金防不勝防。再加上經過王化貞的一番努力，察哈爾蒙古等部答應出兵四十萬以協助明軍的軍事行動，更算是錦上添花。

然而長時間與後金打交道的熊廷弼卻深知努爾哈赤的厲害。他依然堅持「三方建置」的既定方針，以積極防禦為主，調動各方面大軍，對後金政權實行三面合圍，繼而攻之，必會大獲全勝。一旦此措施得以施行，那麼努爾哈赤肯定不敢對廣寧動兵，否則的話，他將受到來自海上的威脅。

王化貞的「急」和熊廷弼的「穩」形成了尖銳的矛盾。將帥不合歷來是兵家之大忌，而這一點，也正被休養生息十個月之久的努爾哈赤敏銳地覺察到了。明廷採用了王化貞的戰略，更給了努爾哈赤可乘之機。

天命七年（一六二二年）正月十八，努爾哈赤利用遼河水結冰、人馬易渡的時機，率八九萬大軍向廣寧發起了進攻。

此時王化貞的「周密」部屬完全破滅：後金後方的鎮江得而復失，毛文龍逃往朝鮮，腹背夾攻的可能性化為烏有；蒙古察哈爾部答應的四十萬大軍僅僅來了一萬，以多壓少的希望破滅（此時的明軍僅有十萬人）；對李永芳的策反不僅沒有成功，反而使抵擋後金鐵騎的先鋒孫得功被李永芳策反，裡應外合的願望沒有實現，自己卻被從內部突破了。

如此一來，明軍慘敗，王化貞棄城而逃，聞訊自山海關率兵趕來的熊廷弼見到大勢已去，只得掩護自廣寧逃出來的軍民退回山海關。

王化貞棄廣寧而逃，被策反的孫得功佔據廣寧城，出城三里跪迎努爾哈赤。一時之間，努爾哈赤還以為明軍有詐，因為廣寧城到手得太容易了。

努爾哈赤將遼陽城的大福晉阿巴亥、眾妃子以及眾貝勒的福晉們等一干家眷接到廣寧，統兵大臣等出城叩見。紅氈一路鋪到了衙門之外。巳時，「大福晉率眾福晉叩見汗，曰：『汗蒙天眷，乃得廣寧城。』眾貝勒之妻在殿外三叩首而退。嗣後，以迎福晉之禮設大筵宴之。」（清・鄂爾泰・《清太祖武皇帝實錄》）攻克廣寧的歡慶氣氛因這些女人的到來而達到了高潮。

緊接著，後金軍又連取被明軍所棄的義州（今遼寧義縣）等四十多座城堡，遼西之地盡入努爾哈赤之手。熊廷弼冤死，又讓努爾哈赤去除了心腹之患。後金政權的兵鋒直指大明王朝的最後一處屏障——山海關。

但此時，袁崇煥橫空出世，大修「寧錦防線」。接下來，等待努爾哈赤的，將是自己一生之中唯一的一場敗仗，也是一生中的最後一役。

【知識鏈結】

熊廷弼（一五六九～一六二五），字飛百，號芝岡，漢族，湖廣江夏（今湖北武昌）人，萬曆進士。萬曆三十六年（一六〇八年），熊廷弼受命巡按遼東。萬曆四十七年（一六一九年），以兵部右侍郎代楊鎬經略遼東，招集流亡，整肅軍令，守備大固。天啟元年（一六二一年），因建州叛軍攻破遼陽，再任遼東經略，與廣寧巡撫王化貞不和，終致兵敗潰退，廣寧失守。當時王化貞是東林黨人葉向高（當時首輔）的弟子，因此被迫替東林黨人背黑鍋。天啟五年（一六二五年）被冤殺，並傳首九邊。

遺恨寧遠，英雄末路的悲歌

英雄努爾哈赤窮盡畢生精力，追求的無非是入主中原，為此，他謀建州，平海西，統野人，建立起屬於自己的政權，打造出一支可以與明廷相對抗的尖銳長矛；戰薩爾滸，遷都遼陽，盡取遼西，確立起自己在東北邊陲的絕對統治權。為了進一步對大明王朝採取行動，他甚至不惜放棄辛辛苦苦建立起來的新都遼陽，遷都瀋陽。

遷都瀋陽，是努爾哈赤在一統遼東之後做出的又一大舉措。「瀋陽四通八達之處，西征大明從都兒鼻渡遼河，路直且近，北征蒙古三日可至，南征朝鮮自清河路可進」（清・鄂爾泰・《清太祖武皇帝實錄》），這在戰略角度上來說要比遼陽更為有利。

同時，「瀋陽渾河通蘇蘇河，於蘇蘇河源頭處伐木順流而下，材木不可勝用，出遊打獵山近獸多，且河中之利亦可兼收矣」（清・鄂爾泰・《清太祖武皇帝實錄》），從經濟利益方面來看，也是遼陽所無法比擬的。讓努爾哈赤最終下定遷都決心的是當時遼東、遼西的局勢。

廣寧之戰後，後金的戰線拉得過長，領地內矛盾糾紛不斷，努爾哈赤無力維繫後院的穩定，被迫做出了毀棄廣寧、棄守遼西的決定。這就給了明廷以喘息之機。待到孫承受、袁崇煥固守寧遠，後金政權感到了前所未有的壓力，「公（孫承受）漸東，奴（努爾哈赤）懼，遂棄宮室而北徙於瀋陽……自築宮於甕城，屢不就……」（明・鹿善繼、茅元儀・《督師紀略》）努爾哈赤棄守廣寧的弊端顯露出來。

另外，遷都遼陽之後，女真人和漢族人之間的矛盾進一步尖銳，努爾哈赤所採取的鎮壓手段只會激化矛盾。遼陽城已經是雞犬不寧之地，喪失了一國之都的意義，努爾哈赤唯有再行遷都。

孫承宗毛遂自薦督師遼東的那一年，山海總兵馬世龍等人頻繁出巡被努爾哈赤攻取又棄守的廣寧、三岔河一帶地區，駐守在遼南的毛文龍，沒有了山海關的後顧之憂，也活躍起來，對靠近三岔河一帶的牛莊（今遼寧省牛莊鎮）、躍州（今營口北牛莊附近）等為後金政權所據的各城不斷騷擾。此外，麻羊島守備張盤夜襲金州（今遼寧省大連市金州區），讓女真人終日惶恐；復州（今遼寧省瓦房店市西北復州）的後金總兵劉愛塔偷偷地向登萊（今山東省登州和萊州）地區運送軍備物資，並且希望把復州當做明軍的內應，一旦明軍向後金展開進攻，便與其裡應外合。毫無疑問，這些對後金政權的穩定都構成了極大的威脅。

除了來自明軍方面的壓力外，後金政權還面臨著塞外蒙古各部的覬覦。這些不利之局逼迫努爾哈赤必須對他的戰略防禦問題進行重新考慮。因此，為了在戰略上取得主動，他只能選擇將後金的首府遷往瀋陽，並將瀋陽改稱為盛京。雖然遷都盛京，但後金政權的穩定問題仍然無法解決，漢民與女真貴族之間的矛盾也不會因為遷都而緩解，努爾哈赤能做的，只能迎著孫承宗和袁崇煥打造出來的銅牆鐵壁進一步擴張領土。

恰在這時，明廷的黨爭給了他一個天賜良機。

孫承宗所經略的遼東，「在關四年，前後修復大城九、堡四十五，練兵十一萬，立車營十二、水營五、火營二、前鋒後勁營八，造甲冑、器械、弓矢、炮石、渠答、鹵楯之具合數百萬，拓地四百里，開屯五千頃，歲入十五萬（石）」（《明史・孫承宗傳》），逼得努爾哈赤不敢南侵，但他卻沒有抵擋住來自朝廷的攻擊。

孫承宗最終沒有逃過以魏忠賢為首的閹黨的迫害，被罷官除爵，魏忠賢趁此機會將自己的同黨高第推上了遼東經略的位置。膽怯無能、對軍事又一竅不通的高第抵達山海關後，將孫承宗所做的軍事防禦部署全部推翻，將錦州、右屯、大凌河、寧前諸城守軍，連同器械、槍炮、彈藥、糧料等後勤物資一併移到關內，綿延四百里的關外土地盡皆放棄。

高第的胡亂部署讓朝野上下響起一片反對之聲，袁崇煥更是怒不可遏，然而彼時的他僅僅是一個監軍，無力改變上司的決策，只能眼睜睜地看著高第將錦州、右屯、大凌河及松山、杏山、塔山守具的屯兵屯民盡皆驅趕入關，十餘萬石糧穀被拋棄。這次不戰而退，鬧得軍心不振，民怨沸騰，背井離鄉，屍體塞路，哭聲震野，剛剛振奮起來的士氣又再次陷入低谷之中。

得不到上司支持、朝中又沒有後台的袁崇煥不甘心就此放棄辛辛苦苦打造出的防線，決意死守寧遠。在關外城堡撤防、兵民入關等極為不利的情勢下，袁崇煥率領一萬餘名官兵孤守寧遠，抵禦後金。

明廷因為內鬥而產生的自我消耗給努爾哈赤創造了再侵朱明的良機。後金天命十一年、明天啟六年正月十四，努爾哈赤率領十萬八旗大軍，西渡遼河，直取孤城寧遠。

一邊是十萬士氣高昂的八旗大軍，一邊是一萬多被朝廷棄之不顧的明朝軍隊；一位是積蓄了數年力量、一生未逢一敗的後金國主努爾哈赤，一位是孤立無援、從未參加過戰爭的山海關監軍袁崇煥。就在這樣的實力懸殊中，雙方於正月二十三拉開了戰幕。

然而讓努爾哈赤沒有想到的是，歷時四天的大戰，竟然以自己的慘敗而告終。

寧遠一役，是後金與明王朝自交戰以來的第一次慘敗，對八旗軍隊的銳氣是一個十分嚴重的挫敗，自薩爾滸之戰以來對明朝的連續攻勢就此中斷。這對努爾哈赤來說，更是一個沉重的打擊，「帝自二十五歲征伐以來，戰無不勝，攻無不克，唯寧遠一城不下，遂大懷憤恨而回」（清・鄂爾泰・《清太祖武皇帝實錄》）。

天命十一年（一六二六年）八月，努爾哈赤帶著滿腔憤恨突然離世，他的死因也成為一個疑案。

【知識鏈結】

努爾哈赤將三百人編為一個牛錄，一牛錄設一額真，牛錄厄真以下設代子二人、章京四人和村領催四人。四名章京分領三百男丁，編成塔旦。後來，努爾哈赤以此為基礎，將牛錄組編四個「固山」，即「旗」，創建了後金耕戰合一的社會組織：黃、白、紅、藍四旗。後來增設鑲黃、鑲白、鑲紅、鑲藍四旗，合為八旗。後來又有了蒙古八旗和漢軍八旗。這種以兵民結合、軍政結合、耕獵結合的制度，具有軍事、行政和生產三方面的職能，一方面滿足了向外擴張的需要；一方面便於對民眾進行統領；另一方面兼顧生產，為戰爭打下了良好的物質與經濟基礎，適應了不斷擴張的後金政權的戰爭需要。

第二章：虎父無犬子，雄才大略的皇太極

努爾哈赤神秘辭世，後金內部迷霧重重。皇太極脫穎而出，女真政權再起波瀾。改革、漢化、剔除隱患，雄才大略的皇太極一步步打造著屬於自己的時代，一步步進逼中原。但在明將袁崇煥精心打造的寧錦防線面前，皇太極依然鎩羽而歸，留下了又一段惆悵。

殉葬——阿巴亥無力地掙扎

後金天命十一年（一六二六年），努爾哈赤突然辭世。

努爾哈赤的死因究竟是什麼？史學界眾說紛紜。大致上分為兩種：一是正史的記載——即《清史稿》和《清太祖武皇帝實錄》中所說的因病於天命十一年八月十一駕崩於靉福陵隆恩門雞堡；另一種說法則是喪命於寧遠之戰時明軍的紅衣大炮下。經考證，後一種說法的可能性不大，但寧遠城努爾哈赤很有可能受了嚴重的炮傷，因此導致病情突然惡化，猝然離世。

那麼，誰來繼承汗位呢？

努爾哈赤生前並沒有指定繼承人，並不是努爾哈赤不去計畫自己的身後事，而是實在不知道讓誰來挑起後金這個重任才好。後金建國前，他曾想令長子褚英接班，但褚英卻於萬曆四十三年病逝；後來又有意讓次子代善嗣位，但無果而終。直到天命六年正月十二日，努爾哈赤與代善、皇太極等兒子對天焚香發誓，讓子孫互相輔佐，勿開殺戒；二月又令代善、阿敏、莽古爾泰、皇太極四大貝勒，「按月分直」，此舉也表現出一種信號——汗位的繼承人，將在這四大貝勒中選出。

候選人有了，那麼由誰來選？由八和碩貝勒商議共推新主。

四大貝勒裡，努爾哈赤的弟弟、阿敏的父親舒爾哈齊因為在早年時想要挑戰努爾哈赤的權力，被圈禁至死，阿敏自己也犯過大錯，好在因為軍功卓絕而倖免一死。但汗位卻是與他無關了。

三貝勒莽古爾泰由富察氏．袞代所生，袞代原是努爾哈赤堂兄威准之妻，威准戰死後，改嫁給努爾哈赤。天命五年三月，袞代獲罪，在《清史稿》中只有一句含糊不清的話：「天命五年，妃得罪，死。」什麼罪？不知道；怎麼死的？也不知道。不過後來皇太極曾透露過：袞代被她的親生兒子莽古爾泰親手殺死。莽古爾泰弒母之事雖然贏得了努爾哈赤的信任，但名聲畢竟不好，威望在兄弟和一千八旗貴族中急遽下降，可以說已經不再具備競爭汗位的實力。

除去已經退出汗位競爭的阿敏和莽古爾泰，在另外的兩大貝勒中，最有繼承汗位希望的要算是大貝勒代善。代善作為努爾哈赤的次長子，戰功赫赫，為四大貝勒之首，但是，卻因為天命五年小福晉德因澤向努爾哈赤告發代善與繼母大福晉關係非同一般而觸怒努爾哈赤，雖然被努爾哈赤諒解，但對他的名聲卻是一個嚴重的打擊，即使是對倫理道德觀念還不是那麼濃厚的女真人來說，也是個難以啟齒的醜聞。

不過此事疑點頗多：大福晉給代善送飯，代善吃了；給皇太極送飯，皇太極「受而不食」，一個身在深宮中的小福晉又如何知曉？可以推測出，此事的背後是皇太極在指使：既廢了大福晉，讓小福晉獲得與努爾哈赤同桌吃飯的榮耀，又讓代善聲名狼藉，除掉登基路上最大的一個障礙。

四大貝勒已去其三，但皇太極還不能說自己已經汗位在握，他還有一個不可忽視的對手——多爾袞。

多爾袞生性聰明，頗得努爾哈赤的喜愛，更重要的是一點，多爾袞的母親，大福晉阿巴亥是一個不可忽視的力量。這個女人胸懷大志、足智多謀，她所親生的十二子阿濟格、十四子多爾袞和十五子多鐸三個兒子在努爾哈赤的八貝勒中佔據著強勢地位，是一心要繼承汗位的皇太極最大的攔路虎。對皇太極來說最可怕的是，努爾哈赤並沒有留下由誰來繼承汗位的遺言，而努爾哈赤死前四天裡，身邊只有阿巴亥奉命服侍。那幾天，努爾哈赤針對汗位的問題究竟說了些什麼，只有阿巴亥才知道，也正是如此，無論阿巴亥說什麼，都具有很高的可信度。如果皇太極不將阿巴亥剷除，她就可以假託「遺命」，代努爾哈赤行使封、賞、貶、諫等大權，如此一來，哪還有他皇太極什麼事？

阿巴亥再精明，也不會想到喪夫之日就是自己死亡之期，在皇太極等諸貝勒脅迫下，她於努爾哈赤死後次日為汗夫生殉。

「……諸王以帝遺言告後，後支吾不從。諸王曰（略），於是，後於十二日辛亥辰時自盡，壽三十七。乃與帝同柩」。另有清代官書作如下記述：「天命十一年八月十一日太祖高皇帝崩。……十二日，太妃以身殉，遂同時而斂。恭奉龍輿出宮，奉安粹宮於瀋陽城中西北隅。」——清・鄂爾泰・《清太祖武皇帝實錄》

在清代官書中，阿巴亥的入葬過程，僅有此寥寥幾筆。

此時的女真正處於由奴隸社會向封建社會轉型的時期，生殉並不是什麼稀罕的事，漢民族處於同樣的轉型時期裡也存在著這樣的現象。然而，無論是漢族人還是女真人，對生殉都有著嚴格的要求。被生殉的人，第一點必須是死者的妾室，正室在非自願的情況下不得生殉；第二點要求生殉者沒有未成年的幼子。就算是除了自己總惹努爾哈赤不高興這一點不說，多爾袞和多鐸尚屬幼子，不合生殉的條件，而且自己大妃的地位身分又在後宮中最為尊貴，生殉之事無論如何也輪不到她的頭上。

可事情畢竟發生了，不能生殉的條件恰恰成為了皇太極處死阿巴亥的理由：多爾袞、多鐸兄弟二人尚未成人，更遑論戰功，卻與那些功名顯赫的兄長們擁有同樣多的屬民及權力；而且，阿巴亥身為大妃，無論繼承汗位的人是誰，都存在著受她牽制甚至隨時被取代的危險。因此，皇太極等人便偽造太祖遺詔，逼迫阿巴亥生殉，除卻一大隱患。

努爾哈赤走完了長達六十八年的不凡一生，他留給了繼任者皇太極足夠與大明抗衡的基業，但是他自己真的不可能想到，因自己猝死招致的權力傾軋中，第一個被犧牲掉的竟然是自己寵愛的大福晉阿巴亥。

如果說，努爾哈赤的特點是「開創」與「堅韌」，而皇太極的特點則是「文治」與「謀略」。天聰汗皇太極的第一步，就是整飭內政。

【知識鏈結】

生殉，指用活人殉葬，以繼續服務死者亡魂，保證死者亡魂的冥福，是古代喪葬常有的習俗。《太平廣記》卷二二五引《拾遺錄·淫淵浦》：「昔始皇為塚，斂天下瓌異，生殉工人。」郭沫若《奴隸制時代》序：「殷王或高等貴族的墳墓，也有不少的生殉和殺殉，一墓的殉葬者往往多至四百人。」這是中國古代人類早期文明野蠻未開化的表現。

大刀闊斧行改革，破除議政攬大權

皇太極即汗位後，不滿足於守成，不滿足於發一隅。他看到了滿洲人的強大力量，也看到了明王朝的腐朽，深知自己正逢入主中原、為後世子孫開創基業的絕好時機。不過他也明白，要做到獨霸天下，僅憑此時的後金絕無可能——因為後金不論是內部還是外部，都存在著深重的危機。為了改變這種內外交困的現實，使後金政權得到鞏固和發展，睿智的皇太極，終於下決心走改革創新之路。

為了糾正努爾哈赤後期時的統治弊端，穩定後金統治，加強對漢族人的管理，皇太極認為：「治國之要，莫先安民」（《太宗文皇帝實錄》卷一），於是他即位後頒布的第一道上諭，就是對努爾哈赤在瀋遼地區實行的制度、政策改弦更張。

針對漢族人大量逃亡的情況，他規定漢官漢民無論從前有欲潛逃者，還是與明廷往來者，即使被告發，也概不論處，唯以後不得再犯；針對漢族人的不滿情緒，他規定凡審擬罪犯，差徭公役滿漢勿致異同；滿漢貴族、官員及其下人，不許擅自掠取莊民的牛羊雞豬，也不准勒索漢官財物，違者責罰；針對糧食不足，他規定停止修築城郭邊牆，以恤民力，專勤田畝，專心務農，發展生產。

這些措施中最重要的是對漢民的管理。皇太極把從前每十三丁編為一莊、依滿官品級高低配給為奴的編制革除，重新規定：按品極每備禦給壯丁八人、牛二頭以備役使，其餘人分屯別居，不與滿族人雜處，編為民戶，用漢官管理；天聰五年，皇太極頒布《離主條例》，其中規定：凡奴隸主犯有私行採獵、擅殺人命、隱匿戰利品、姦汙屬下婦女、冒功濫薦、壓制申訴等罪，許奴僕告發，准其離主。這一條例，限制了滿洲貴族的某些特權，有利於奴僕爭取改變自己的身分和地位。經過幾年努力，後金農業有了較大的發展，糧食基本上能夠自給，社會矛盾得到緩和。這些措施在實際貫徹過程中並沒有全部得到應有的落實，漢族人的處境有所改善，但逃民問題未能根本解決。

透過對舊制度舊政策的變更和改革，後金民心安定，社會秩序略有好轉。

崇德元年（一六三六年）皇太極建國號為「清」，改年號為「崇德」。是年，他依據漢官的建議，實行開科考試、薦舉人才、設置都置院，定服飾、明尊卑等等。漢官熟悉明朝典章制度，洞悉明廷的弊端，皇太極充分發揮他們的作用，並賞賜漢官奴僕、馬匹。調動了漢官的積極性，竭力施展才華以報答皇太極。

對於先進的漢族文化，皇太極也表現出孜孜以求的濃厚興趣。他即位不久便設立文館（內三院前身），把文臣分為兩班，一班記注本朝政事，以究其得失；一班則專事翻譯漢文典籍，以吸取和借鑑漢族統治政權的經驗，先後將《刑部備要》、《要素》、《三略》以及《孟子》、《三國志》、《資治通鑑》等譯成了滿文。同時，皇太極對其本民族長期存在的「婚娶則不擇族類，父死子妻其母」等陋俗也嚴令禁止，並且不許娶繼母、嬸母、弟婦、侄婦以及取消族內通婚現象。

皇太極的建國方略，是在強調「滿漢一體」和治國在於安民的方針下制定的。皇太極大膽地使用漢族、蒙古族文臣武將，適時地解放奴隸，實行滿、漢、蒙共同治國治軍，並注重吸收漢族的先進文化，為滿洲政權的漢化產生促進的作用。

但有一點可惜的是，皇太極對這些改革措施的監督不力，致使一些好的改革措施沒能得到落實。另外，作為一個少數民族統治者，皇太極沒有像北魏孝文帝那樣儘量與多數民族——漢族同化。比較強烈的民族差異和做事原則所產生的矛盾，在後來給滿、漢關係造成了一定的負面影響。

在皇太極大力加強中央集權，推行漢化政策的過程中，范文程成為皇太極身邊不可缺少的人物。他雖不在議政大臣之列，但幾乎能參與所有重要機密，對內對外方針政策的制定，國家機構的建立和完善，各級官員的任命，范文程都有廣泛的影響和權力。隨著權力的集中，皇太極晚年性格越來越暴躁，許多親王、大臣動不動就被削爵，或被罷官，而對范文程卻始終寵信不衰。每次召見，「必漏下數十刻始出；或未及食息，復召人」（民國・趙爾巽・《清史稿・范文程傳》）。每當議論大事，必問：「范章京（文程）知否？」，范文程生病，對一些事情的處理，也「待范章京病癒裁決」。由此，可見一斑。

皇太極對漢族人范文程視若心腹，但對自己的兄弟卻沒那麼慈悲。他在強敵環伺的環境下，唯有把大權握於自己的手中，方能實現先帝未竟的遺願。

努爾哈赤生前規定實行八和碩貝勒共理國政的制度。皇太極時，實際上是四大貝勒共同掌權，皇太極的權力並不大。為了改變這種不利局面，將大權握在自己的手中，皇太極逐步對努爾哈赤定下的規章制度進行改革，改變「狃於積習」的情況，並巧妙地先後打垮了阿敏、莽古爾泰、代善三大貝勒，大權獨握。並仿照漢制，權分六部。這不僅強化了君權，更解決了大汗與八旗旗主的矛盾。

這樣，後金政權鞏固了，準備揮向明王朝的刃，也更加鋒利了。

【知識鏈結】

天聰五年（一六三一年），皇太極設立六部。分吏、戶、禮、兵、刑、工，一如明制，每部皆用一貝勒主管。六部各設貝勒一人，「管某部事」。貝勒之下，還設有承政、參政、啟心郎、辦事、筆貼式等官。承政各設滿、蒙、漢一人。承政之下，皆設參政（尚書侍郎）八人，只有工部設滿族人八名，蒙漢各兩名。辦事、筆貼式，看事務繁簡，各酌量補授。六部的設置加強君權，鞏固了後金統治。

寧錦大戰，大金與崇煥不共戴天

寧遠大戰時的明朝，朝政大權已經完全把握在了以魏忠賢為首的閹黨手中，一向潔身自好、剛直不阿的袁崇煥也不得不向閹黨妥協。袁崇煥深知，如果不得到權力的支持，那麼自己在邊疆的軍事行動勢必會受到掣肘，袁崇煥只能繼續「愧我邊疆尚未收」的遺憾。

然而，這份妥協並沒有換來魏忠賢的投桃報李，出於自身的利益，閹黨集團依舊保持著對袁崇煥的警戒之心。哪怕寧遠大捷給朝野帶來士氣的高昂。

寧遠大捷的消息傳到京師後，論功行賞，袁崇煥毫無爭議地居功第一，時任兵部尚書的王永光上表章為袁崇煥請功曰：

遼左發難，各城望風奔潰，八年來賊始一挫，乃知中國有人矣！蓋緣道臣袁崇煥平日之恩威有以懾之維之也！不然，何寧遠獨無奪門之叛民、內應之奸細乎？本官智勇兼全，宜優其職級，一切關外事權，悉以委之。──《明熹宗實錄》卷六十八

天啟帝欣然應允。天啟六年三月七日，「復設遼東巡撫，袁崇煥為之。敘功，加袁崇煥兵部右侍郎，蔭千戶。袁崇煥三疏辭之，不許」（《明史‧袁崇煥傳》）。

此時，袁崇煥和新任遼東督師王之臣在對總兵官滿桂的任用上出現了分歧，導致經撫不合，袁王二人由此產生罅隙。雖然這一不快最終以袁崇煥的妥協而告終，但還是埋下了禍根。

努爾哈赤葬禮上，袁崇煥派一名喇嘛前去弔唁，皇太極趁機與袁言和。考慮到目前的局勢，袁崇煥奏報朝廷，主張用假議和的方式來為明軍的休養生息爭取時間。但王之臣堅決反對，著重指出袁崇煥用假議和的方式來爭取時間是天大的錯誤，甚至借用蒙古人的話來罵袁崇煥沒有「腦子」。這份奏摺讓袁王二人的矛盾進一步激化。

好在這時御史智鋌上書稱：「督撫意見各異，恐誤邊事。」（清‧談遷‧《國榷》），天啟帝才下定決心，於天啟七年正月召回王之臣，將「關內關外之事盡付袁崇煥便宜行事」（明‧王在晉‧《三朝遼事實錄》）。但這一「假議和」行為卻埋下了隱患，成為袁崇煥敵對方的攻訐藉口，日後袁崇煥在慘遭崇禎皇帝凌遲之時，此事也成了一個罪名。

袁崇煥獲得主持山海關內外事宜的全權之後，繼續沿用寧遠大捷時所採用的以守代攻、漸次收復失地的政策，大力修建錦州、中左所（今遼寧省葫蘆島市連山區塔山鄉）和大凌河堡（今遼寧省錦縣）三處城池，打造出關外一條以寧遠、錦州為重點的寧錦防線。

正當袁崇煥開始打造寧錦防線之時，皇太極也開始東征朝鮮。

天啟七年（一六二七年）正月初八，皇太極一面遣使與袁崇煥議和，一面派阿敏出兵東征朝鮮。結果，因為駐守朝鮮的明將毛文龍謊報軍情，導致偷襲盛京的明軍遭受到嚴重的損失。

同年五月，皇太極從朝鮮班師回到盛京。獲悉袁崇煥再造寧錦防線的消息之後，當即決定出兵寧錦，防止袁崇煥所打造的寧錦防線成為山海關前不可逾越的障礙，並打亂袁崇煥的計畫，伺機再侵京師。而且，明軍剛剛在偷襲盛京時受到重創，皇太極認為，此恰是明軍士氣低落之時，當可一戰。

初六，剛剛回京不久的皇太極就以「明人於錦州、大凌河、小凌河築城屯田」（《清史稿・太宗本紀》），沒有和談誠意為藉口，親率五萬餘後金軍兵出盛京，分兵三路，直撲錦州城。

三路大軍先後攻佔大小凌河、右屯衛等城堡，於錦州城下會師。十二日中午時分，對錦州城發起總攻。

雖然守衛錦州城的明軍只有三萬餘人，但守將總兵官趙率教等人依循寧遠之戰時的戰略，使用紅衣大炮等火器對後金軍進行還擊，任皇太極使用任何誘敵出城的手段，也堅守不出，避免與後金軍白刃戰。

皇太極見錦州城久攻不下，且使己方傷亡慘重，只得放棄錦州，轉攻寧遠。結果寧遠守將乃袁崇煥、祖大壽等一千名將，且滿桂自山海關領兵一萬馳援，皇太極再次嘗到了失敗的滋味。

二十九日，皇太極再次回師重攻錦州。然而時值酷暑，士卒非戰鬥減員嚴重，再告無功。

六月初五，皇太極終於承認作戰失敗，撤回盛京。

初六，袁崇煥上書朝廷：

仰仗天威，退敵解圍，恭紓聖慮事：准總兵官趙率教飛報前事，切照五月十一日，錦州四面被圍，大戰三次三捷；小戰二十五日，無日不戰，且克。初四日，敵復益兵攻城，內用西洋巨石炮、火炮、火彈與矢石，損傷城外士卒無算。隨至是夜五鼓，撤兵東行。尚在小凌河紮營，留精兵收後。太府紀與職等，發精兵防哨外。是役也，若非仗皇上天威，司禮監廟謨，令內鎮紀與職，率同前鋒總兵左輔、副總兵朱梅等，扼守錦州要地，安可以出奇制勝！今果解圍挫鋒，實內鎮紀苦心鏖戰，閣部秘籌，督、撫、部、道數年鼓舞將士，安能保守六年棄遺之瑕城，一月烏合之兵眾，獲此奇捷也。為此理合飛報等因到臣。臣看得敵來此一番，乘東江方勝之威，已機上視我寧與錦。孰知皇上中興之偉烈，師出以律，廠臣帷幄嘉謨，諸臣人人敢死。大小數十戰，解圍而去。誠數十年未有之武功也！——明·袁崇煥·《錦州報捷疏》

在報捷書中，袁崇煥詳細地講述了寧錦之戰的過程，同時一再強調此役之勝的原因在於皇上天威，三軍用命，甚至捎帶著恭維了魏忠賢一番。

寧錦之戰，後金軍攻城，大明遼軍堅守，二十五天時間的激戰，寧遠與錦州才得以保全。這對於已是強弩之末的明朝來說，無異於打了一針強心劑。

但這一戰的失敗，對於皇太極來說卻是一個沉重的打擊。他沒有想到，自己嗣位之後對明廷的第一戰，竟與其父的最後一戰殊途同歸。此戰之後，形成了明與後金在遼西戰場上的對峙之局，後金軍再難西進。留給皇太極的，是更為嚴峻的內外形勢。

【知識鏈結】

明朝軍隊分為京軍（亦稱京營）和地方軍兩大部分。京軍為全國衛軍的精銳，平時宿衛京師，戰時為征戰的主力。地方軍包括衛軍、邊兵和民兵。衛軍配置於內地各軍事重鎮和東南海防要地。邊兵是防禦北方蒙古騎兵的戍守部隊，配置於東起鴨綠江、西抵嘉峪關的九個軍鎮，史稱「九邊」。民兵是軍籍之外、由官府僉點、用以維持地方治安的武裝，內地稱民壯、義勇或弓兵、機兵、快手，西北邊地稱土兵，西南少數民族地區有苗兵、狼兵等土司兵。

千金難買良將心

後金天聰五年（一六三一年）六月，皇太極為實現清軍入關、一統中原的願望，走出了入關戰略的重要一步——親率大軍攻大凌河城。大陵河城是戰略要地錦州的門戶，由明朝以祖大壽為總兵率一萬六千餘人守城。

皇太極率兵圍城三月，祖大壽彈盡糧絕，為了城中一萬六千將士與三萬百姓的安危，祖大壽投降了。皇太極對祖大壽極為禮遇，不顧周圍人的勸阻接受了祖大壽的智取錦州之計。就像皇太極所說：「朕以誠待他，他必不負朕。即使他負朕，朕在所不惜，要的就是心悅誠服。」

然而，令皇太極始料未及的是，祖大壽失信了。回到錦州城的祖大壽，徹底地斷絕了皇太極的聯繫，甚至已經顧不得在清軍中為質的兒子祖可法以及部將三十餘人的性命。面對祖大壽「我絕對不做失信之人」的誓言，皇太極卻表現出了空前的寬容和耐性，依然厚待祖大壽的兒子和部將。

歷史總是在不經意間顯示出其戲劇性的一面。十年之後，清軍進攻戰略要地錦州城，守衛錦州的依然是祖大壽。因為錦州城是山海關最後的屏障，攻下錦州，就好比是一把利劍直抵明朝的咽喉。那麼要如何才能攻下錦州呢？皇太極從滿洲貴族的特殊利益和滿族本身的具體歷史情況出發，決定屯兵義縣，將其作為攻取錦州的前沿陣地和後勤基地。面對「塞上之兵，莫勁於祖大壽之兵」的形勢，皇太極悉心採取了《三國志》曹丕的話：「坐而降之，其功大於動兵革也。」明朝降將張存禮也為皇太極獻上了一計：將明軍內部的蒙古兵作為爭取對象，裡應外合就可輕而易舉地奪取錦州城。

皇太極的對手依然是祖大壽，採取的方法依然是圍城。這次圍困讓祖大壽又想起十年前的大凌河之圍。與大凌河城一樣，錦州城也陷入了孤立無援、彈盡糧絕的境地。而城內還有部分有意歸降清軍的蒙古將領，可謂內憂外患。

崇德七年農曆二月十八，洪承疇在松山被俘，松山失陷，祖大壽等待明朝援軍的希望破滅，又受到已經投降清軍的兩個兄弟祖大成和祖大樂的勸降，無奈之下於是年三月八日再次投降清軍。這一次皇太極依然對祖大壽禮待有加，祖大壽被皇太極的誠心所感動，真正地投降了清軍。如果說第一次投降是祖大壽無奈之下的背叛，那麼第二次他就算得上是真心歸降了。

那麼，面對祖大壽第一次投降、背叛，為何皇太極還要再次招降祖大壽呢？

皇太極深知祖大壽在軍事上的價值，祖大壽抗清二十多年，有多少滿洲人都是在「取祖大壽項上首級，奪南朝花花江山」的夢想中長大的，可以說祖大壽是一代滿族人在軍事上的精神目標。而且對皇太極的雄圖大業來說，錦州之後的下一個戰略目標就是重鎮寧遠。寧遠總兵、遼東提督吳三桂統率了關外明軍，成為清軍的最大阻力。而祖大壽卻是吳三桂的舅舅，可想而知，祖大壽在對吳三桂的戰役中具有舉足輕重的作用。皇太極招降祖大壽的真正目的其實就為了吳三桂，就像歐陽修所說：「醉翁之意不在酒」。

千金難買良將心，皇太極求賢若渴，在成功招降祖大壽之後，面對另一位人才——剛剛在松錦戰役中被俘，寧死不屈的大明經略洪承疇，皇太極又對他施以何種妙招呢？

皇太極遣謀士說客，千方百計勸洪承疇降清。可是被囚禁在三官廟的洪承疇卻拒絕投降。他辱罵勸說其歸順的使者，聲稱願做斷頭將軍，要求早死。他穿上汙血斑斑的明朝服裝，朝著北京的方向跪倒，向崇禎皇帝告別，並斷然絕食，三天滴水不進。皇太極曾派謀士范文程等人多次勸降，但洪毫無降意。皇太極甚至許下諾言：有誰能勸降洪承疇者，可得重賞或高官厚祿。百官躍躍欲試，但均無功而返。

有野史記載，洪承疇僕人獻計，美女或可動其心志。皇太極竟派自己的莊妃前去勸降。

莊妃打扮成一個俊秀的漢族姑娘，端著一壺人參湯來到了洪承疇的房間。開始洪承疇面壁而坐，對她不予理睬。莊妃不急不惱，親切而溫柔地道：「將軍即使絕食，難道不能先喝口水再就義嗎？」

洪承疇被面前美人吸引，一股求生的願望油然而生，不由得他接過人參湯喝了起來。莊妃以縝密的思維和卓越的口才對洪承疇曉之以理、動之以情，漸漸地使其意轉心回，吃喝照常。

又有一說，皇太極親臨太廟看望洪承疇，洪承疇立而不跪。皇太極問寒問暖，見洪承疇衣服單薄，當即脫下自己身上貂裘，披在洪承疇的身上。《清史稿》載：「上自臨視，解所御貂裘衣之曰：『先生得無寒乎？』承疇瞠視久，歎曰：『真命世之主也！』乃叩頭請降」。隨即剃髮易服，歸順清。皇太極大喜，說：「我今獲一導者（嚮導），安得不樂！」委以洪承疇重任。

洪承疇的投降，等於給清國一把打開中原大門的鑰匙，從此，清軍南下，勢如破竹。皇太極謀定後動、求賢若渴，後金蒸蒸日上。而遠在紫禁城的崇禎皇帝，卻對良將忠臣百般猜忌、殘忍屠戮。一個雄才大略，一個自毀長城。大金與大明的角逐，結局似乎早已註定。

【知識鏈結】

後金天命三年（一六一八年），努兒哈赤破撫順，明朝撫順所遊擊將軍李永芳投降，他是雙方開戰以來第一個投降後金的明朝官員，還成為額駙。到皇太極時，隨著後金鐵騎的逼近，降金之大明官員越來越多，他們或是叛明投誠（如尚可喜、孔有德、耿仲明），或是戰敗投降（如祖大壽、洪承疇），或是被錄用招撫、科舉考試，他們許多人為滿清入主中原立下汗馬功勞。

傳國玉璽至，九五至尊成

後金天聰八年九月，多爾袞在征伐蒙古察哈爾部林丹汗殘部的時候臨之以威、施之以謀，未費一兵一卒，便讓林丹汗餘部不戰而降。不僅如此，多爾袞還從林丹汗部手中得到了中華帝國失蹤二百多年的

「傳國玉璽」，並獻給皇太極。

「傳國玉璽」，乃是由春秋時期著名的和氏璧製成。秦朝時，咸陽玉工王孫壽奉秦始皇命將和氏璧精研細磨，雕琢成方圓四寸、上紐交五龍的玉璽；李斯篆書「受命於天，既壽永昌」八字，用來作為「皇權神授、正統合法」的信物；之後的歷代帝王都將此璽為視為帝王信物，奉為鎮國之寶，得到它就象徵著該帝王「受命於天」，失去它則意味著「氣數已盡」。凡是登上帝位卻沒有此璽的，就被人譏笑為「白板皇帝」，顯得底氣不足而被世人所輕蔑。

傳國玉璽在中國歷史上幾經出沒，到了元末之時，元順帝攜玉璽遁走大漠，朱元璋派大將徐達深入漠北，窮追猛打遠遁之殘元勢力，其主要目的便是索取傳國玉璽，然而最終還是無功而返。傳國玉璽從此再也不知所綜。

如今，「傳國玉璽」從蒙古人手中來到大金，皇太極不禁喜出望外。

在努爾哈赤時代，朝鮮和蒙古只是後金與大明王朝之間的兩枚棋子而已。皇太極改變了這一戰略，首先，他兩次對朝鮮用兵，迫使朝鮮國王與後金訂立君臣之盟，向後金稱臣納貢，並將朝鮮太子李造及皇子李警當做人質，強行帶回盛京軟禁。

後金的西面則是漠南蒙古。漠南蒙古的領地位於明領地與後金領土之間，具有極其重要的戰略意義，皇太極曾經說過，「我滿洲與爾蒙古，原係一國」，他這話的用意很明顯，就是拉攏蒙古，以蒙古為同盟，共同對明廷動兵。

漠南蒙古若干部落，有強有弱，各自為政，對後金也或友或敵。針對這種情況，皇太極採用分而治之的「懾之以兵，懷之以德」的政策，例如，採取通婚、饋贈的籠絡方式對與後金交好的科爾沁部、喀爾喀部建立起同盟關係，而採取武力對與後金為敵的察哈爾林丹汗部進行征服，取得巨大成效，天聰九年所獲得國璽「至誥之寶」、使蒙古十六部全部歸順便是明顯的標誌。

一系列大刀闊斧的改革與軍事行動，皇太極終於使後金政權趨於穩定。恰在此際，多爾袞獻上「傳國玉璽」。皇太極以為「天賜至寶，此一統萬年之瑞氣也」，改元崇德，改國號清。天聰八年冬，皇太極祭告汗父努爾哈赤，文曰：

甲戌年十月二十七日，嗣位孝子皇太極，敢昭告於皇考之靈曰：臣受命以來，管八旗之子孫，合志同謀，夙夜憂勤，唯恐不能仰承先志，於茲八年。幸蒙天地之鑑，臣等一德同心，著顧默佑，仗皇考積德之威靈，臣等與諸國習之以兵，懷之以德，四境敵國，歸附甚眾。謹取數年行師奏凱之事，上慰神靈：朝鮮稽首納貢，喀爾喀五部舉國來歸，招降阿魯諸部落，以及科爾沁、土默特部落，無不臣服。察哈爾兄弟先歸附者半，察哈爾汗摧其餘眾避我西奔，未至湯古特部落，殂於西喇衛古爾部落之打草灘地方，其執政大臣，各率所屬來歸。今為敵者，唯有明國，天下之事業，俱已就緒。凡此皇考之素志，後人踵而行之也。伏冀神靈始終默佑，以廓疆域，以成大業，唯在明鑑。不勝感愴，謹上告。——《清太宗實錄》

一篇祭文，皇太極將數年來所取得的成就向努爾哈赤總結了一番：收朝鮮，招降蒙古部分部落，不僅穩固了努爾哈赤打下來的江山，更獲得了一批強有力的外援，削弱了明朝的軍事實力。皇太極也在祭文中承認，努爾哈赤取明朝而代之的夢想尚未得到實現，此時的明朝仍是後金最大的對手。不過他又信心百倍地向九泉之下的努爾哈赤許諾，雖然明朝一時尚無法被納入囊中，但也只是時間問題。

天聰十年（一六三六年）四月，諸貝勒大臣以遠人歸服、國勢日隆為理由，請求為皇太極上尊號，皇太極未允。後來薩哈謙讓諸貝勒檢討過去，表示今後忠誠效力，皇太極答應可以考慮。

然後皇太極又以「早正尊號」徵詢漢官儒臣的意見，鮑承先、寧完我、范文程、羅繡錦等都表示贊成。薩哈廉又召集諸貝勒各書誓詞，向皇太極效忠。「外藩」諸貝勒聞訊也請求上尊號，皇太極同意了。上尊號的準備活動至天聰十年三月末大體就緒。

四月五日，滿洲諸貝勒、固山額真，蒙古八固山額真，六部大臣，外藩蒙古貝勒及滿蒙漢文武官員齊集。大貝勒代善及內外諸貝勒、文武群臣共上表，分別以滿、漢、蒙三種文字書寫。多爾袞捧滿字表、巴達禮捧蒙字表、孔有德捧漢字表各一道，率諸貝勒大臣文武各官赴宮門跪下，皇太極在內樓，御前侍衛傳達，皇太極命滿、蒙、漢三重臣捧表入，諸貝勒大臣行三跪九叩頭禮，左右列班候旨。三重臣捧表至御前跪讀，文曰：

諸貝勒大臣文武各官，及外藩諸貝勒，恭維皇上承天眷佑，應運而興。當天下混亂之時，修德禮天，逆者威之以兵，順者撫之以德，寬溫之譽，施及萬方。征服朝鮮，統一蒙古，更獲玉璽，內外化成，上合天意，下協輿情。以是臣等仰天心，敬上尊號，一切儀物，俱已完備伏賜愈尤，勿虛眾望！——《清太宗實錄》

表中簡單回顧皇太極的功績，並且指出該功績足以讓皇太極順應天命，加皇帝之尊號。而且一再強調，加皇帝尊號其實是天意使然，不可推辭。皇太極表示同意，並發誓倍加乾惕，憂國勤政。

消息傳出，眾皆踴躍歡欣，叩頭而出。四月十一日，皇太極正式祭告天地，受「寬溫仁聖皇帝」尊號，建國號大清，實際是把後金改為大清，改元崇德，即天聰十年為崇德元年。祭告天地完畢，在壇前樹鵠較射。從此中國歷史上的大清王朝誕生了。

【知識鏈結】

清朝宗室爵位分十二等：一、親王；二、郡王；三、貝勒；四、貝子；五、鎮國公；六、輔國公；七、不入八分鎮國公；八、不入八分輔國公；九、鎮國將軍；十、輔國將軍；十一、奉國將軍；十二，奉恩將軍。其中鎮國將軍、輔國將軍、奉國將軍又各分一、二、三等。

其中「入八分」和「不入八分」指能否享受八種待遇，分別是：一、朱輪；二、紫韁；三、寶石頂；四、雙眼花翎；五、牛角燈；六、茶搭子；七、馬坐褥；八、門釘。

猝然辭世，遙望紫禁終不至

正當大清國運如日中天，入關奪取中原指日可待，天下唾手可得之時，皇太極的身體卻一天不如一天。崇禎十六年八月初九，亥時許，死神毫無徵兆地降臨在皇太極的身上，年僅五十有二的皇太極就這樣帶著些許的不甘和遺憾突然地離開了人世。

他走得太突然，窮盡一生追逐的紫禁城已經盡收眼底，他卻再也沒有福分坐上那把龍椅。出師未捷身先死，長使後人慨歎不已。皇太極死後葬於瀋陽昭陵。廟號太宗，諡號：應天興國弘德彰武寬溫仁聖睿孝敬敏昭定隆道顯功文皇帝。

關於皇太極之死，官方史書記載不一，民間更是流傳著多種版本，繪聲繪色，有如親見。《清帝外記》記：「崇德八年八月，上御崇政殿，回宮，是夜無疾坐南榻而崩。」據《清史稿》所載：「（崇德八年八月）庚午，上御崇政殿。是夕，亥時，無疾崩，年五十有二，在位十七年。」《盛京通志・神功聖德碑文》中卻對死因諱莫如深，沒有任何的記載，只是簡單地說其「崩」，原文載：「（皇太極）以崇德八年八月庚午崩，聖壽五十有二，在位十有七年。」而《沈館錄》更是說皇太極是暴死的，即突然死亡，至於是何原因，則並無說明，原文記：「八月二十六日狀啟：本月初九日夜半後，皇帝暴死。」而在民間，多爾袞和莊妃和謀將皇太極毒死的說法更是被傳得神乎其神。

皇太極是被多爾袞或多爾袞與莊妃合謀害死這一說法是毫無根據，不值一提的。而官方史料對皇太極的死因則諱莫如深，一口咬定其是無疾而終，顯然也是站不住腳的。可以被認為是為了穩定軍心、鞏固統治、避免眾兄弟覬覦皇位互相征伐的權宜之計。

崇德五年開始，在清朝的官方密檔中便屢次出現「聖躬違和」或「聖躬不豫」的字樣。表明皇太極身體並非康健，似乎有種慢性病，且經常復發。

崇德五年農曆七月二十七日，皇太極率領大軍進攻錦州，攻城不久皇太極就病倒了。檔案中第一次出現了「聖躬違和」的記錄，這次病來得很突然也很急，身邊侍從急忙傳喚御醫。御醫建議皇太極去安山溫泉療養。不久，皇太極就動身出發了。《清史稿》載：「崇德五年七月，上幸安山溫泉。」

第二年八月，皇太極率軍圍困錦州已近一年光景，雙方處於膠著狀態。為挽救遼東危局，明廷遣洪承疇率領精銳十三萬、馬四萬來援，集結寧遠，來解錦州之圍。皇太極得知明援兵已到，便調集各路人馬，親率大軍從盛京趕來赴援，親自前往前線坐鎮指揮。原本定於農曆八月十一日出發，不巧的是就在大軍開拔之際，他患上了鼻出血，血流不止，不得不將出發的日期一拖再拖。史載「上行急，鼻衄不止，承以碗」。

八月十四日，前線吃緊，各路報急文書齊集京師，但此時，皇太極的病情並未好轉，出血仍未緩解。面對吃緊的戰事，皇太極決定抱病出征，遂大軍集結即刻出發，一路急行軍，趕往錦州支援。在松山大敗明軍，生俘洪承疇。《清太宗實錄》記載：「是役也，計斬殺敵眾五萬三千七百八十三，獲馬七千四百四十匹、駱駝六十六、甲冑九千三百四十六副。明兵自杏山，南至塔山，赴海死者甚眾，所棄馬匹、甲冑以數萬計。海中浮屍漂蕩，多如雁鶩。」此役為後來清朝滅明征服天下奠定了基礎。

戰事剛有緩和，便從盛京城傳來了宸妃病危的消息。宸妃海蘭珠是皇太極最寵愛的女人。當他驚聞宸妃病危的消息後，立即兼程趕回盛京，當他進入宸妃所居的關雎宮時，宸妃已經駕返瑤池了，終年三十三歲，皇太極賜號敏惠恭和元妃，是清朝妃子中諡號字數最多的。

宸妃的去世，極大地摧殘了皇太極的身心，從此，他的身體狀況便每況愈下。皇太極似乎對自己的身體狀況有所預感，曾獨自感傷地說：「山峻則崩，木高則折，年富則衰，此乃天特貽朕以憂也。」

崇德七年農曆十月二十日，皇太極舊病復發，且似乎更顯嚴重。據《清史稿》載：「聖躬違和，肆大赦。凡重辟及械系人犯，俱令集大清門前，悉予寬釋。」可見這次皇太極的病來得更急更猛，以至於他甚至採用了大赦的方式，來祈求上蒼的眷佑。而且七日後，漢官都察院參政祖可法、張存仁等官員們還上疏建議：皇上不必事必躬親，可讓各旗、六部諸大臣處理一些日常事務，至軍國大事再向皇太極奏聞，以減輕政事活動，靜心休養。之後，身體不濟的皇太極便默許了這種做法。

同年農曆十二月，皇太極接受了祖可法、張存仁的主張，率眾前往葉赫狩獵。當大隊人馬抵達一個叫做開庫爾的地方時，皇太極又「聖躬違和」。隨同前往的諸王、貝勒、大臣都請求停止行獵返回盛京，但因為皇太極認為此行沒有達到預期的目的，不肯空手而歸。

就在大臣們左右為難的時候，皇太極年僅五歲的皇九子福臨射中了一隻鹿。皇太極不禁想起自己當年曾一箭射穿兩隻黃羊時的場景，心中大喜。在稱讚福臨後，方才與眾人起駕回宮。

崇德八年開始，「聖躬違和」的次數越來越頻繁，這說明皇太極的病連續發作。三月十七日，皇太極再次因「聖躬違和」而宣布大赦天下：「死罪以下皆赦之。」農曆四月初一日，因皇帝「聖躬違和」而連續兩天向盛京城及境內各地的寺廟禱告，施白金。此後一段時間，皇太極的病情似乎得到了緩解，他的身體狀況也相對平穩，以至於官方正史中才有了「無疾而終」的說法。

無論皇太極的死因如何，他的猝死帶給清朝的是一個重大難題。同努爾哈赤一樣，皇太極在臨終前沒有確定由誰來繼承皇位。清宮，又圍繞著皇位掀起了一場腥風血雨。

【知識鏈結】

皇帝的稱號有三種：尊號、廟號、謚號。尊號是皇帝、皇太后在世時的稱呼。廟號是帝王死後，在太廟立室奉祀，並追尊某祖某宗的名號。謚號是帝王、貴族、大臣、士大夫死後，依其生前事蹟給予的稱號。努爾哈赤被後世稱太祖高皇帝（或武皇帝），太祖即廟號，高皇帝即謚號（簡稱）。皇太極死後稱太宗文皇帝，廟號即太宗，謚號文皇帝（簡稱）；而文皇帝的皇后，其謚號也是文皇后，如孝端文皇后（簡稱）和孝莊文皇后（簡稱）。

福臨登基，莊妃好魄力

明崇禎十六年（一六四三）十一月，清太宗皇太極突患病暴亡，享年五十二歲。年僅六歲的第九子福臨繼位。

那麼，稚齡的福臨是如何在這場血雨腥風的奪位大戰中勝出的呢？這就要歸功於他的母親——莊妃，也就是日後大名鼎鼎的孝莊文皇后。

莊妃本名博爾濟吉特・布木布泰，生於一六一三年，是蒙古科爾沁部宰桑之女，自幼聰明伶俐，美名遠播。前文提到過，皇太極為對抗大明，十分重視與蒙古的戰略合作。其中，科爾沁部落就是皇太極聯姻爭取的對象。布木布泰的親姑姑，博爾濟吉特・哲哲便是皇太極的大福晉，之後，布木布泰和姐姐海蘭珠先後嫁給皇太極，兩族關係更加親厚。

崇德元年（一六三六年）皇太極稱帝之時冊封了一后四妃，分別是清寧宮皇后哲哲，關雎宮宸妃海蘭珠，麟趾宮貴妃娜木鐘（林丹汗囊囊福晉），衍慶宮淑妃巴特瑪，永福宮莊妃布木布泰。這四人均為蒙古族博爾濟吉特氏，更有皇后宸妃莊妃姑侄三人同侍一夫的奇景，足見皇太極的謀略。

崇德三年（一六三八）正月，莊妃喜得貴子，取名福臨。一直以來，莊妃雖不能算皇太極最愛，後宮地位也不高，但是她的沉穩大方，聰慧幹練一直深得皇太極賞識。野史記載她幫丈夫成功勸降洪承疇，皇太極對她更加信賴。

崇德八年（一六四三年），皇太極突然辭世，由於他生前未能指定皇位繼承人，按舊制應由八王共舉「賢者」。最終，皇位的爭奪最終在睿親王多爾袞和皇太極長子肅親王之間展開。無論誰最終即位，都會引發一場血雨腥風。而此時，大清對明作戰已進入最關鍵時期，如若內訌四起，勢必葬送太祖太宗兩代基業。

因此，議定繼承皇位人選是當務之急。莊妃的魄力就在此時充分展現出來了。

那時的情勢，皇后和范文程等重臣不是看不清楚。為保大清平安，必須重新擁立能服眾的人為帝。他們與莊妃的意見不謀而合，欲立有滿蒙血統的皇九子福臨。於是，皇后和莊妃一起勸說豪格支持這個方案。豪格雖然明白這個道理，卻總覺得委屈。

幾乎與此同時，急不可耐的多爾袞在三官司廟召大臣索尼詢問冊立之事。索尼道：「先帝有皇子在，必立其一。其他的我不知道。」

「必立其一？」除豪格外，還會是哪個皇子呢？多爾袞在沉思。

代善德高望重，又有實力，爭取他的支持很重要。說通豪格後，皇后和莊妃立即召大貝勒代善入宮，爭取到了代善的支持。

抓住這個時機，莊妃決定面見多爾袞。當她來到睿親王府時，多爾袞吃了一驚，莊妃微微一笑，開門見山地道：「我來睿王府，是和你商議嗣君事宜的。論功勞地位，你是有資格登大位的。但先帝有子，你若登基，豪格頭一個就不會甘心。先帝其他年長的兒子，以及代善一支，都會反對你。到那時，國中豈不就大亂了嗎？」

「先皇在日，就有立我的說法，我整整等了十七年。」多爾袞無不憤慨地道。

莊妃緩緩道：「王爺要以國家為重。大清基業初定，宏圖尚未成功，我怕兄弟反目，有愧兩代先王。清寧宮決意不會擁立肅親王豪格。他雖然是太宗皇帝的長子，為人又忠厚直爽，但只知其武，不知其文。今後大清要叩關而入，問鼎中原，這副擔子他挑不起來。」多爾袞聽到後宮不再擁立豪格，鬆了一口氣。

「我有一個主意，特來和王爺商量。」莊妃接著道。

莊妃以前雖然也見過，但沒有現在這麼近的距離，可謂咫尺之間看得這樣從容，這樣清楚，多爾袞看她比自己妻子美麗多了。他對她有相當的好感，憋在心裡的氣也沒有了，道：「皇嫂說出來聽聽。」

莊后見時機已到，忙道：「我兒福臨，年方六歲，可以讓他繼承皇位，以王爺為攝政王，全權負責軍國大事。這樣安排，諸王貝勒不好公開反對，而王爺又能控制實權。國家不會發生內亂，王爺大權在握，也實同皇帝。不知王爺意下如何？」

多爾袞見莊后說得合乎情理，言語中不僅表現出對自己的關懷，更分配了自己的權力。終於決定服從皇嫂的意見，不再爭當皇帝，並表示全力協助其侄福臨登上皇位。

經過五天五夜緊張激烈地明爭暗鬥，八月十四日，諸王貝勒大臣會議召開，討論嗣君問題。會議由大貝勒代善主持，他年長德高，理所當然。

大臣索尼首先講話，強調必須立皇子。代善則進一步說明，應當立豪格。而豪格的講話中則有些謙讓，他說自己「德小福薄，非所堪當」，中間退出會場。

這時，阿濟格、多鐸趁機提出讓多爾袞繼位。對此，兩黃旗大臣堅持反對，甚至佩劍向前，表示若不立帝子，寧願跟從皇太極死於地下。而兩白旗大臣又堅決反對立豪格。雙方劍拔弩張，弄不好會導致一起流血衝突。

在這千鈞一髮之際，多爾袞提議擁立皇太極的第九子六歲的福臨為帝，由他和濟爾哈朗（努爾哈赤弟）共同輔政，等福臨長大後歸政。這一折衷方案，立即得到會議主持者代善的支持，很快被會議通過成為決議。這是一個解決擇君危機的折衷方案，照顧了各方面的利益，維護了滿洲貴族的團結，以求入主中原。

多爾袞與豪格的主動退讓，在一定程度上反映了對這種共同利益的認識。豪格對代善徒勞的薦已無禮地退出會場，反映了他直爽、粗魯的武將性格。多爾袞首倡福臨，表明了他的精明和主動。

崇德八年（一六三三年）八月二十六日，福臨在瀋陽繼承帝位，第二年改元順治，是為清世祖，尊皇后哲哲為母后皇太后，生母莊妃為聖母皇太后。

一場即將劍拔弩張、血流成河的爭位之戰，就這樣和平解決。莊妃為兒子奪得了萬人之上的榮耀，為自己贏得了太后之位，更在不久之後，為中國的歷史，抹上了濃重的一筆。

【知識鏈結】

徽號，是明清時對皇太后和太皇太后所上的尊號，而徽號和尊號又加以區別。《明史・禮志七》：「明制，天子登極，奉母后或母妃為皇太后，則上尊號。其後，或以慶典推崇皇太后，則加二字或四字為徽號。」

在清朝，擁有徽號就是同時擁有封號，每逢慶典大事會累加。康熙為祖母孝莊文皇后（莊妃）加的尊號為「昭聖慈壽恭簡安懿章慶敦惠溫莊康和仁宣弘靖太皇太后」，其中「太皇太后」為尊號，而「昭聖慈壽恭簡安懿章慶敦惠溫莊康和仁宣弘靖」為徽號。

第三章：中原初入，坐穩江山還是刀

清軍入關，年僅六歲的小皇帝被推上了大清帝國的最高位。前朝留給他的，是一片狼藉的江山，以及無處不在的反清聲音。在其母博爾濟吉特氏．布木布泰的策劃下，贏得了叔父攝政王多爾袞的忠心耿耿。六年的時間裡，多爾袞清除大順餘孽、揮師朱明殘黨，為剛剛立國的大清王朝立下汗馬功勳，同時，也給後世留下了一個「太后下嫁」的未解之謎。

闖王還是清軍，吳三桂的抉擇

有人說，明朝的滅亡和一個女人有著莫大的關係，紅顏禍水，她難辭其咎。吳三桂為她「沖冠一怒」；闖王為一睹她的芳容而攻打京師；崇禎為她更是沉溺酒色而不能自拔，以致帶著遺恨自縊於煤山。多少年來，她都背負著誤國誤君的罵名，她就是色藝雙絕、名動江南的陳園園。

吳三桂與陳圓圓，是亂世中的英雄與美人，他們的相遇是權力傾軋的結果，但他們的情誼卻是感天動地。然而局勢緊迫已由不得他們兒女情長，身負國家重任的吳三桂不得不告別圓圓，率領親兵日夜兼程趕回邊關，防止清軍乘虛而入。然而，他還是晚了一步。面對聖上的死訊，吳三桂悲痛之餘也為自己騎虎難下的境遇不能釋懷。

陸次雲的《圓圓傳》將「沖冠一怒」的典故描繪的出神入化。據說，吳三桂在北京城破之後便有向李自成屈膝投降的打算。然而當他得知愛妾陳圓圓被李自成所擄之後，「拔劍砍案曰：『果有事，吾從若耶！』」也不再顧一家老少性命，與闖王決裂！

然而，《圓圓傳》雖然寫得有鼻子有眼，但終究是小說家言。吳三桂雖是一位武將，卻不是一介武夫，作為夾在李自成和多爾袞之間的第三方力量，他手裡握有明王朝最後一支精銳部隊，無論傾向哪一方都有可能決定歷史的走向。這是吳三桂心知肚明的，這也正是李自成和多爾袞競相爭取他的原因。在如此重大的問題面前，吳三桂怎麼可能為一個女人去決定自己所選擇的方向？

吳三桂之所以會在最後關頭選擇降清而非降順，與陳圓圓無關，而是因為李自成的關係。

李自成的大順軍進入北京、逼死崇禎之後，入主紫禁城。按理說，「建國」肇始，他應當犒賞將士，大封功臣，然而多年來的征戰讓其囊中羞澀，唯有就地取「財」。然而把整座紫禁城翻了個底朝天，也只在大內府庫中搜到黃金十七萬兩，白銀十三萬兩。頓時大感失望：手中無錢，宮內無財，這當如何是好？

劉宗敏、李過等人獻策：既然宮裡應該是有財寶的，之所以不翼而飛，那一定是被宮中之人所竊取了。下一步應該做的就是——「追贓」。李自成深以為然，當即下令。

三月二十日，李自成發告命前朝文武百官清晨覲見。次日，百官來朝，李自成卻擺起了架子：「百官報名者甚眾，以擁擠故，被守門長班用棍打逐。早起，承天門不開，露坐以俟。」（清・計六奇・《明季北略》卷二十一）一大早文武百官便在宮門口等著，就算是挨打受辱、忍饑熬餓也是敢怒而不敢言，老老實實地坐在地上等著李自成接見。好容易等到承天門打開，李自成卻沒等手拿百官花名冊的牛金星點完名，便和劉宗敏起身離去。沒過多大一會，便傳來命令：「把明朝的這些犯官全都綁起來送到劉宗敏將軍的府邸，聽候發落。」

然而，劉宗敏對文武百官根本不審不問，只是放下話來：「根據官職大小向朝廷捐獻銀子，一品官一萬兩白銀的底限，其餘的各按品級捐獻。頭腳交夠銀子，後腳就放人；要是藏著銀子不交，那就大刑伺候。」

一時之間，北京城成了前明官員的地獄，四九城裡滿是狂舞的棍杖，更兼之劉宗敏等人為了斂財無所不用其極，炮烙挖眼、挑筋割腸，種種殘酷的刑罰全被拿來用到了這些一直養尊處優的前明京官身上。北京城內前明官員的悲號之聲延綿數日，不絕於耳。更有那最早投降的明朝國戚、襄城伯李國楨，大學士魏藻德等一干人眾被酷刑折磨致死。尤為淒慘的是，在前明翰林院這個清水衙門供職的翰林、科臣等清貧書生，實在沒有油水可榨，大多數都被酷刑迫害致死。

這僅僅是對為官者的竊掠，富戶豪門、平民百姓也逃脫不了被掠奪的命運：「初，諸賊攻城時約，內藏歸闖賊（李自成），勳戚財歸諸帥，文官財歸牛（金星）、宋（獻策），富戶歸小盜。」（清‧戴笠‧《懷陵流寇始終錄》）有此約定，那麼這些人還有什麼可忌諱的？富人傾家蕩產，平頭百姓的柴米油鹽也被大順軍隊搶掠一空。城內餓殍遍地。

李自成到底在北京城搜刮了多少銀兩？據史料記載：「所掠輸共七千萬。大約勳戚、宦寺十之三，百官、商賈十之二。先帝減膳撤懸，布衣蔬食，銅錫器具盡歸軍輸，城破之日，內帑無數萬金。賊淫掠既富，揚言皆得之大內，識者恨之。」（清‧談遷‧《國榷》）

七千萬兩白銀！崇禎吝嗇，在全國加餉攤派十多年，也不過從民間征得兩千萬兩白銀，還導致了天怒人怨；而李自成短短四十來天便在京師榨銀七千萬兩，無怪乎「識者恨之」，其最終的結局已然註定。

李自成入主紫禁城，靠的是群眾基礎。同時，他也有一定的政治頭腦，身邊人才濟濟，由於清軍的連續攻擊，大大削減了明軍的兵力，當他進攻北京時，守城宦官又大開城門，兵不血刃即進入北京，可謂佔據天時和人和。

然而，入主紫禁城之後的李自成，卻徹底拋棄了昔日「闖王來了不納糧」的諾言，縱容一干「新貴」用各種手段大肆斂財。上樑不正下樑歪，大順之兵也競相在民間搜刮積財，準備還鄉。橫徵暴斂的手段，用錢買命的「政策」，大順軍士兵的放任自流、燒殺搶掠，讓北京城變成了人間地獄。所掠奪的七千萬兩白銀，全部熔鑄成巨大的銀板，以便於運輸，從中便可以看出，李自成壓根沒有常駐北京的念頭。

得民心者得天下。李自成之成，在於擁有深厚的群眾基礎，飽受明末苛捐雜稅之苦的農民在李自成那充滿誘惑性的宣傳口號面前紛紛響應，勢如洪水；李自成之敗，則是因喪失了民心，更重要的是，完全喪失了地主階級的信任——這也是影響吳三桂開關迎清兵的一個重要因素，失敗已在所難免。

而清軍，恰恰在等待著這樣的一個機會。

【知識鏈結】

「秦淮八豔」指的明末清初南京秦淮河上的八個南曲名妓，故又稱「金陵八豔」。到底是哪八個人？有關資料上說法不盡一致。一般說法是明朝遺老余澹心在《板橋雜記》中記載的：柳如是、顧橫波、馬湘蘭、陳圓圓、寇白門、卞玉京、李香君、董小宛。她們八人個個能詩會畫，雖然是被壓迫在社會最底層的婦女，但在國家存亡的危難時刻，卻能表現出崇高的民族節氣。

入主北京，三代夙願終成真

儘管手中握著沉甸甸的山海關，但吳三桂只是選擇了與大順政權徹底決裂，還沒有做出決定要把它給誰。這是李自成始料未及的。這在大順朝中也引起一場軒然大波。李自成手下也分成了兩派。一派主張立即予以征討。另一派則主張暫時放置。但李自成力排眾議，宣布御駕親征。

兵力不及對手一半的吳三桂自知沒有勝算，此時他想到了關外的清朝，但這樣的念頭，又深深地刺痛了吳三桂高傲自負的內心。更讓他難以接受的是舅舅祖大壽竟然還寫來了親筆信，替滿洲人勸降。隨信而來的還有皇太極的敕書。多年來他都以高傲的姿態拒絕清朝的招降，然而如今能同李自成大軍相抗衡的力量唯有清軍。

而就在此前，當吳三桂放棄寧遠城撤入關內之時，大清帝國便得知了這一好消息。攝政王多爾袞意識到他建立千秋偉業、青史留名的機會來了。而幾乎就在李自成攻陷北京的同時，身為清廷重臣的范文程奏請清廷揮師南下，入主中原。

四月初四日，清廷急召在蓋州湯泉養病的范文程入盛京參與決策。范文程指出了李自成的惡行，並斷言清軍「可一戰破也」，加之以「我國上下同心，兵甲選練，聲罪以臨之，衅其士夫，拯其黎庶，兵以義動，何功不成？」為由，極力勸說多爾袞率軍入關，而且他還建議清軍改變以往屠殺、掠奪明朝百姓的弊政，稱：「古未有嗜殺而得天下者……若將統一華夏，非乂安百姓不可」。

多爾袞當機立斷，召集的十多萬八旗精銳盡出，湧向中原。清軍原本打算從西協和中協入關，然而大軍行至翁後時，他卻接到了吳三桂的請兵信。

四月十二日，吳三桂親自寫請兵信給昔日不共戴天的敵人多爾袞。不但許諾給予清朝金銀、布匹等物，而且還承諾「將裂地以酬」。

此信中，吳三桂並沒有提出降清之事，而僅僅是懇求多爾袞出兵剿滅李自成的義軍。他此時自居的身分為「亡國孤臣」，要的是再建明朝。換句話說，他僅僅是要藉助清的軍事實力，來實現復國之願罷了。

此時的多爾袞不再以吳三桂所言的「不唯財帛，將裂地以酬」為滿足，他的志向是入主中原，多爾袞趁此大事要脅，強迫吳三桂率部投降，拱手讓出大明錦繡江山。

吳三桂已別無選擇。

李自成已經大兵壓制山海關，多爾袞按兵不動，等待吳三桂給一個降清的肯定答覆。如果吳三桂單以自己的力量去李自成對抗，勢必難以為敵。此際再降李自成？早無可能、唯有依多爾袞所示，親往清營，剃髮跪拜，方能讓自己的身家性命不至於毀於一日。

萬般無奈之下，吳三桂只得將自己從忠君報國的道德外殼下剝離出來，於四月二十二日投降了清朝。次日，清軍也隨即入關，但入關後的清軍按照多爾袞的命令依然是按兵不動。

多爾袞則命令吳三桂率領關寧鐵騎作為先鋒，與李自成的大軍進行激戰。大戰一觸即發，軍令如山。無可奈何的吳三桂只得率部首先衝入敵陣。戰爭持續到中午時分，孤軍奮戰的關寧軍已陷入大順軍的重重包圍之下，正當吳三桂感到絕望之時，清軍終於從右翼殺出，將已鏖戰多時、筋疲力盡的大順軍殺得潰敗不堪，毫無思想準備的大順軍兵敗如山倒。「一時之間，戰場空虛，積屍相枕，彌滿大野。」

李自成狼狽逃竄，當山海關大戰以大逆轉的結局結束時，受命作為前鋒的關寧鐵軍幾乎損失殆盡，吳三桂最終沒能如願保住這支自己苦心經營多年的軍隊。除了接受剃髮易服的命運，再也沒有了退路。

四月二十三日，在潰逃回京師的路上，李自成殘忍地殺死了吳三桂之父吳襄，三天後，吳家三十餘人在北京被滿門抄斬，吳襄的首級被高懸在北京城樓上。之後，李自成軍便放棄北京，滿載搜刮來的財物向西北方向而逃。

李自成推翻了大明皇朝，攻佔了北京城。然而，為何進京四十天後，李自成的軍隊好像突然間失去了戰鬥力，清軍一觸即潰，且從此一蹶不振？

「闖王」李自成的功敗垂成讓千萬人扼腕歎息。但，李自成雄師百萬究竟慘敗於何，仍然是一個歷史之謎。

這邊的吳三桂抱著殺父奪妻之恨，帶領多爾袞給他的一萬精兵馬不停蹄地一路追殺李自成至山西絳州。忽然京師有人來報，說是已在京城尋獲了陳圓圓，吳三桂喜不自勝，立刻停兵絳州，速派人前去接陳夫人來絳州相會。

陳圓圓來到絳州時，吳三桂命手下的人在大營前搭起了五彩樓牌，旗旗蕭鼓整整排列了三十里地，吳三桂身著戎裝，親自出迎。

親人的血淹沒了吳三桂最後一絲猶豫，陳圓圓的失而復得也讓他無所牽掛，命運摧毀了他全部的理想，他做不了忠臣，孝子也沒有當成。失去了軍隊和家族的吳三桂已經一無所有，從多爾袞手中接過平西王的封號，他自己十分清楚，他只能成為清朝藉以掃除農民軍的棋子。現在，他只能屈服於不可改變的現實，繼續為大清王朝效力。這也是他再也無法逃脫的宿命。

後世之人對於吳三桂的評價褒貶不一。大部分人認為，他作為漢族人，卻與滿人勾結，是「漢奸、走狗、賣國賊」。

另一些人則認為，吳三桂引清軍入關的初衷只是為了借清軍的力量消滅李自成率領的農民軍，或者使他們兩敗俱傷。他當時並沒有投降之意，只是後來的局勢發展使得他不得已而歸降了清廷，實則是身不由己。還有些人認為，在那個波譎雲詭的動盪時代，吳三桂不過是忠於他和他家族的利益而已。

吳三桂開門揖清，滿洲人入主北京。努爾哈赤父子的努力終於收到了回報，但，努爾哈赤與皇太極，誰也沒有等到這一天。

一六四四年十月三十日，即位不久的大清新帝——年僅六歲的愛新覺羅・福臨，在攝政王多爾袞及眾大臣的擁護下，登上了紫禁城金鑾殿的寶座。

【知識鏈結】

世祖，一般作為斷代史開創者或者王朝承上啟下的人物的特定廟號，也有作為開基者的意思，例如三國的曹丕和西晉的司馬炎、蒙元的忽必烈。自漢世祖光武帝劉秀以後，北魏的世祖太武帝、南朝宋孝武帝、南齊武帝、北齊武成帝、元世祖等基本都是這樣的由來。清順治帝福臨在位時期，大軍入關，問鼎中原，後又能躬親理政，初治天下之亂，其世祖之謂矣。

剃髮垂辮，誰叫如今是滿人的天下

清軍入關後，南明在江南建立了一個弘光小朝廷，但卻腐朽昏庸，人心思變，清軍一鼓作氣，以摧枯拉朽之勢，將其一掃而盡。明朝覆滅後，清廷宣言「不殺人，不剃髮，安民樂業」，所以，百姓們過了一段安穩日子。

根據滿洲舊例，投降的漢族人必須按照滿族人的習慣剃髮，作為歸順的標誌。清朝統治者對其極為重視。早在天聰年間，皇太極在進行擴張戰爭時就一再強調推行剃髮政策。天聰五年（西元一六三一年），大凌河之役勝利後，皇太極令「歸降將士等剃髮」；天聰十二年又再次下令：「若有效他國衣帽及令婦人束髮裹足者，是身在本朝，而心在他國。自今以後，犯者俱加重罪。」遼東漢民很早就深受剃髮政策的制約。到清軍入關後，更是變本加厲地推行這一政策。

順治元年（西元一六四四年），多爾袞率清軍入關，沿途他就忙著頒法詔書，要求歸順的明朝軍民人等盡皆剃髮。進入北京之後，他正式下達了剃髮和更換服飾的法令。這一命令立刻引起了激烈的反對，不但朝中官員剃髮者寥寥無幾，大批的前明官員僅僅因為這一制度，就閉門不出，拒絕為清朝效力，或者南下逃離京城；而老百姓更是堅決不願剃頭，甚至因此而爆發農民起義。多爾袞眼見統治未穩，擔心釀出大變，僅僅一個月之後，就不得不停止了剃髮令的實行。

不過，當清朝的統治逐漸穩固時，多爾袞再次提出了實行剃髮令的要求。可笑的是，這個建議卻是一名漢臣孫之獬（音謝）提出來的。

孫之獬由於早在初入關時就響應多爾袞的第一次剃髮令，留起了辮子，因而遭到很多漢族大臣的排擠，他惱羞成怒，便向多爾袞進言要求重新實施剃髮令。

在奏摺中，他有幾句話很是打中要害：「陛下平定中原，萬事鼎新，而衣冠束髮之制獨存漢舊，此乃陛下從中國，非中國之從陛下也！」

多爾袞見漢族人都有此想法，自然樂得同意。在清軍攻陷南京，弘光小朝廷覆滅之際，多爾袞深感時機成熟，便給在前線指揮戰鬥的豫親王多鐸下令「各處文武軍民盡令剃髮，倘有不從，以軍法從事」。之後，又給禮部下發諭旨，一方面說明實行剃髮令的原因和必要性，另一方面則要求全國軍民一律剃髮。

清廷簡單粗暴的政策激起了江南漢族人嚴重的反抗情緒，一方面這自然是由於「身體髮膚，受之父母，豈敢毀傷」的古訓，但另一方面這也是對清朝統治者的一種反抗。士紳，農民，工商業者，甚至引車賣漿者，以及相當一部分官僚，都堅決不願執行剃髮令，為此甚至爆發了此起彼伏的抗清鬥爭。

在清廷強制推行剃髮令的過程中，曾經有人對此提出異議。陝西河西道孔聞謤曾經上書要求停止剃髮，便被多爾袞革職；名士陳名夏看到當時各地此起彼伏的反對剃髮令的鬥爭，評價道：「留髮復衣冠，天下即可太平。」不久之後竟然因為這句話被滿門抄斬。

一六四五年六月二十八日，清廷再次傳諭：「近者一月，遠者三月，各取剃髮歸順。」剃髮成了命令。強迫剃髮，使得當時原本有了降附之心的民眾，再次被激起了反抗之心。為了鎮壓，清軍動用武力，一時之間，江南各地處處都是血流成河。經過了「揚州十日」「嘉定三屠」等幾次大肆的屠殺後，江南大部分地區的人們都歸順了，紛紛剃髮，自稱大清順民。在血海肉山的殺戮淫威下，反抗的氣焰終於被壓了下去。但當時漢民對清朝的真面目，也認清了。

強迫剃髮，雖然令服飾打扮得到了統一，但在另一層面上，卻是嚴重阻礙了清朝的統一進程。孫之獬為了貪圖富貴，令同胞百姓遭到如此重創，報應來得很快，三年之後，孫之獬因為收受賄賂，被奪職遣還老家淄川。他在路上遇到山東謝遷等人起義，他一家老小被斬殺精光，而他本人則是被起義軍們在頭上戮滿細洞，用豬毛重新給他「植髮」，最後將他肢解碎割，後人在筆記中對他的評價是：「嗟呼，小人亦枉作小人爾。當其舉家同盡，百口陵夷，恐聚十六州鐵鑄不成一錯也！」

那麼，滿族傳統式樣的髮型究竟是什麼樣子的呢？清人筆記《榕城紀聞》記載：「剃髮，只留一頂如錢大，作辮，謂之金錢鼠尾。」也就是說，最標準的剃法應當是將頭髮全部剃光，只在頭頂留一銅錢大的頭髮打辮子。如果其他地方還有頭髮，也是違反命令，必須殺頭。如果戴了帽子，遠遠看去，實在和禿頭沒有差別。難怪明朝人就曾說滿族人「剃髮如僧」。這個對於長期習慣於把頭髮結成髮髻的中原人來說實在是太難接受了。怎麼可以把自己弄成胡人的打扮呢？特別是一些標榜用夏變夷的文人士子，寧死也不願意剃髮。

明知強令剃髮的代價慘重，清廷為什麼還要不計任何代價，甚至冒著動搖統治基礎的危險強制推行剃髮令呢？

首先，滿族人口遠較漢族人為少。清軍入關時，滿族人口遠遠少於漢族人，作為征服者的滿族人，擔心無法順利管轄漢族人，因此便強迫漢族人剃滿髮，穿滿服。從外表上就無從分辨滿漢，保證了處於少數的滿族人的安全。其次，透過剃髮令的推行，清廷發現了大量對新政權不滿的異己分子，並且毫不留情地加以誅殺。抗清鬥爭的中流砥柱紛紛遇難，使漢族人無法組織和進行有效的抗清鬥爭。最後，剃髮易服，可以從文化上控制中原漢族人，並從思想和精神上奴役之，進而保持清朝統治的穩固。而後來的歷史也恰恰證明了這一點，經過二百餘年的潛移默化，中國人逐漸習慣了滿族的髮式和服裝。

【知識鏈結】

滿族服裝獨具特色，歷史上滿族男子多穿帶馬蹄袖的袍褂，腰束衣帶，或穿長袍外罩對襟馬褂，夏季頭戴涼帽，冬季戴皮製馬虎帽，褲腿紮青色腿帶，腳穿棉布靴或皮靴，冬季穿皮製烏拉。女子喜穿長及腳面的旗裝，或外罩坎肩，喜歡在衣襟、袖口、領口、下擺處鑲上多層精細的花邊。腳著白襪，穿花盆底繡花鞋，褲腿紮青、紅、粉紅等各色腿帶。

既得江山，奈何錦繡江南成人間地獄

清代吳炎、潘檉章合著的《今樂府》中有一詩名《蕪城歎》，此詩題為「悲維揚也」，控訴了清兵攻佔揚州城後，屠城十日的暴行。詩云：

清淮流，鞠城下。
顧見穹廬張四野，
誰言法公真死者！

反覆覆，城當復；
我買刀，趨賣犢。
明朝末年，政治腐敗，生民疾苦。闖王李自成揭竿而起，攻陷北京，明朝覆亡。誰知這時手握雄兵守衛山海關的明朝將領吳三桂打開山海關，投降了清軍，幾十萬八旗鐵騎盡踏中原。

清軍入關後一遇抵抗，必「焚其廬舍」，「殺其人，取其物，令士卒各滿所欲」，轉戰燒殺三十七載，使中國人口從明天啟三年的五一六五〇四五九人減至順治十七年的一九〇八七五七二人，淨滅三分之二。著名的「揚州十日」、「嘉定三屠」都是在幾乎被殺絕之後才下令「封刀」，僅揚州一城，死者就多達八十餘萬人。

北京的明朝政府被推翻後，陪都南京的文武大臣立福王為新君，是為南明政府，圖謀復明。雖有史可法等一干良將忠臣拼死捍衛，但無奈自身腐朽無力，根本無法抵擋清軍鐵騎的攻勢。新入中原的清軍一路南下，酣暢淋漓，無論是農民軍還是南明軍，一概殺之。

揚州城陷不久，清軍統帥多鐸便以不聽招降為名，下令屠城。清軍縱兵屠戮，「十日不封刀」。滿洲人燒殺淫掠，無所不為，繁華都市頓成廢墟。

清軍入城之後便在那些投降的漢族人帶領下從一個富戶進入另一個富戶。清兵們先是搶銀子，後來就無所不掠了。直到二十日的白天，還沒有人身傷害，但是夜幕降臨之後，人們聽到了砸門聲、鞭子抽人聲和受傷人發出的號叫聲。那個夜晚火勢蔓延開來，但有些地方的火被雨澆滅了。到五月二十一日，一份告示保證說，如果藏起來的人能夠出來自首的話就會得到赦免，於是許多藏在自己家裡的人走了出來。可他們走出來後卻被分成五十人或六十人一堆，在三四個士兵的監督下，用繩子捆起來。然後就開始用長矛一陣猛刺，當場把他們殺死，即使撲倒在地者也不能倖免。

關於揚州大屠殺慘絕人寰的歷史真相，王秀楚的《揚州十日記》有親歷、親睹的逐日實錄，以及各種稗官野史的雜錄，當日史可法部下、幕僚的回憶錄，有大量的詩篇，以如泣如訴的悲憤文字做詩史；有至今保存完好的寫真圖畫，以直觀的視覺形象作畫史；有同時代揚州人的話本，在歌頌史可法民族氣節的同時同情揚州人民的遭遇。慘絕人寰的屠城使得幾世繁華的揚州城在瞬間化作廢墟之地，江南名鎮一夜之間成了人間地獄，後人稱之為「揚州十日」。

在清軍揮師南下征服漢族的過程中，揚州，江陰、大同、湘潭、汾城、廣州等都遭到了一定程度的屠戮，這還不包括此後因剃髮令遭拒引起的大屠殺。清軍早已不復太祖太宗時期的治軍嚴明，寬待百姓之姿。此時，遠在紫禁城內的順治叔侄，可曾為這昔日的錦繡江南，今日的人間地獄扼腕歎息，他們已坐上龍椅，為何不能善待子民！

有人將之視為民族衝突，但是，民族衝突的高峰是在少數民族統治時期，而不是開始統治時期。為什麼在尚未開始統治時就大肆屠戮呢？此時實施屠殺又有什麼目的呢？

首先，屠城是一種野蠻的心理發洩。人潛意識中都希望一切按自己的意志行事，一旦受到阻攔，難免要心生惱怒，怒而成憤，這是人性。清軍在攻城過程中受到阻攔，惱羞成怒，城破之日屠戮居民，以洩心中之憤，這是一種赤裸裸的原始人性的體現。

但從政治經濟學角度說，一股代表著落後生產關係的外來勢力，一旦入侵揚州這一先進地區，怎能不激起揚州人民最大限度地對史可法抗清鬥爭的支持？加之，揚州人民自李庭芝、姜才抗元以來就具有深厚的愛國主義傳統，這次清兵入侵，再一次激起他們愛國熱情的高漲。我們不妨讀讀與王秀楚同時代的詩人靳應升《讀邗江〈錢烈女傳〉，補詩以吊之》一詩：

烈火不受塵，高雲不受滓。
此身能不辱，虎狼莫敢視。
哀此閨中秀，珍重全一恥。
憶初引決時，長跪淚如此。
問我軍如何？鼓啞城東圮。
此時知盡節，必吾相國史。
弱質雖非男，未忍蹈犬豕。
不死不成人，一死良不悔。
從容裁大義，棄身如棄屣。
老親苦無兒，寧復顧甘旨。
日月照其魂，潔比邗江水。

據此詩，我們可以清楚地看到，史可法領導的抗清鬥爭得到揚州人民怎樣的回應與支持。弱質女子尚且貞烈如此，愛國男兒能不抗爭到底？

其次，以戰養戰，補充補給和提高士氣。揚州地處南北交通樞紐位置，歷來得漕運、鹽運之利，向稱富庶地區，商業繁榮，手工作坊興起，資本主義因素已經開始萌芽。透過屠城搶掠，將居民財物據為己有，進而達到以戰養戰的目的。當然，財富的聚集是以文明和經濟的破壞為代價的。同時，透過屠戮毫無反抗能力的居民獲得暫時的心理安慰，進而保持旺盛的鬥志。所謂「勿殺無辜，勿掠財富，勿焚廬舍」的誓約，早已成為一紙空文，聊欺後世而已。

屠城還能起到一種威懾作用。清兵攻克南京後，多鐸在《諭南京等處文武官員人等》的布告中，就露骨地宣稱：「昨天兵至維揚，城內官員軍民嬰城固守，予痛惜民命，不忍加兵，先將禍福諄諄曉諭。遲延數日，官員終於抗命，然後攻城屠戮，妻子為俘。是豈予之本懷，蓋不得已而行之。嗣後大兵到處，官員軍民抗拒不降，維揚可鑑。」這等於是一份揚州大屠殺的自供狀。揚州十日屠戮，無辜居民的鮮血換來了統治者的滿足，血腥的疆土開拓暫時讓反抗者忍氣吞聲，但是，很快，清朝統治者的貪欲挑起了新一輪的反抗。這次的反抗領導者，竟然是一名海盜與日本女人生的孩子——鄭成功。

【知識鏈結】

史可法，字憲之，號道鄰，河南祥符人。東漢溧陽侯史崇第四十九世裔孫，其師為左光斗。明南京兵部尚書東閣大學士，他是大明忠烈，是保衛南明的勇士，後揚州城破，不屈而死。南明朝廷謚之忠靖。清高宗追謚忠正。其後人收其著作，編為《史忠正公集》。

民族英雄成功至，保衛南明氣節存

民族英雄鄭成功，最為後人津津樂道的有三點：其一是他的身世——海盜鄭芝龍與日本女人的混血兒；其二是他保衛南明的壯舉；其三是他帶領台灣軍民抗擊荷蘭侵略者的英雄事蹟。

南明弘光元年（一六四五年），鄭森（鄭成功本名）隨其父鄭芝龍朝見隆武帝，隆武帝見其少年英俊，談吐不凡，立即欽賜鄭森為國姓朱，改名為成功，並封忠孝伯，領禦營中軍都督，賜尚方寶劍，儀同駙馬。民間因此稱鄭成功為國姓爺。自此之後，鄭成功碧海丹心，鼎力匡國，走上反清復明道路。

次年，清軍打過錢塘江，滅魯王政權，隨即大舉進攻福建。鄭芝龍本可以依靠福建山區的複雜地形抵抗滿洲馬隊，但是，關鍵時刻，他的海盜本性發作，為維護家族利益，竟然準備降清。隆武帝只好坐以待斃。在儒家教育下長大的鄭成功對鄭芝龍的所作所為十分氣憤，他晉見隆武帝，遞上破敵條陳，隆武帝轉憂為喜，封為都督。

永曆政權建立後，鄭成功為「招討大將軍」。年僅二十一歲的鄭成功奮起反抗清王朝的民族壓迫政策，他在南安縣以「招討大將軍」的名義，在安平、浯州一帶誓師抗清，擁戴南明的永曆政權。

剛開始的時候，鄭成功兵少糧缺，只遊蕩於廈門海域。之後逃散各地的鄭芝龍舊部以及不願歸附鄭芝龍將士紛紛投來，成為一支聲勢浩大的軍隊。南明永曆四年（一六五〇年），鄭成功率師在金門、石井等地與清抗衡。清廷懼怕萬分，千方百計利用鄭芝龍與鄭成功的父子關係，對鄭成功進行威懾，企圖使其投降。然而，鄭成功忠貞不渝，與其父陳詞：「父誤在前，兒豈誤於後？我在本朝，既賜姓矣，稱藩矣，人臣之位已極，此可謂智者道耳」「吾父見貝勒時，已入彀中，其得全今大幸也，萬一吾父不幸，天也，命也！兒只有縞素復仇，以結忠孝之局耳。」鄭成功的忠貞報國決心甚得永曆帝讚賞。

南明永曆十二年（一六五八年），永曆皇帝派人到思明州冊封鄭成功為延平郡王，明部將甘輝為崇明伯，萬禮為建安伯等，軍威大振，一領延平郡。

鄭成功兵力漸漸強大起來，在廈門建立了一支水師。他跟抗清將領張煌言聯合起來，乘海船率領水軍十七萬人於五月開進長江，六月克鎮江等地，七月逼南京。

此時，南京城內清軍只有兩江總督郎延佐一面上書朝廷求救，一面聽從部下的緩兵之計，派遣特使以卑辭向鄭成功求情。鄭成功輕信了清軍之言，拒絕部將的勸諫，只等清軍到時投降。清軍乘機調入各州府的兵馬，從南京東南門入城，使清軍在城內的實力大為加強。

七月二十日夜，清軍梁化鳳乘鄭軍防備鬆懈之時，以鄭軍一降兵為嚮導，率五百騎出神策門，突襲鄭軍獅子山營寨。鄭軍官兵尚不及披甲，清軍已衝殺至前。鄭軍無力抵抗，四下潰逃。梁化鳳乘勝追擊，連破兩座營寨，俘虜鄭軍統領余新，殺副將二人。待鄭軍主力聞警趕到，梁化鳳已撤回城內。當晚，鄭成功以主力在白土山中設伏待敵，將大本營移到幕府山，準備在此迎接出城清軍。次日清晨，梁化鳳率精銳騎兵，乘鄭軍倉促之時，突然向神策門鄭軍發起攻擊。鄭軍奮力迎戰，終因猝不及防而敗去。

與此同時，清軍江寧總管客客木率一部兵力由儀鳳門繞到幕府山后夾擊鄭成功大本營，鄭軍抵擋不住，鄭成功急駕小船，去調水師增援。恰值江水退落，水兵所乘戰船無法靠岸。鄭成功在江中眼看兩軍相戰，戰局直轉而下，卻無能為力。

自鄭成功離開，鄭軍失去大本營指揮，不知如何行動，只好各自為戰，原地固守。清軍加緊攻擊，各個擊破。鄭成功在船上見敗局已定，只好率船隊撤往鎮江，然後出長江返回廈門。張煌言正在攻打銅陵，忽聞鄭成功敗訊，欲順流與鄭成功合兵，不料清軍水師在南京封鎖了歸路，只好從陸路經浙東轉回舟山。張煌也因此孤軍無援，為清軍所敗。

南京之戰可說是鄭成功生涯當中最重要的一役，卻是先盛後衰，以大敗收場，使鄭成功的反清大業受到致命挫折。為瞭解決大軍的後勤給養，以圖後舉，鄭成功返回廈門，橫渡台灣海峽，順利抵達澎湖，受到當地居民熱烈歡迎，順利登陸。此時的台灣，已被荷蘭殖民了三十多年。

鄭成功初到台灣，便軍民協力施壓於荷蘭人。

鄭成功向荷蘭殖民者長官揆一和普羅文查城的司令送信勸降。但是驕橫的荷蘭人自以為依靠他們高大的船艦、精良的武器和有戰鬥經驗的殖民軍，完全有把握戰勝只有弓箭和大刀的鄭軍。當天上午，在重新部署後，荷軍開始從水陸兩路向鄭軍反撲。鄭軍將士毫無畏懼，拼死殺敵，鄭成功運用著名的「火船」戰術，打敗了擁有優勢的荷蘭海軍。而後，鄭成功打敗荷蘭陸軍，迫使殖民者敗退熱蘭遮城。

荷蘭殖民者在初戰失敗後，同意進行談判。他們擬定的談判條件是：願意付一筆賠款給鄭成功，但要求鄭軍退出台灣，底線是荷蘭人可以讓出本島，但必須繼續有大員居住。但鄭成功重申，他堅定不移的目標是要荷蘭人離開台灣全島。由於雙方都不願意妥協，這次談判不歡而散。鄭成功迅速攻下普羅民遮城，又打退了敵人幾支援軍，用重兵包圍了熱蘭遮城。經過一系列戰鬥，荷蘭人抵抗的意志終於被打垮了。十二月十三日，鄭成功的代表和荷蘭的代表完成了協議的換文。荷蘭人在最後一任長官揆一的帶領下，五六百人分乘八艘艦船退出台灣。至此，荷蘭人在台灣三十八年的殖民統治完全結束，台灣重新回到祖國懷抱。

鄭成功在台灣開闢出一塊海外基地，延續著明王朝的一線生機，也成為中華民族反對外來侵略的成功嘗試，激勵著無數的後來人。

【知識鏈結】

赤崁樓位於台南市中區赤崁街與民族路交叉口上，原為荷蘭人所建。早期的漢人稱荷蘭人為紅毛，所以也把赤崁樓叫做紅毛樓，或稱番仔樓；初建於西元一六五〇年，其建材據說皆由荷蘭人自海外運來，稱為普羅民遮城，系荷蘭人在漢人起義抗荷的郭懷一事件後所興建的。在鄭成功攻佔台灣以後，曾經改普羅民遮城為「東都承天府」，並以赤崁樓作為全島最高的行政機構，隔台江與今安平古堡相對，十分具有歷史與文化的價值。

太后下嫁之謎，攝政王的悲情人生

上壽觴為合巹樽，慈寧宮裡爛盈門。
春官昨進新儀注，大禮躬逢太后婚。——南明・張煌言・《建夷宮詞》

張煌言的這首詩透露出了當時一個天大的秘密：「太后婚。」此事，也正是清初四大謎案之一——孝莊太后下嫁之謎。

那麼，這件事是真是假，孝莊太后所嫁之人到底是誰？在正史裡沒有絲毫涉及，我們只能從野史中去尋找蛛絲馬跡。

據野史記載：清軍入關後，朝綱由攝政王多爾袞總攬，朝中范文程等大臣認為多爾袞為大清作出了不可磨滅的貢獻，被多爾袞扶植的順治帝肯定想要報答叔父的恩惠，再加上太后寡居，順治又把這個叔父當成父皇一樣看待，讓太后與攝政王合宮，正式結婚，自然都合了雙方的心意。恰巧此時，多爾袞的原配妻子因「病」亡故，太后下嫁多爾袞便成了水到渠成之事。

有人說，太后下嫁，真正的用意在於籠絡當時權勢遮天的多爾袞。因此，他們的結合不過是孝莊為求自保的政治手段。之後，孝莊達到了她的目的。多爾袞死後，她的地位也節節高升。可每每想到自己下嫁一事，仍覺得荒唐彆扭。所以有人說，孝莊正是因為覺得改嫁一事對不起九泉之下的皇太極，所以她才囑咐孫子康熙，在她死後不要將其遺體送回盛京與皇太極合葬。這也就是為什麼，這位高貴太后的陵寢會在皇家陵園的風水牆外。但也有人說，太后的陵寢在風水牆外，是皇家對她的貶抑，說法不一而足。

封建中國一位普通婦女的改嫁都能招致非議，更何況是尊貴的皇太后繡球重拋，梅開二度？不過也有人說，太后改嫁不過是民間流傳不足信，特別是到民國初年，大家都樂談前清掌故，言之鑿鑿竟如信史一般。以至於有人認為《清史稿》沒有直書太后下嫁一事，是其缺失。不過對此，野史中也有解釋：

及乾隆朝，紀昀見之（指太后下嫁之事），以為「此何事也！乃可傳示來茲，以彰其醜乎？」遂請於高宗削之，是後遂鮮有知者。——民國・小橫香室主人・《清朝野史大觀》卷一・清宮遺聞也就是說，正史之中原來是記載了這件事的，但紀昀即紀曉嵐在史籍中看到了這一有悖於倫理綱常之事，認為家醜不可外揚，便奏請乾隆帝將這段往事刪了出去，後人自然很少有知道的了。這樣一來，太后是否當真下嫁，便成為了清初的一大謎案。

對於多爾袞與孝莊太后之間的私情，有學者曾一針見血地指出：「孝莊太后和皇后、其他妃子住的地方像個四合院，東邊屋裡能看見西邊窗戶，多爾衮要是來了還過夜，那多少雙眼睛得盯著？這壓根不是戲說，是胡說。」

關於野史中記載之事，有很多可以被駁斥的地方。其中，最主要的是一個文化融合與政治衝突的問題。

自古以來，在婚嫁問題上，北方游牧民族與中原漢族的觀念有極大不同。其實即使在孝莊文皇后前期，為了鞏固與蒙古的聯盟，老公皇太極一口氣娶了她和她的姑姑、姐姐三人，「姑侄三人嫁一夫」，這在漢族人看來如同亂倫，但由於這是清室入關前的事，在漢族人眼裡那是「胡俗」，因而並沒有遭到「輿論譴責」。即便孝莊文皇后「下嫁」多爾衮真有其事，按滿族人固有的習俗去看它，恐怕影響也沒有多嚴重，至少不會把它看得嚴重到要「葬到牆外去」的地步。但用漢族文化的眼光去看它，問題就大啦。更何況，還有一個政治因素在中間作梗，為這股「緋聞」搖旗造勢。

這個政治因素就是「反清復明」。如上所說，入關以前，莊妃與多爾衮並沒有什麼「緋聞」，兩人之間的事能鬧出如此大的動靜，明末清初一些具有「反清復明」思想傾向的知識份子居功甚偉，這樣說不清道不明的關係，自然成了他們「炒作」的極佳素材，做出本文開頭那首詩的張煌言就屬於這類人。

太后下嫁與否已成疑案，但是，故事的另外一個主角——大清攝政王多爾衮不得不提。在尤小剛導演的電視劇《孝莊秘史》中，被馬景濤演繹的悲情多爾衮不知賺取了多少觀眾的眼淚。多爾衮，這位努爾哈赤的第十四子，他的人生也的的確確算得上「悲情」二字。

多爾衮是努爾哈赤最寵愛的兒子、皇太極得力的弟弟，尊貴的「墨爾根代青」、和碩睿親王，但誰又知道在面臨母親被逼殉葬、四大貝勒虎視眈眈之時，他在夾縫中生存的不易，在戰場上拼殺的堅忍。

兩次爭儲失敗已是人生大憾，雖然問鼎中原，完成了太祖太宗多年夙願，卻要眼睜睜地拜倒於六歲稚兒的腳下，山呼萬歲。膝下無子、英年早逝已是悲劇，但是勞苦功高、位極人臣的他又怎麼會想到自己日後竟落得被破除宗籍、毀墓掘屍的下場。

多爾袞的一生可謂功過分明。自古以來幼帝與權臣的關係必定水火不相容，不過以旁觀者的眼光來看，無論順治對於多爾袞有多麼憎恨，他對這位叔父的做法的確過分了。權傾一時的多爾袞，死後聲名狼藉，百餘年無人論及。直到乾隆三十八年（一七七三年），乾隆帝才下令內務府修葺位於東直門外的睿親王墓，准其近支祭掃。乾隆四十三年正月頒詔，充分肯定多爾袞在清朝開國時「成一統之業，厥功顯著」的重大功績和對皇帝的忠心，為多爾袞平反昭雪，復還其睿親王封號，追謚「忠」配享太廟，其爵位由多爾袞的養子多爾博的曾孫淳穎承繼，世襲罔替。至此，多爾袞家族得以重見天日。

【知識鏈結】

愛新覺羅・東莪，多爾袞獨生女兒，也是他唯一的骨血。生母為妾李氏，李世緒之女，朝鮮宗室女子。生於崇德三年（一六三八）。東莪這個名字，是多爾袞為紀念其長姊東果公主（東果為東果格格夫家的部落名和姓氏「董鄂」，不是其名）所取的名字。在多爾袞死後，東莪被順治下旨交於信郡王多尼府中看管，這是清史中關於這個女孩子唯一的記載，此後，史冊中再無任何記載，不知所終。

第四章：聖祖賢君——千秋功罪任評說

年僅二十四歲的順治離奇地駕崩於養心殿，八歲的愛新覺羅·玄燁繼位，即康熙帝。少年英姿展雄才，康熙在祖母孝莊太皇太后的引導下，除鰲拜、平三藩、敗沙俄、收台灣、剿滅噶爾丹，勵精圖治、勸課農桑，開啟了封建落日的餘暉——康乾盛世，在位六十一年的傳奇路程，一代康熙大帝，千秋功罪任評說。

順治之死，不要江山要美人

西元一六六一年，清世祖順治皇帝駕崩。但隨後幾百年來，有關他是出痘死亡還是出家的議論卻從未停止，眾說紛紜中，順治的歸宿便成為清史三大懸案中最惹人辛酸的大案一樁，不僅因為他短短二十四年卻跌宕起伏的一生，還因為他與董鄂妃那段動人心魄的曠古絕戀。

《清史稿・后妃傳》記載了順治帝一生中共有兩后、十五妃。但他的婚姻生活卻是個十足的悲劇。他先後冊立兩位皇后：一個孝莊皇后幕後安排、多爾袞親自做媒的本家侄女，不堪充作傀儡的順治也與她性格多有不合，不久她便被廢入冷宮；另一位也是在以政治目的為前提而精心選擇的博爾濟吉特氏女子，順治對她依舊不滿意，但這位皇后能忍辱圓通，再有太后呵護才得以保全。其他妃嬪對於順治來說，更幾乎成了擺設。

順治對於愛情，表現出了作為帝王千古難見的癡情和專一，他與董鄂妃，愛得轟轟烈烈、感天動地，衝破各種權力傾軋和明槍暗箭。那麼，讓少年天子如此鍾情的董鄂妃，到底是一個怎樣的女子？

有說董鄂妃是秦淮名妓董小宛。洪承疇攻佔江南時得她，後來將她進獻給順治帝。董小宛歷史上是確有其人，名白，字青蓮，生於明天啟四年（一六二四），秦淮名妓。崇禎十五年，董小宛嫁給冒襄為妾，二人情投意合、相依為命。董小宛於順治八年病死，時年二十八歲。可見，董小宛確實和順治帝一點關係也沒有，董鄂妃即董小宛之說不能成立。《清史稿・后妃傳》記載，董鄂妃是朝中重臣鄂碩的女兒，成人後選秀入宮，同年被冊為「賢妃」，沒過幾天之後再晉為「皇貴妃」。這種說法似乎更與歷史的真相相吻合，極具說服力。還有一說，董鄂妃是襄昭親王博穆博果爾的福晉，博穆博果爾為與順治搶奪她而死，這個傳說不見於正史，卻成為清宮影視劇八卦的熱門。

不管董鄂妃的身世如何，她的確是大清後宮永遠屹立不倒的傳奇。董鄂氏在順治十三年被冊為「賢妃」，一個多月後就被封為皇貴妃，冊封之禮之盛大早已超出妃子的規格。不僅升遷速度歷史罕見，還在冊封時頒布了新皇登基時才有的大赦天下的旨意。這是中國歷史上唯一一次因為一個皇貴妃而大赦天下的例子。董鄂妃的確承得起順治對她的寵愛，她才華出眾、清麗脫俗，更是一個難得的「懂」順治帝的人。她崇信佛教，生活樸素，對人溫柔寬厚，時常勸說順治要細理政務，勤勉服人，對順治的生活更是無微不至、親力親為。而身為皇貴妃，她對太后皇后無不尊敬有加，恪盡本分，任勞任怨，對待其他妃嬪也十分和善近人，從不恃寵逾禮。順治十四年冬，皇太后身體不適，董鄂妃朝夕侍奉，五天五夜不曾合眼。可見，有了董鄂妃的陪伴，順治的人生不再因少年傀儡的鬱悶而晦暗，而是另一段充滿希望的帝王之路。

順治十四年，董鄂妃為順治生下皇四子，順治欣喜若狂，頒詔天下「此乃朕第一子」為此祭告天地，對此子視如嫡出，大有冊封太子之意。自古以來，集三千寵愛於一身就是集三千怨恨於一身，尤其是在滿人入關不久根基未穩之時。聯蒙抗明、安撫滿族親貴是大清之策不容撼動，而董鄂妃的專寵就是對以孝莊太后為首的蒙古后妃地位的極大挑戰，而順治對皇四子的重視，更牽涉國本，怎能不聯動前朝後宮對這一對母子更深的怨恨。後來，皇四子不到三個月便夭折了，順治悲痛之餘追封他為和碩榮親王。董鄂妃本在宮中舉步維艱、心力交瘁，又痛失愛子，過度的打擊讓她一病不起，連佛經的慰藉、順治的疼寵都沒能挽回一代賢妃的倩影。順治十七年，董鄂妃病逝於承乾宮，年僅二十二歲。順治身為帝王，卻無力護得妻兒周全，悲憤鬱悶之情可見。

董鄂妃崩後第三天，順治即追封她為皇后，謚曰「孝獻莊和至德宣仁溫惠端敬皇后」。他輟朝五日，並強制要求朝廷官員和命婦們為董鄂妃穿戴喪服滿二十七天。還殘忍地將宮中太監宮女三十人賜死去下面伺候董鄂妃。並在朝廷資金極為短缺的情況下，在景山修建水陸道場，大辦喪事，時限長達四月之久，規模之巨連皇帝、皇后喪事中也未見，舉國轟動。

順治帝悲慟欲絕，隨之而來的是幾近崩潰、萬念俱灰的精神狀態和看破紅塵，棄江山社稷執意要出家為僧的執念，在溪森法師的度化下，決定放棄皇位而淨髮出家。溪森的師傅玉林琇怒而處罰弟子，為保「師傅」，順治無奈讓步，溪森才免於一死。相比較做皇帝，順治更適合生在尋常百姓家，那樣便可以不受任何束縛與他的愛人長相廝守逍遙一生了。但是，生來傀儡，愛人孩子棄他死去，出家不成。自暴自棄的順治帝在董鄂妃死後無心於世而「如願以償」地染上天花，因醫治無效，崩於養心殿。百姓們對於這位少年天子的突然離世難以相信，於是有人根據他對佛家的虔誠度猜測，他是真的出家了。作為清初三大疑案之一，順治是否出家只得後人繼續考證演繹。而今看來，順治出家未成，染痘病逝的說法比較可信。《王熙自定年譜》記載了此事：「朕患痘，勢將不起。爾可詳聽朕言，速撰詔書。」

順治作為清朝入關後第一任皇帝，雖未像他的祖父、父親一樣躍馬縱橫、開疆闢土，短短十八年在位之期，在母后孝莊太后的提引下，他革除弊政、任用漢官、澄清吏治，鞏固了大清，為康乾盛世奠定了基礎。書曰：「亶聰明作元後，元後為民父母。」其世祖之謂矣。

【知識鏈結】

清朝后妃共八等：皇后一名，居中宮，皇貴妃一名，貴妃二名，妃四名，嬪六名，貴人、常在、答應，無定數，分居東西十二宮。

皇貴妃，明朝景泰年間始用，明景帝朱祁鈺冊封寵妃唐氏為皇貴妃。董鄂妃是清代第一位受封此位的妃子。當時滿人後宮制度不完備，順治的加封和明代無異，都是表示特殊寵愛的意思。後來康熙繼位，完善後宮，在皇后和貴妃之間正式設皇貴妃，這是歷史上首次將皇貴妃從皇帝隨性加封轉變為正式的尊貴的妃位。

康熙登基，祖孫協力開盛世

順治二十四年，皇帝染天花病重，繼承人成了關鍵問題。耶穌會士湯若望提出，玄燁曾出過天花，今後不會再受天花之擾而陷社稷於危難。順治皇帝經過幾番斟酌後，決定傳位於年僅八歲的皇三子玄燁。

大清歷史中，有兩位女性對歷史進程的影響是絕不可忽略。一個是帶給大清乃至整個中國巨大災難的慈禧。另一位則是在中國封建史中幾次力挽狂瀾救大清於危難之中，更是培養出了「千古一帝」的傳奇人物——孝莊。可以說，康熙在政治上的成就離不開祖母孝莊太后的悉心栽培。

從前文我們已知，孝莊身上充溢了政治家和教育家的影子，她在言傳身教上直接塑造了玄燁。康熙自從順治手中接過了一堆爛攤子開始，到後來一切功績的背後，大都離不開孝莊明裡暗中的推波助瀾與緊要關頭時的力挽狂瀾。正如玄燁日後回憶：「朕自幼齡學步能言時，奉聖祖母慈訓，凡飲食、動履、言語，皆有矩度。雖平居獨處，亦教以不敢越軌，少不然即加督過，賴是以克有成。」（《清聖祖御制文二集》）

年幼的康熙繼承了父親留下的江山，茫然四顧，即便再天生我才，才剛剛八歲的娃，在豺狼虎豹的圍追堵截中又能如何，除了自己的祖母，幾乎沒有一個真正可以信賴的人。朝堂險惡，權臣的壓迫，沒有壓倒這對孤孫寡祖，政治經驗豐富的孝莊，不露聲色地密切注視事態發展並一次次提引愛孫。鰲拜的飛揚跋扈一次次挑戰著年輕氣盛的玄燁，但在玄燁決心爆發前一刻，總會有孝莊用安撫、堅定、睿智的話語將玄燁胸中憤怒的火焰熄滅，讓這位少年天子明瞭一個「忍」字的深刻含義。

孝莊不但讓玄燁忍辱負重，自己也放低了身為皇太后的高貴姿態，對四大輔臣，尤其是鰲拜無一不是剛柔並施、好言好語相對。鰲拜輔政期間結黨營私，專橫擅權，蘇克薩哈因與他抗衡，遇事力爭，被誣陷致死；因圈地事件，鰲拜與玄燁的老師魏承謨結怨頗深，不時向孝莊進言要求更換帝師，想就此除掉魏承謨。孝莊深知魏的委屈，但更知道鰲拜權力之厲害，故而順水推舟表示早有換師之意，只是苦於沒有合適人選。完全沒有太皇太后一說不二的架勢，還如此心平氣和、毫無勉強之意。就算是鰲拜想找茬，也完全無話可說。但在鰲拜準備置忠臣於死地之時，孝莊又強如鋼鐵，毫不含糊。更換帝師一職之事便是如此，之所以同意解了魏承謨的職其實是想留他一條生路，等鰲拜明著說想殺了魏承謨之時，卻也是力保忠臣毫不退讓。

孝莊一邊安撫著權臣，一邊安慰著孫子，苦思讓孫兒擺脫不利的靈丹妙藥。正是在這最危急的時刻，為籠絡四大輔政老臣，孝莊不僅親自登門拜訪稱病的索尼，還將索尼的孫女封為皇后，雙邊結為親家。鰲拜藉口其出身低下堅決反對，並會同遏必隆、蘇克薩哈啟奏孝莊。孝莊毫不客氣地回答道：「滿洲下人之女如何立不得皇后？我意已定，不必再議。」

七月，索尼的孫女被冊立為皇后，索尼為皇親，地位自然提高。儘管玄燁對索尼這個孫女並不感興趣，但孝莊太后還是逼著他娶了，只為了讓玄燁擁這個最有力的助手。索尼如今成了皇親，也決定拼著自己的一把老骨頭，為自己的兒孫搏上一搏。同時，遏必隆的女兒鈕祜祿氏也被封為皇妃，還有康熙舅舅佟國維的女兒佟佳氏，這些人物在選擇上都是經過孝莊精心計畫過的。

在為孫兒擇立皇后時，孝莊捨去遏必隆之女，選中赫舍里氏，旨在防範鰲拜借鑲黃旗之女成為皇后之機，進一步擴大實力，同時也是針對主幼臣驕的情況，對清朝元老索尼及其家族予以榮寵的籠絡措施。孝莊此舉還改變了皇太極和福臨時期，皇后莫不出自蒙古博爾濟吉特氏的慣例，這並不意味著忽視滿蒙貴族聯姻政策，而是從鞏固皇權、安定政局的現實角度出發，全然以大局為重，表面上只是一場場普通的皇帝選妃，卻也能看出孝莊雖為深居簡出的女流之輩，其實更是一個擁有著戰略眼光與靈活態度的女政治家。

敵眾我寡的形勢迫使孝莊在之後一次又一次地頻走險招，她把賭注又壓在了九門提督吳六一的身上。她看清了吳六一的性格之本質，並對症下藥地施以仁義與信任，而非動用金錢與權力。後來吳六一果真在剷除鰲拜時不負重托，立了大功，把決定大清命運的一場戲完美地演完，事實再次證明了孝莊的英明。囂張的鰲拜怎麼也不會想到自己戎馬一生卻栽在幾個布庫（滿語：摔跤手）拳下，他更想不到的是，孝莊祖孫為這場戲默默捏了多少心血與冷汗。

玄燁對自己的祖母充滿了寄託之情，凡事，不論大小都要聽取一下孝莊的意見。鰲拜下台後，孝莊放手讓玄燁治理朝政，使年少的皇帝在實踐中得到了充分的鍛煉。

康熙十四年（一六七五年），正當三藩作亂時，蒙古察哈爾部布林尼乘機叛亂，這對根基不穩的清政府無疑是雪上加霜，康熙日不安食、夜不能寐。關鍵時刻，孝莊太皇太后堅決果斷地做出決策，拔出宮中金帛加以犒賞三軍，還向康熙推薦人才說：「圖海才能出眾，盍任之」，康熙定然是信任不疑，即詔圖海「授以將印」，領兵前往，很快就平定了布林尼叛亂。在康熙前期的許多重大事件中，都少不了孝莊的參與謀劃。

在祖孫二人的攜手努力下，清王朝從動亂走向穩定，經濟從蕭條走向繁榮。而康熙執政六十一年，以精勤政務而著稱；他為政寬仁，心繫黎民蒼生；鼓勵墾荒，減免稅銀；雄才大略，成一代盛世，這些都有祖母孝莊文皇后的一份辛勞在其中。

【知識鏈結】

湯若望，原名亞當‧沙爾，耶穌會士，一五九二年生於德國科隆，後被保送至羅馬日爾曼學院研修神學。一六一九年來到中國，他深諳西方科學，深得大明戶部尚書張問達賞識。後來，湯若望被大清順治皇帝賜予「通玄教師」封號，被雍正皇帝封為「光祿大夫」，官至一品。他在中國生活四十七年，在中西文化交流史、中國基督教史等領域是一位不可忽視的人物。

治史何罪，一部《明史》萬人哭

清初，只要觸了滿族人皇室逆鱗的言辭和著作，就算是胡說八道也絕不可放過。而正在這個敏感的時候，明朝的遺老遺少用一部《明史輯略》，有心無心地給自己捅了個天大的婁子。

《明史輯略》這個禍端的前身是《明史》，是明末宰相朱國楨在退休之後閒來無事所作。誰都不會想到就是他當年的遊戲之作，卻在死後被窮困的子孫以區區一千兩銀子變賣出去。對於在明史一案發生前就死去的莊廷鑨也終究沒有機會得知，自己當初的附庸風雅之為卻給自己的家人帶來滅頂之災。

莊廷鑨是一個才華橫溢、胸懷大志的盲人。所謂「身殘志不殘」，在聽說了先秦的史學家左丘同樣也是以一個盲人的身分寫了名垂千古的歷史著作——《國語》之後，莊廷鑨便一心試圖在這世上也留點什麼以永垂不朽。於是，他以《明史輯略》為藍本，邀請了一大批志趣相投的有識之士寫一部同樣能流傳後世的、能與《國語》媲美的史書。可惜，沒有等到這部著作完成，莊廷鑨就去世了，其父莊允城父承子業繼續出資，終於使《明史輯略》得以刊刻完成。

當時被邀請參與此書編撰的人很多，大家都以能夠參與其中為榮耀。由於參編人數太多，而署名位置有限，有些人因為沒能名列其中，而感到遺憾。但不久之後，這份遺憾便化成了幸運女神的青睞。

令所有人尤其是莊允城沒有想到的是，這樣一件耗費了自己無數家產的榮耀事情，不久之後便讓他身陷囹圄，徹底成了這場慘案的主角，被刑訊逼供、死於棍下。不過，莊允城也最終了了兒子的心願：《明史輯略》留名千古，成了清朝歷史上第一個文字獄大案。

《明史輯略》中到底寫了些什麼，讓告密者吳之榮抓住了如此實實在在的把柄害死莊家一干人等？細數起來，這套史冊中所著內容皆與滿洲皇室有關：直呼清朝皇帝先祖的名字，不加尊稱；對於努爾哈赤在遼東的崛起之地由「龍興」改稱為「滋患」；對於明朝最終戰敗於清朝的結果，從惋惜到悲淒之情，在紙上抒發個淋漓盡致。

由這幾點理由便知，清政府只是想抓住一個殺一儆百的引子，至於這個引子是誰，都是無所謂的。被世人美譽為「千古一帝」的康熙，便因為這樁文字獄，讓自己輝煌的執政生涯沾染了再也抹不去的汙點。但人們不應忽略，此時正值康熙二年，這並不是年少的玄燁所為，康熙在這件事情上也是替跋扈的鰲拜背了個大黑鍋。

明史一案牽連眾多，「有罪」的與無罪的，只要沾上點邊的都一律或處死或充軍服役，血流成河倒不至於，但是血腥程度也是觸目驚心的。即使這樣，鰲拜仍厚顏無恥地把自己定位到了為國分憂解難的位置，堂而皇之地為殺人行徑尋求合理的說法。歷史上的改朝換代引起民間的動亂是在所難免的，況且清政府還是以外族入侵的角色入關的。

滿族人入關，建立了統治王朝。對於漢人尤其是文人的抵抗情緒，他們心知肚明，對於此事也是格外地敏感。在文化上，清朝掌權者越是想讓自己的文化普遍化、主流化，越是會艱難，何況當時的環境下，漢族文化也確實要比滿族、蒙古族的文化先進得多。這就使清政府的高層不可避免地處在了一種不被大眾文化認同的尷尬境地，這種尷尬使得他們更加敏感、哪怕稍有反抗之意都要加以血腥鎮壓。

滿族人統治者無論如何努力也不能改變漢族人根深葉茂的局面。執掌大權的滿洲貴族們想做到「首崇滿洲」，太難了，沒法做。天下是自己的，可說的算的、能做得了主的卻都是外族人，讓滿族皇室情何以堪，雖然位於權利塔的最頂端，但是根基不穩，又怎能坐得下去。

所以，清王朝便草木皆兵，首先選擇鎮壓漢族人文化、漢族人知識份子。自此，文字獄也再次被統治者所利用。作為四大輔臣中真正有著實權的鰲拜，他是「首崇滿洲」的積極執行者，肯定不會任由民間不利於滿族人的狀況繼續下去。他的出發點也是為了維護清朝的政權，所以，就打著康熙的名號執行了相當殘酷的明史案。

康熙時期執政的這個六十一年的時間裡，前後製造了十幾起「文字獄」。其中最慘的幾起，都是在鰲拜輔政時期。所以，雖然不能說鰲拜是清初「文字獄」的始作俑者，但是，鰲拜對於「文字獄」的擴展，是負有相當一部分責任的。

可以說，莊家落難是偶然的、可文字獄的興起卻是必然的。果然與必然之間的不確定因素，在這起文字獄之中便是那個因貪贓枉法、勒索百姓而被罷官的浙江歸安知縣吳之榮。吳之榮不但因為檢舉有功，官復原職，而且還分得了莊家被沒收掉的一半家產。也許起初他也沒有想要把事情發展到記入史冊的程度，不過想借機敲詐勒索。只是有時候，事情的發展並不隨人的意志為轉移。

同年的五月二十六日，一眾被捲入明史一案的倒楣之人步伐沉重地走進了杭州弼教坊刑場這個屠宰場中，等待著被凌遲，被重辟，被處絞。即使是已經死去的莊廷鑨也沒能倖免，被掘墳碎屍再死一次。片刻之間，儼然成了人間地獄。曾經因為沒有搶到機會來參加《明史輯略》整理、潤色的人如今卻再也沒有可惜可歎的心情了，只有無盡地慶幸。撿了榮華富貴的吳之榮好日子也沒能享用幾年，可能因周身沾染了太多無辜之人的鮮血，據說，一天他走在路上，忽然狂風驟起，雷電交加，隨後就得了大病，沒兩天就死了，當時人都傳說他是被雷擊死的。

明史案作為清朝歷史上最大的一起文字獄，在中國文禍史上，乃至在整個中國歷史上，都是一起駭人聽聞的事件，也成為少年康熙的一個無法把握的「無可奈何」。

【知識鏈結】

什麼是文字獄？《漢語大詞典》定義：「統治者為迫害知識份子，故意從其著作中摘取字句，羅織成罪」；《中國大百科全書》的說法是「明清時因文字犯禁或藉文字羅織罪名清除異己而設置的刑獄」。簡而言之話不能暢所欲言地說；字不能隨心所欲地寫。文字獄歷代可見，這是統治者鉗制人們思想的絕好辦法。

鰲拜既滅，少年英姿展雄才

提起少年康熙，人們首先想到的便是他智取權臣鰲拜、展露英姿的美名。那麼，令英明睿智的孝莊祖孫頭疼許多年的鰲拜，究竟是個怎樣的人？能位極人臣，自當是鞍前馬後效力，自太宗聖祖之時就是頗受倚重信任的得力之人，但是目睹他作為輔政大臣時的所作所為，又實在難以將他與一個「忠」字好好結合。

還在皇太極當政的時候，鰲拜雖然年輕，卻也早早地就鞍前馬後隨征出戰，憑藉著一身武藝為皇太極立下了赫赫戰功。君臣二人也在合作中建立了身後的君臣情誼，致使在皇太極死後，鰲拜依然初衷不改地輔佐皇太極的兒子——順治，並且是在面對多爾袞這樣強敵的威逼利誘下。堅持了數年，終於等到多爾袞死去，少主順治正式登台，鰲拜才又重見天日，這時已經位居忠臣行列。

對於這個看著自己長大的，並且始終左右陪伴的老臣，順治可謂是重視至極，不僅讓其管理國家大小政事之外，還在自己臨死之時封他為輔政大臣輔佐自己的兒子——康熙，能讓順治做出此等托孤之舉必定是經他精心挑選的。

如果說欲望是個無底的大坑，那麼權力就是一根充滿了魔法的魔杖，人的意志稍有怠洩就會被它的法力所引誘，最終掉進坑中，從此再也無力爬起、葬身於其中。鰲拜正是如此，在利益與忠義的天平上，他還是傾向於了利益。後期的「奸」終把之前大半生的「忠」給抹殺全無。

四大輔政大臣之中，索尼是四朝元老，資歷最高，但卻年老力不從心；蘇克薩哈雖也是輔政，卻因為自己曾歸忠多爾袞自慚形穢，甚至因此不入索尼的眼，地位最低；而遏必隆雖然家資深厚，卻是個膽小怕事、隨波逐流之輩。正是在這種情況，毫無牽制力量的鰲拜專橫跋扈、野心膨脹。對兩宮豪無敬畏之心，經常出言不遜，視國法於不顧，經常大開殺戒，朝臣只要稍有得罪，便不得善終。

後來由於孝莊太后聯合索尼、蘇克薩哈在後台的運作，使康熙在十四歲時終於得以親政，但是不甘心的鰲拜更加肆無忌憚，將蘇克薩哈誣陷下獄，凌遲處死。此時的康熙已然逼近了將要爆發的瀕臨點，鰲拜不能不除，但祖孫二人，到底要怎樣才能將鰲拜一舉拿下？

滿族人善騎射、摔跤，鰲拜是滿洲的巴圖魯，自然也精通，但是這一介武夫沒想到最終會敗在自己最擅長的摔跤中。

此後，就是康熙暗中同自己的貼身侍衛練習摔跤遊戲，以麻痹鰲拜，自以為高枕無憂的鰲拜還在享用著無人之上的待遇之時，康熙也逐漸地準備好了一切。

一六六九年六月十四日，對於康熙和鰲拜來說都是一個命運就此轉變的大日子。索尼這顆棋子在他兒子——索額圖身上也顯示出了在擒鰲拜時產生關鍵性作用。康熙與索額圖等設下計謀，其實，他們設計的計謀很簡單，就是趁鰲拜不警惕之時用摔跤這個遊戲將他拿下。事後看來，康熙贏就贏在了鰲拜對他的輕視和鰲拜自己的疏忽大意上。這擒拿的過程確實也十分順利。

當鰲拜進入正廳之時，康熙已經完全沒有了平日的忍耐力，歷數鰲拜罪狀：違背先帝囑託、結黨私營、肆意妄為、殘害忠良、欺君罔上、罪大惡極……鰲拜到了這時才發覺自己可能掉進了圈套，恐怕在劫難逃，心一橫，攥緊拳頭，向康熙撲去。事先埋伏在暗中的布庫群起而攻之，可憐鰲拜自負武藝高強從不將無名小卒放入眼中，但就是這群無名小卒一舉將鰲拜掀翻在地，最後一根繩索結束了鰲拜的囂張氣焰。

眼前巨大的勝利並沒有讓康熙沖昏了頭腦，康熙把鰲拜收押在獄之後，以迅雷不及掩耳之勢逮捕了所有鰲拜的私黨，將這個盤根錯節的權力網一併殲滅。

這天翻地覆的變化在朝野上下掀起了軒然大波，滿朝文武無不震驚於威風凜凜的鰲拜就這樣栽在了一個十六歲的孩子手中，又不禁為康熙的隱忍和果斷行事作風感到意外。於是他們旗幟通通轉向康熙，並遵照聖旨審問鰲拜，羅列了三十幾條罪狀，將鰲拜革職立斬，沒收家產，鰲拜的黨羽遏必隆等人或絞或斬，大快人心。

但對於鰲拜，康熙念其戰功赫赫，還是沒有趕盡殺絕。經過了人員大洗牌的朝廷公布了處理結果：

鰲拜系勳舊大臣，受國家厚恩，奉先帝遺詔，輔佐政務，理應盡忠職守、精忠報國，不想鰲拜結黨專權，紊亂朝政，欺君罔上，肆意妄為，任人唯親，嫉賢妒能，種種證據確鑿，不勝枚舉。本當依議政諸王意見處以極刑，念其為國家效力多年，不忍加誅，從寬免死，革職拘禁。遏必隆知其奸惡，卻明哲保身，有負先帝委任，念其沒有參與結黨，免其重罪，削去職銜。其餘黨羽寬宥免死，從輕治罪。朝廷內外滿漢文武官員依附鰲拜者，都免其查處。今後當洗心革面，痛改前非，務必遵循國家法度，勤勤勉勉，盡職盡責。

八歲即位，康熙忍辱負重了八年，十六歲抓準時機一動則動全身，雷霆萬丈、氣魄逼人，多年的恩怨也就僅用了十天時間就全面處理妥當。考慮到自己的根基不穩，對鰲拜的同黨表現出了較高的容人之量，法外施仁，區別對待，從輕發落，頗得人心。此案的處理，表明年輕的康熙在政治上已經趨於成熟。

康熙掌握朝廷大權後，宣布永遠停止圈地，平反蘇克薩哈冤案，甄別官吏，獎勵百官上書言事，由此開始了清朝歷史上嶄新的一頁。

【知識鏈結】

巴圖魯，乃滿語baturu的譯音，《五體清文鑑》譯為「勇」，《清文匯書》譯為勇強之勇，勇冠三軍之勇，勇為之勇，總之就是勇士的意思。清朝專門為那些驍勇善戰的將士們設立一種特殊的稱呼和賞賜，它象徵了一種榮耀，也是激勵清朝不斷努力奮進的標誌。鰲拜便是滿族有名的巴圖魯，號稱「滿蒙第一勇士」。

三藩亂局何可俱

清初，為了充分利用漢族降將的力量，也為穩定人心，先後封了四位漢族人藩王。他們即最早歸順大清的定南王孔有德、靖南王耿仲明、平南王尚可喜以及對清朝入關具有關鍵作用的平西王吳三桂。後來，耿仲明死，其子耿繼茂承襲了爵位；孔有德則因為死後無嗣被解除爵位。從這以後，清朝令吳三桂鎮守雲南，尚可喜鎮守廣東，耿繼茂鎮守福建，耿繼茂死後，其子耿精忠繼位，「三藩」正式確立。

三王本是三個背叛自己民族和國家的叛徒，但卻由於清朝初時的特殊情況而搖身一變成了清廷所不能不重視的開國功臣，並且封為鎮守邊疆的藩王。隨著天高皇帝遠的局勢，獨據一方的三藩軍力日漸強盛，勢力、權力增大，個人野心也越發膨脹。

尚藩在廣東鑿山開礦，煮海販鹽，對朝廷不交一文稅金，所有的收入都中飽私囊，而且還利用地理位置壟斷清政府的對外貿易，大肆走私，從中牟取暴利。耿精忠襲爵後，比起這些老一輩的手段也並不遜色，不但在福建這塊肥土上橫徵暴斂，勒索銀米，還將各地的奇珍異寶肆意搜刮到自己門下。

吳三桂就更不用說了，居然在雲南公然圈佔公田，私自大興土木，用康熙的銀子投資，將一些名貴的土特產實行專行專賣政策。不僅其他兩藩涉及的買賣他都有沾染，而且還變本加厲地進一步擴大自己的佔有度，居然自己製造起了錢幣，流通各省，並且取了個名字稱為「西錢」，反大清之心可謂司馬昭之心路人皆知。當時人稱吳三桂「莊佃眾多，鋪稅千萬兩，倉庫裡金銀布帛堆積如山，廄圈中騾馬牛羊畜之如林」，富可敵國，無與倫比。

然而就算是這樣，三藩仍然每年都理直氣壯地向囊中羞澀的康熙索要大把銀子，美其名曰保衛邊疆的軍用必要開支。國家的財政收入，絕大部分用於三藩開支，僅雲南一省每年就不下數百萬兩餉銀，即使傾盡國庫，也難以供應。不僅如此，連朝廷才能行使的駐防地上的人事任用權，三藩也貪得無厭地操控於手中。因此，三藩成了繼鰲拜之後又一個令康熙頭痛不已的頭等大患。

後來，吳三桂上書康熙，白紙黑墨地要求朝廷讓雲南、貴州的官員都聽任吳三桂的差遣。康熙大怒，然而面對三藩強大的實力和一窮二白的國庫也只能忍，忍到不僅有求必應，還下嫁皇室公主給藩王子弟加以安撫，其中便有為大家熟知的順治之妹和碩建寧公主下嫁吳三桂獨子吳應熊。

吳三桂即使不反，三藩已然成為大清毒瘤不可不去。而三藩也對小皇帝進行了一番試探。尚可喜首先出面，聲稱年老了，想回遼東老家，向康熙提出了類似於辭職的奏章。這無疑是對康熙的一次明顯的試探。年輕的康熙難免自信膨脹，不顧孝莊太后和滿朝文武百般勸阻，批准尚可喜告老，撤掉平南王的爵位。

康熙這次的反應確實給了三個老傢伙一個明確的答案——撤藩。這一來，三藩的野心再不作任何遮掩。就這樣，康熙十二年（一六七三年），「三藩之亂」這場歷史大戲終於隆重上演。

吳三桂自然明白，他的反叛定將直接讓留在京城為其搜集情報的長子吳應熊、長孫吳世霖被清廷處以死刑。康熙下手之狠，連親姑姑建寧公主的哭訴求情都沒有理睬，可憐孝子吳應熊就這樣做了老父的犧牲品。至此，雙方的底牌已經亮開，再沒有顧及。在吳三桂首先出兵之後，一六七六年冬，康熙重用能臣漢將，迅速調動全國的軍事力量向吳三桂撲來。自康熙十二年十一月至十五年四月，戰亂不斷擴大，吳三桂出兵凶猛，而康熙自是不甘示弱。雙方互有得失，戰略相持。

三藩之亂進行了八年之久，在大半個中國進行了一場是與非、成與敗的博弈。一方是二十歲未經戰陣的康熙帝，另一方是六十二歲身經百戰的吳三桂。但是戰爭過程中，兩人所表現出來的勇氣和智慧卻與他們的年齡和閱歷完全成反比。年輕力盛的康熙帝身處博弈中所表現出的堅定、鎮定和謀略是吳三桂這個垂垂老人所不能比擬的。康熙帝與吳三桂博弈的結局早已註定。

而吳三桂，卻在此時走到了生命的終點。

吳三桂是一個命薄之人，他生於亂世，而命運總是不經意地將他推到時代的風口浪尖。第一次背叛崇禎，換來了大清的禮遇和善待。大明朝昏庸至極，被清朝所取代是歷史前進的必然結果；第二次背叛康熙，卻是吳三桂的一大敗筆。吳三桂在此時儼然一個欲望強烈專揚跋扈的雲南土霸王，反清純是禍亂天下。而且各種條件集合起來也並沒有給吳三桂帶來多少勝算，反而處處都是敗筆。更何況，他竟然又打出老套「反清復明」的大旗，還跑到遭他虐殺的南明永曆帝的墓前哭訴，即使是為了收買人心，但這樣的舉動怎能不招人唾罵，事實證明，吳三桂的自作聰明讓他弄巧成拙，人心盡失。

更重要的一點，三藩之中，本身也不是同心一致，吳、耿、尚三人各懷鬼胎，內訌不斷，彼此不能合作。和康熙打了幾年，形勢變得對「三藩」越來越不利，這時候其他兩藩的天平就開始傾斜了，福建耿氏首先降清；緊接著，尚之信也投降朝廷。吳三桂孤軍奮戰又能勝算幾何？

康熙十七年，雖然吳三桂自覺氣數已盡，仍等不及最終完成他的王圖霸業，在衡州稱帝。但這一沖喜的舉動卻未能改變叛軍的困境。吳三桂只享受了幾天帝王之名，就在連連失利的戰勢下鬱鬱而終。之後，群龍無首的叛軍一蹶不振，餘眾紛紛出降，三藩之亂終告平定。康熙二十年（一六八一年）十月二十八日，清軍進入雲南昆明。吳三桂遭掘墳析骸，刨棺戮屍，其子孫也被斬盡殺絕。

三藩平定，康熙下一個目標，轉向了東南。

【知識鏈結】

清太宗皇太極稱帝後，於崇德元年（一六三六年），始仿明制，皇帝女兒開始稱為「公主」，並規定皇后所生之女稱「固倫公主」，妃子所生之女及皇后的養女，稱「和碩公主」。「固倫」滿語意為天下、國家、尊貴、高雅；「和碩」，滿語，意為一方。兩種封號強調了嫡庶之別。吳應熊之妻建寧公主為和碩公主，可見身分。

英雄成功後世頌，台灣終是我大清的島

鄭成功在台灣確實有著極其崇高的地位，台灣人認為鄭成功是開拓台灣的第一人，對他懷有深深的敬意，而鄭成功又因為為大明王朝保留了最後一塊根據地，被賜姓朱，又獲封延平郡王。因此台灣人將他視作全台灣的守護神，四時八節，香火不絕，並稱他為「延平王」、「延平郡王」、「鄭延平」、「開台始祖」、「開山聖王」、「開台尊王」、「國姓爺」、「國姓公」等。

明代以前，台灣還是一塊未經開發的處女地。荷蘭人佔據台灣時期，僅將台灣作為殖民地，掠奪當地的豐富資源。只有當鄭成功收復台灣後，台灣的大規模改造和開發才開展起來。

鄭成功首先統計核查了台灣已開墾的田地，編審田籍；並仿效大陸的政治制度建立縣，挑選官員全權負責行政管理和經濟開發；又根據台灣勞動力稀少的情況推行了屯田制度，鼓勵移民，有力地推動了台灣經濟的發展。此外，鄭成功還大力弘揚傳統文化，在台灣推行儒家教育，傳播大一統的思想。

鄭成功一直希望能夠以台灣為基地，最終實現他反清復明的凌雲壯志。為了這一目的，也為了抵禦當時已經將觸角伸向東南沿海的西方列強，他大力推進軍事建設，建設碉堡據點，操練水師，增強海防能力。需要說明的是，鄭成功雖然佔據台灣，孤懸海外，但他從來都沒有想過據台灣以自立，他考慮得更多的是抵禦西方列強的侵略。情況也確實如此，鄭成功在台灣的軍事建設，有效的保持著對西方列強的軍事優勢，使他們在很長一段時間內都不敢覬覦中國東南沿海。從這一點上說，鄭成功功莫大焉！

正當台灣在鄭氏的手中欣欣向榮之時，鄭成功不幸英年早逝，時年三十八歲。與清王朝折沖樽俎的重任落在了他的兒子鄭經肩上。與其父不同，鄭經雖然也打著反清復明的旗號，但卻完全沒有鄭成功那樣的宏圖壯志。面對清朝咄咄逼人的態勢，鄭經居然提出「以外國之禮見待，各不相犯」的條件，此時的鄭氏王朝已經完全違背了鄭成功的遺願。

康熙作為一名雄才大略的君主，自然絕不會允許鄭經如此膽大妄為。清廷最初希望能夠透過和談的方式將鄭經招降。康熙二年（一六六三年），剛剛繼位的康熙遣使赴台灣與鄭經談判。鄭經輕視康熙年幼，趁勢提出將台灣視為同朝鮮一樣的屬國對待，台灣軍民不剃髮易服的要求。顯然這次和談不能成功。

後來，康熙忙於平定三藩之亂，對東南實行堅壁清野的海禁政策，儘量斷絕台灣和內地的聯繫。後來，康熙又派福建總兵孔無章前往台灣說降鄭經，並許諾可以冊封其為「八閩王」，並管轄沿海諸島。

誰料早已放棄反清復明的鄭經自恃海峽天險，清軍必然無能為力，第二次拒絕了康熙的提議。

康熙二十一年（一六八二年），福建總督姚啟盛再次遣使赴台和談，這一次鄭經著實感到了來自清朝的壓力。決定奉大清為正朔，接受大清的爵位，但他仍然拒絕剃髮和易服。康熙深為震怒，第三次和談再次破裂，至此康熙已經下定決心，要武力收復台灣了。

康熙開始大規模興建水師，建造規模和強度都足以進行渡海作戰的大型戰船。這正得力於施琅的幫助。施琅曾經是鄭成功的得力助手，但由於性格上的衝突，二人嫌隙漸生。施琅由於屢次得罪鄭成功，不得已從廈門逃到南安，希望求助鄭成功的二叔鄭芝豹為二人化解糾紛。鄭成功卻以為施琅是負罪逃竄，因此便派人追殺。誰知殺手未能成功刺殺施琅，又擔心回去無法向鄭成功交差，便謊報軍情，說施琅已和清軍勾結，因此無法下手。鄭成功聽聞此言大怒，竟然沒有詳加調查，就武斷地認為施琅已然謀反，便下令將施琅的父親和兄弟殺害。施琅得此噩耗，也對鄭成功切齒痛恨，遂投降了清朝。

施琅降清之後，被任命為福建水師提督，受封靖海將軍。施琅一心想早日攻克台灣，為父兄報仇。值鄭成功身死，台灣內亂之時，施琅此時雖然已經從水師提督任上被撤職，但卻再次上疏，強烈要求「進攻澎湖，直搗台灣」。康熙親自接見施琅。施琅口講指劃，侃侃而談，康熙深為滿意，當即同意了施琅的計畫，並重新授予施琅福建水師提督之職，加太子少保。赴福建操練水師，伺機進攻。

經過兩年的訓練，大清水師已初具規模。康熙二十二年六月十四日（一六八三年七月八日），施琅親率五百餘艘大小戰船，共兩萬餘名水兵，乘北風勁吹之際，從東山島出發，進逼台灣門戶澎湖列島。鄭氏王朝驚聞這一消息，連忙派出艦隊迎敵，但卻不是訓練有素的施琅的對手。澎湖一役，施琅大獲全勝，奪取澎湖列島。此時台灣島已是門戶大開，徹底暴露在清軍的戰力之下。

施琅深諳康熙「以戰逼和」的策略，因此他攻下澎湖後並不急於進攻，而是一方面安撫澎湖百姓，另一方面又向鄭氏王朝遞出了和談的橄欖枝。鄭克塽年紀尚小，國事由大將劉國軒掌握，自知大勢已去的劉國軒見施琅如此，自然也樂得答應。於是鄭克塽遣使送降表至施琅軍前，鄭氏王朝宣告滅亡。台灣也被併在了大清的版圖之中。

東南平定，康熙帝長舒一口氣。當東南之事已了，康熙不得不再把目光投向東北，那片遼闊的大清龍興之地上。

【知識鏈結】

清政府統一台灣後，在台灣本土內正式設立台灣府，下轄台灣、鳳山、諸羅三縣。台灣府隸屬於福建省管轄，後改為二府八縣四廳。清政府對台灣地區已經建立了完整的統治機構、制度，進行有效管理。到了近代的一八八四年（光緒十年），清朝派劉銘傳督辦台灣政務和防務，次年，正式在台灣建省。

雅克薩激戰揚國威

一六三二年，沙俄擴張至西伯利亞東部的勒拿河流域後，建立亞庫次克城，作為南下侵略中國的主要基地。從這以後，遼東地區就承受其連續不斷地騷擾和掠奪，由於沙俄人口稀少，所以還大量掠奪中國人口，製造民族糾紛，從中獲得更多的漁利。

從資本主義社會發展的大環境來說，十七世紀的俄國是一個迫切需要向資本主義過渡的封建農奴制國家。為謀求商業資本的積累，掠奪了更多的生產原料，便開始了積極向東侵略擴張的行動。

沙俄的發展史與蒙古國有著十分親密的聯繫。在十三世紀的時候，蒙古征服了沙俄各國，並且建立了欽察汗國，而莫斯科大公卻在這個時期坐收了漁翁之利，透過賄賂蒙古統治者接手了沙俄的政權，並將全沙俄東正教牧首遷到莫斯科，這就形成了沙俄的最初原型。莫斯科公國的文化、地位與實力在今後發展中逐漸超過了周圍各個古沙俄國家。並且毫不手軟地擊敗了最初被他們賄賂過的蒙古軍隊，獲得了真正的自治權，自此，沙俄民族的第一個中央集權國家才算正式建立。

莫斯科也成了羅斯各公國中文化最先進，人口最多，軍事實力最強大的國家。自此，莫斯科公國便走上了征服、同化周圍民族的道路。此後的四百年間，莫斯科公國先後消滅了周圍的一些國家，而且把這些國家的人民都融合到了沙俄民族中。

在沙俄的歷史上有一個和康熙大帝同樣舉足輕重的人物，那就是彼得大帝，也正是在彼得大帝時期，初具了今天沙俄的歐洲版圖雛形，龐大的沙俄帝國建立。

康熙王朝時期，沙俄對外擴張的速度和程度已經越加倡狂，收買噶爾丹部落不說，還一路侵犯到中國的黑龍江地帶，並佔據了一些關鍵地區，如尼布楚、捷連賓斯克、色楞格斯克、烏丁斯克等，這些城堡對此後俄國的軍事、外交、經濟活動，以及與中國的通商交往起到了紐帶橋樑作用。

沙俄之所以盯著中國遼東地區不放，擴充領土的目的之外，還覬覦於當地豐富的資源和重要的戰略位置。由於遼東地區地處偏遠，離中央集權所在地比較遠，不為中原民族所熟識，當地清政府的兵力也不是十分強大，所以沙俄掠奪起來就更加方便。

然而，努爾哈赤為之付盡畢生心血的大清龍興之地，又豈可讓他人的鐵蹄肆虐？對沙俄軍的侵略行徑，康熙帝多次遣使進行交涉、警告。但是這對於掠奪成性的沙俄來說並不能起到什麼作用。康熙清楚地認識到，若非「創以兵威，則罔知懲畏」，於是決意征剿。他採取恩威並用、剿撫兼施的方略，一邊發兵對沙俄的侵略進行遏制，一邊在黑龍江地區屯兵永戍，建立城寨，與沙俄建立長期的對壘。

在康熙做準備的時候，勸阻警告活動一直沒有間斷，同時，康熙採取了一系列主動出擊的措施：偵察地形敵情，派兵割掉侵略軍在雅克薩附近種植的莊稼，又令蒙古車臣汗斷絕與俄人的貿易，以困憊和封鎖侵略者；預備炮具、船艦，修整戰具，設置驛站，運儲軍需。這些措施，適合當時東北邊防鬥爭的需要和特點。

康熙二十四年（一六八五年）正月二十三日，康熙命都統彭春赴愛琿（清末時改為璦琿），負責收復雅克薩。清軍採取分水陸兩路列營主動出擊的戰術。侵略軍被打敗，無奈之下向清軍投降，還派遣使節與清軍將領商量要求在保留武裝的條件下撤離雅克薩。經彭春同意後，俄軍撤至尼布楚。清軍也隨即行回師，留下部分兵力駐守愛琿，另外派人在愛琿、墨爾根等地屯田，加強黑龍江一帶防務，以備敵人捲土重來。

令康熙沒有想到的是，沙俄在被迫撤離雅克薩之後，竟然繼續拼湊兵力，圖謀再犯。康熙二十四年（一六八五年）秋，莫斯科派兵六百增援尼布楚。當獲知清軍撤走時，侵略軍頭目托爾布·津率大批沙俄侵略軍再次竄到雅克薩。俄軍這一背信棄義的行為引起清政府的極大憤慨。次年初，康熙接到奏報，即下令反擊。

冬季將至之時，清軍考慮到沙俄侵略者死守雅克薩，沒有物資來源必定需要等待援兵，於是進行了更加嚴密的圍困，切圖徹底切斷守敵外援。侵略軍被圍困死傷慘重，沙皇著急，急忙向清請求撤圍，遣使議定邊界。清政府再次答應他們的請求，准許侵略軍殘部撤往尼布楚。至此，雅克薩反擊戰結束。

康熙二十八年，中俄雙方於尼布楚正式談判。當時沙俄國內出現權力鬥爭，清朝的情況也不容樂觀，因為噶爾丹叛亂，為了籠絡大局，康熙在與沙俄談判中不得不做出重大讓步。兩國最後達成和議，簽訂中俄《尼布楚條約》，劃定邊界，即：從黑龍江支流格爾必齊河到外興安嶺直到海，嶺南屬於中國，嶺北屬於沙俄。西以額爾古納河為界，南屬中國，北屬俄國，額爾古納河南岸之黑里勒克河口諸房舍，應悉遷移於北岸；雅克薩地方屬於中國，拆毀雅克薩城，俄人遷回俄境。

《尼布楚條約》在中國的歷史上佔有著重要的意義，是中國和西方國家簽訂的第一份正式、平等條約。

康熙歷來主張「並非善事」，迫不得已而用之，只要有一線和平解決的希望，他都不會輕易放棄。抗擊沙俄也是以自衛為宗旨的，即使位於戰勝國行列，也絲毫沒有瓜分侵略戰敗國的意思。正如美國歷史學家曼考爾在《俄國與中國》中說：「康熙不想征服俄國，而是要向俄國表明：自己有力量和俄國進行談判解決。」他屢次致信沙皇交涉和談，體現了他始終如一的和平思想原則。

不管後人是如何評價雅克薩戰役以及後來相應條約簽訂，清王朝此舉遏制了幾十年來沙俄的侵略勢頭，使中國東北邊境在長達一個半世紀裡基本上得到了安寧。

【知識鏈結】

璦琿，今黑龍江黑河市，清代軍事重鎮，《璦琿條約》簽署地。亦是中國人口分界線的北端起點。在清朝大量文獻中，「璦琿」與「愛輝」多次混用，因此出現了史學界「璦琿」和「愛輝」的爭議。查《中國古今地名大辭典》和《辭海》，前者說：「璦琿」，「亦做愛渾、艾渾和愛琿」。後者說：「愛琿」，「舊城名，亦做愛渾、艾渾、璦琿。」這種情況，可能是由於少數民族不同的漢語譯音所致。

御駕親征，蒙古草原不可亂

大清的天下是在馬上得來的，八旗入關後，為了統治全國，保證能夠從東北這個「根本之地」隨時徵召到擁有戰鬥力的八旗武裝，保持滿族「國語騎射」的風氣，清朝的皇帝，尤其是剛剛入關後的幾位皇帝都十分重視祖宗傳下來的騎射本領和驍勇善戰精神。皇族為了使旗人子弟不丟棄這種傳統，規定文武官員，特別是武職官員，只准騎馬不許乘轎，違者交部治罪，毫不留情。

康熙所處的特殊環境，使他從小時候就非常自覺地督促自己學習，以變得強大起來，應對各方面的困難處境，在武藝方面也不曾放鬆過，也是在騎射方面異常勇猛的一個皇帝。據記載，康熙曾在八十天內親手射殺猛虎三十七隻，最多的一天射殺了五隻老虎。

為了使生活逐漸安逸的將領隨時保有戰鬥能力，康熙將圍獵活動作為軍隊訓練的一種特別形式。並且在老家東北特意設立了提供鍛煉騎射本領的圍場。可以說，康熙就是一位出色的馬上皇帝，而他的一身騎射本領也曾在多個戰役中派上用場。

明末清初，噶爾丹擊敗蒙古族的其他部落，在草原上稱王稱霸，取得準噶爾部落的大權後，受到沙皇俄國的教唆，就開始向外擴張、掠奪，囂張的氣焰連中原土地也全然不放在眼裡。對於蒙古其他部落的求助，康熙一面安撫，一面勸阻噶爾丹的肆意妄為，要求他立即退兵，並將所侵佔的其他部落的物品如數歸還。噶爾丹野心極大，根本不曾想到這位康熙大帝是自己的岳父大人，堅持要打到北京，哪聽得進康熙的勸阻，便策動大軍向東殺來。

康熙決定嚴厲懲罰噶爾丹，親率大軍西征。初次與他交鋒，清軍並沒有撈到多大的便宜，甚至還吃了敗仗，畢竟千里迢迢揮軍舉進，一路來人勞馬頓，再加上在噶爾丹自己的家門口打仗，佔據著天時地利人和，清軍焉能有不敗的理由，不得不後撤。噶爾丹因此更加輕視清軍，向清軍發動猛烈攻勢，一直打到離北京只有七百里的烏蘭布通。可見他的野心並不比吳三桂小啊，眼中更是沒有康熙這個岳父。康熙當然不能讓他打進北京城，整頓軍隊決定在烏蘭布統給噶爾丹一個迎頭痛擊。在與噶爾丹的烏蘭不通戰役上，康熙充分動用了猛烈的火炮攻勢，在策略上又經過了精心的策劃，結果把噶爾丹的軍隊打得丟盔卸甲、血肉橫飛，狼狽逃竄，再沒有開始時候的「意氣風發」。

噶爾丹逃跑之時，還不忘使出了詐降求和之計，不過也被康熙看穿，後者毫不猶豫地下令火速追擊。噶爾丹看到這個的軍事挑釁功虧一簣，不得已帶著他的殘兵敗將逃回了他的老家。在噶爾丹與康熙的對峙之時，他的妻子、康熙的女兒——藍齊兒奮力勸阻噶爾丹的挑釁行為，雖然噶爾丹深深地愛著這個女人，卻還是不能阻止他的野心，即使在被康熙打敗之後，也沒有斷絕了這個心思，但由於軍事上受到重創，不得已先按捺住再次出征的想法，在漠北先招兵買馬，重整旗鼓，企圖捲土重來。

雖然噶爾丹沒有把妻子的話放在心上，但康熙還依然惦念著這個女兒，而且康熙本來也不是好戰之人，決定不計前嫌，派使者去邀請噶爾丹南來講和。沒想到噶爾丹不但拒絕南來，還將使者殺害了。為了能在下一次的戰場打敗康熙，還特意向沙俄借了槍彈，因為上次可真是被清軍的火炮嚇壞了。康熙見此情景決定第二次親征，他帥大軍十萬，兵分三路，從各個方向襲擊噶爾丹。三路中最主要的一路由他自己親自統帥，親征路上更是困難重重，吃不飽穿不暖，但康熙堅持和士兵們同進退、分甘苦。雖然在異地作戰，卻因為康熙的親力親為愈加激發起將士們克服困難的高昂士氣。

而噶爾丹的軍隊見到清軍有如此之強大的氣勢，雖然有了沙俄的鳥槍卻也不敢肆意妄為了。聽說康熙親自掛帥，自歎不是對手，還沒有開打，就有了叛逃之人，軍中士氣一落千丈。敵軍被打得稀里嘩啦，清軍殺敵數千人，但噶爾丹還是帶著幾十名騎兵跑掉了。

第二年春天，康熙再次帶著大軍出征，圍剿噶爾丹殘餘部隊。噶爾丹走投無路，服毒自殺了，而康熙與女兒藍齊兒的關係也徹底崩塌了。

康熙與噶爾丹的戰爭打了八年，康熙大帝親自帶兵終於平息了蒙古草原上的騷亂，維護了中國版圖的統一。

【知識鏈結】

電視劇《康熙王朝》中下嫁噶爾丹的藍齊兒格格應為虛構，其原型是固倫榮憲公主（一六七三～一七二八），康熙帝第三女。母榮妃馬佳氏，康熙三十年（一六九一）正月受封為和碩榮憲公主，六月嫁給漠南蒙古巴林部博爾濟吉特氏烏爾袞，時年十九歲。康熙四十八年（一七〇九）晉封固倫榮憲公主；由於康熙三位皇后均無女，時為皇長女的她受此殊榮，她也是康熙朝唯一一位固倫公主。

九子奪嫡，最是無情帝王家

胤禔、胤礽、胤祉、胤禛、胤禩、胤禟、胤䄉、胤祥、胤禵，康熙帝這九個兒子覬覦著父皇坐了一個甲子的皇位。有單幹，有朋黨，有高調，有隱忍，九王在鉤心鬥角、陰謀陽謀中策劃著自己登基之路，演繹了後世津津樂道的「九子奪嫡」，這不僅是政治舞台的奇景，更是一幕父子相隔、兄弟相殘的人倫悲劇。

康熙一生共有三十五子二十女，可謂壯觀。皇子們賢能者甚多，反而使這千古一帝心在選擇繼承人的問題上左右為難。康熙一直在斟酌考量，最後還是沒有設計出一個完美的結局，還給繼承人留下了一個永遠都說不清楚的燙手山芋。

說起九子奪嫡，首先要說明的就是站在這九位皇子身後的五大朋黨。

首先是「皇太子黨」。皇太子——二阿哥胤礽，赫舍里皇后獨子，康熙感念皇后難產早逝，胤礽一歲之時便立他為儲君，親自教導、倍加呵護。

太子胤礽外祖父噶布喇是領侍衛內大臣，外叔公索額圖是大學士，當朝宰相。其曾外祖父便是康熙的輔政大臣索尼。可見皇太子黨勢力舉足輕重。

其次是「大千歲黨」，以皇長子胤禔為首。胤禔是惠妃的兒子，雖為康熙長子，精明能幹，屢立戰功，卻總要低二弟皇太子胤礽一頭，野心使得他對自己的境遇極為不滿，自然不會放棄任何爭儲的機會。大千歲黨最得力的臣下正是大學士明珠，胤禔的親舅舅。還有大學士余國柱、戶部尚書福倫等人。

再者是皇三子胤祉，由於他本人喜歡舞文弄墨，沒有政治上的影響力，自然也算不得朋黨，只稱三爺。

最引人注目的莫過於以皇八子胤禩、皇九子胤禟、皇十子胤䄉，皇十四子胤禎為首的「八爺黨」，和以皇四子胤禛、皇十三子胤祥為首的「四爺黨」。在眾位皇子羽翼日漸豐滿而太子德行日下之時，奪嫡大戲就悄悄上演了。

皇太子胤礽雖出身正宮，佔據了各種優勢，但久居高位又有父皇寵愛，難免恃寵而驕，言行不德。康熙也許早已看出這個兒子並非治世之才，無奈念及皇后一直庇佑。只是，幾次三番的變故，尤其是太子外叔公索額圖獲罪下獄之事，使得父子二人嫌隙漸生。胤礽不可一世、揮霍無度、上不能父慈子孝兄友弟恭、下不能寬待臣子心懷社稷，康熙對他已然失望透頂。康熙四十七年，康熙在外尋狩之時，皇十八子胤衸夭折，胤礽對幼弟之死無動於衷，這讓原本就傷心不已的康熙十分惱怒，對太子大聲訓斥。胤礽慌亂中派出自己的親信去偵察康熙一切動向，他自己也曾在夜間偷偷到康熙帳前窺視動靜，這就是有名的「帳殿夜警」。不巧消息走漏，被逮個正著。康熙大為震怒，終於忍無可忍，痛下決心廢了胤礽的太子之位。

但是，廢太子的高潮還沒有退下，皇三子胤祉就將大皇子胤禔當場揭發，揭秘皇太子之所以行為舉止古怪異常完全是因為大皇子在暗中用巫術所操縱的，並確信胤礽為魔術致狂。康熙對欲弒殺親弟的長子的陰狠毒辣更加心痛，於是胤禔被幽禁，徹底失去了競爭皇位的權利。

此時，各方勢力因為儲位的懸空而愈鬥愈狠，「八爺黨」的勢力更是浮出水面。皇八子胤禩的母親良妃出身辛者庫，身分低賤。生來沒有深厚實力來撐腰的他更懂得發憤圖強、禮賢下士，因此他在群臣中有良好口碑和人緣，時稱「八賢王」。朝中大部分官員均陳情，請求立胤禩為太子。深恨結黨營私的康熙當場厲聲斥責。此時，年輕氣盛的皇十四子胤禵挺身而出，抗命為之辯解。康熙勃然大怒，險些揮劍要斬了這個兒子。

儘管康熙以雷霆手段處置了參與儲位黨爭的大臣，但儲位空懸導致朝堂暗流洶湧，這使康熙不得安寧，三年之後，受局勢所迫的康熙以胤礽是被魔附體至狂為由，復立他為皇太子，儲位之爭又暫時告一段落。

可惜的是胤礽雖復位，但依然不明事理驕奢狂暴，皇太子黨雖依舊為其鞍前馬後不遺餘力，但有八爺黨和四爺黨虎視眈眈，胤礽自恃手中的籌碼有限，竟然不顧及親情，打起了逼宮的主意。康熙對這個兒子再也無一絲維護之心，一舉將太子黨分別譴責、絞殺、緝捕、幽禁。胤礽再次被廢，禁錮在咸安宮，政治生涯劃上句號。

二廢太子之後，皇子們更加傾盡全力，其中最有競爭力的便是胤禩、胤禛和十四皇子胤禵。

此後的史實為大家熟知，皇十三子胤祥被康熙圈禁宗人府，四爺黨勢力大挫，而多年苦心經營，積德仁善的胤禩因為一場不明不白的「死鷹事件」成了康熙眼中的偽君子，政治前途徹底葬送。

胤禩倒了，跟在他身後的人只得退而求其次，紛紛轉向了同屬八爺黨、此時康熙眼中的紅人——皇十四子胤禎，以圖東山再起，在八阿哥的造勢下，朝野輿論逐漸轉向了胤禎，胤禎也順應時勢，一改以往年輕氣盛，擺出禮賢下士，敬老尊賢的姿態。於是當時的清議對胤禎頗多好感之詞。康熙五十七年，胤禎被任命為撫遠大將軍王，征討西北的策妄阿拉布坦，而後不負眾望，連打勝仗，威名傳遍西北。由此可見，胤禎在此時不僅極受康熙重視，其表現也頗令父皇滿意。朝野上下，皇十四子的呼聲越來越高。

康熙六十一年十一月十三日晚，六十九歲的「千古一帝」康熙在暢春園龍馭賓天。然而誰也沒有想到，繼位寶座的，竟然是號稱「富貴閒人」的皇四子雍親王胤禛。眾說紛紜中，雍正繼位又成為一大疑案，百千年後被世人評說演繹。

【知識鏈結】

木蘭秋獮，所謂「木蘭」，本係滿語，漢語之意為「哨鹿」，亦即捕鹿。由於在每年的七、八月間進行，故又稱「秋獮」（古代指秋天打獵為獮，春天打獵為搜，夏天打獵苗，冬天打獵為狩）。滿族以善騎射著稱，康熙設立這一重大活動，不僅可以使入主天下的八旗官兵保持傳統的驍勇善戰和醇樸刻苦的本色，抵禦驕奢頹廢等惡習的侵蝕。同時，皇帝可以藉此定期接見蒙古各部的王公貴族，以便進一步鞏固和發展滿蒙關係。

第五章：雍正——俯仰無愧天地，褒貶自有春秋

九王奪嫡，雍親王胤禛棋高一步，繼位大寶，隨之而來的，是後世的褒貶不一，爭論紛紜。他刻薄：逼死生母，打擊兄弟，屠戮功臣……在血泊中建立起自己的政權；他神秘：弒殺父皇，篡位登基，詭異離世……在謎團裡創造出自己的時代；他勤政不怠，潛心治國，功績不薄……留給了後人這樣的自評——俯仰無愧天地，褒貶自有春秋。

弒父篡位的罵名，你逃不掉了

康熙六十年十一月，在西北連打勝仗的撫遠大將軍王胤禎返回北京，向康熙帝面稟軍情，三個月後便返軍。此次離京，註定讓這位皇位的有力競爭者悔痛一生，不僅連父皇最後一面沒有見上，還眼睜睜地看著一向不睦的四哥登上皇位。此後，他先被削兵權後被禁錮為康熙守靈，直到乾隆年間才重回京城，好不淒涼。

究竟誰是康熙的合法繼位者，誰也說不清了。自雍正繼位的那一天開始，關於他弒殺親父、改詔篡位的流言就從未停止。野史對於雍正如何逼死康熙，對於那份遺詔中「十四」改「四」的描繪，更是有聲有色，彷彿親身經歷。

這種爭論的產生必須要從康熙的病情開始說起。

康熙大帝一生奔波勞碌，晚年又遇九子奪嫡風波，儒家有修齊治平之說，可歎康熙大帝，空有治國平天下的雄才大略，卻短於齊家，不得已與諸皇子鬥智鬥勇，難免心情鬱悶，元氣大傷，疾病纏身。

這一點在《清聖祖實錄》有明確的記載。康熙四十七年冬天（一廢太子之時），他的健康狀況就每況愈下了。具體症狀有心悸，眩暈，腿腳水腫，「手顫頭搖」，另外似乎還有中風偏癱的跡象：右手也不聽使喚了。遠遠望去，曾經威風凜凜的康熙大帝現在已經是一個容顏蒼老，顫顫巍巍的老者。

此後的十幾年中，康熙一直忍受著各種慢性疾病——包括各種炎症，心臟病以及血液循環等常見的老年病的折磨，拖著病體夙興夜寐地處理政務軍務。到康熙六十一年冬，連日以來鞍馬勞頓的康熙帝在南苑行獵時，出現了大風降溫天氣。年屆古稀的康熙帝受寒病倒，出現了疑似肺炎的症狀。病情來勢凶猛，康熙帝迅即返回暢春園靜養，經過兩天的調理，病情似乎有所好轉。然而就在一天之後，即康熙六十一年十一月十三日，康熙帝卻猝然去世。

那麼在康熙皇帝生命最後幾天這個緊要的關頭，未來的雍正皇帝，當時的雍親王在做什麼？

根據史料記載，在這期間，康熙皇帝命他做了一件似乎意義極為重大的事情：赴天壇代行祀天大典。

古人云：「國之大事，惟祀與戎」。從代行祀天大典一事中，似乎可一窺康熙皇帝對這個四兒子似乎是頗為信任的；然而，當時仍然有另一位負責「戎」的大將軍王十四阿哥胤禎在西寧出兵走馬與羅卜藏丹增津鬥得不亦樂乎。因此似乎也不能簡單斷定康熙皇帝聖心已然默定。

值得注意的是，康熙皇帝在駕崩的當天，在病榻上曾經三次召見雍親王入宮問安。據《清聖祖仁皇帝實錄》記載：「皇四子胤禛聞召馳至。巳刻，趨進寢宮。上告以病勢日臻之故。是日，皇四子胤禛三次進見問安。」

從這段記載看來，這一天康熙帝的病情似乎趨於穩定，健康狀況一度好轉，而雍親王也頗為盡孝，看上去似乎其樂融融，父慈子孝，一副風平浪靜的模樣。然而傍晚時分，大變突生，人人神色驚慌如臨大敵，不久傳來皇帝駕崩的消息，當傳位詔書當眾宣讀，皇四子胤禛已然控制了當時的局面。

其實從現代醫學的角度來看，康熙皇帝的直接死因，應該是長期的心腦血管疾病在肺炎的刺激下突然發作。對於一個風燭殘年的老人來說，此類併發症無疑是致命的。但是，受到當時的醫療水準所限，康熙皇帝的猝死，顯得極其神秘，難免會議論紛紛，再加上暢春園周邊不尋常的景象，雍正用不正當手段，弒父奪權的傳聞自然不脛而走。

在雍正七年的曾靜謀反案中，曾靜曾經招供，他聽說：「聖祖皇帝暢春園病重，皇上進一碗人參湯，聖祖就駕崩了。」

彼時，民間對這一事件眾說紛紜，曾靜的說法僅是其中的一種而已，另外有一種流行的說法則是這樣的：

胤禛……遂以一人入暢春園侍疾，而盡屏諸昆季，不許入內。時玄燁已昏迷矣。有頃，忽清醒，見胤禛一人在側，詢之。知被賣，乃大怒，投枕擊之，不中，胤禛即跪而謝罪。未幾，遂宣言玄燁死矣。禛禛襲位，改元雍正。以後凡宮中文牘，遇數目字，飭必大寫，亦其挈矩之一端也。——民國・許嘯天・《清宮秘史》

這個故事見於晚清時革命黨人的著作中，彼時反清興漢之思潮甚濃，因此這故事只能是聊備一格，不能過於當真。而有趣的是，在這個故事的有些版本中，康熙砸向雍親王的並不是枕頭，而是手上的玉佛珠；而雍親王則將計就計，將玉佛珠說成是康熙傳位於自己的證明。

總之，雍正弒父的說法越傳越烈。儘管雍正對這一指控矢口否認，但他即位以後的種種行為卻讓人疑竇叢生，簡直是在用實際行動向世人證明他弒父的合理性。

雍正在即位後曾經多次在不同場合提到先帝爺對自己的慈愛之情和培育之恩，甚至不無自豪地聲稱自己是康熙最看好的兒子，在他的描述中，他和康熙之間父慈子孝，關係至為親密。然而，在實際行動中他卻似乎處心積慮地要處處避開康熙曾經工作生活過的地方。無論是遠離康熙所住的暢春園而另起圓明園，還是駕崩後葬於清西陵，都是如此。

另外，雍正在即位之後對親信和親戚的處理，難免讓人有兔死狗烹之感。年羹堯和隆科多都是其股肱之臣，然而均被雍正罷職削官，甚至處死；而雍正的骨肉涼薄也是出了名的。康熙駕崩後留下的十幾個成年皇子在雍正治下動輒得罪，特別是曾經參與皇位爭奪的幾位阿哥更是不得好死，這甚至涉及了雍正的親弟弟和子息。雍正的生母，孝恭仁皇后烏雅氏在康熙駕崩後半年就薨逝，至死都沒有接受雍正賜予的皇太后封號，這便是公開質疑雍正繼位的合法性了，更有甚者，民間甚至流傳著雍正其母被其所逼撞柱而死的傳聞。

總之，康熙就這麼駕崩了，雍正在重重迷霧中走來，登上了大清帝國的皇位。

【知識鏈結】

大行皇帝，是中國古代在皇帝去世直至謚號、廟號確立之前，對剛去世的皇帝的敬稱。而大行皇后是對剛去世的皇后的敬稱。「大行」就是永遠離去的意思。大行皇帝的謚號、廟號一旦確立，就改以謚號、廟號來作為他的正式稱號。最早見於《後漢書．安帝紀》：「大行皇帝，不永天年。」

險象環生，唯十三弟最體朕心

在康熙的眾多兒子中，被康熙稱為最有俠義心腸的就屬十三阿哥胤祥了。他也是和胤禛關係最鐵的兄弟。兄弟那麼多，為什麼偏偏只有胤祥能入得了雍正的眼呢？要從胤祥的幼年談起。

胤祥生於一六八六年，十四歲時生母章佳氏去世。此後的胤祥由德妃代為照料，兄弟二人感情甚篤。

少年時代即失去母愛的胤祥生性淳誠，謹度循禮，在諸兄弟中雖算不得出類拔萃，但文才武藝都不後於人，又特別的講義氣重情義，雖然貴為皇子，卻一點都不蠻橫嬌縱，康熙皇帝對將他視為最省心的兒子，在他十二歲時便命隨駕前往盛京謁祭祖陵，此後巡幸江南、避暑塞外、視察河工等都曾攜他同往。但是，在他二十二歲那一年，卻捲進了使父皇最為惱火的諸皇子黨爭漩渦中，與大哥胤禔，二哥胤礽同被拘禁。

以後胤礽獲釋復立。諸兄弟被加封爵位，但他仍沒有獲得寬釋，十幾年間默默無聞，雍正的順利繼位離不開剛剛被釋放就加入戰場的胤祥的功勞，這也更加固了兄弟的情誼。

在康熙皇帝去世的第二天，繼承皇位的胤禛便任命胤祥為總理事務大臣，同日又將他從閒散皇子破格晉升為和碩怡親王。當時這位新皇帝剛剛從與對手的激烈角逐中爭得寶座，尚立足未穩，爭奪中的失敗者胤禩、胤禟、胤禵等人心懷怨恨，虎視眈眈，形勢十分嚴峻。雖然雍正鐵面無情，但考慮到穩定人心，再加上父親的臨終遺言不許傷害自家兄弟，所以才沒有處理八爺黨。政敵動不了，提拔自己的人卻是無可厚非的，所以，胤祥作為與胤禛情深誼重的兄弟，被特殊提拔、安插在佐理朝政的核心位置，顯然是重臣之中最受倚重的一個。他在十幾年含辛茹苦、遭受冷落之後，得到四哥如此厚待自然感恩不盡，竭盡全力報效，以償知遇之恩。

雍正初年，面臨康熙後期遺留的國庫空虛、錢糧匱乏的財政狀況，要想穩定時局，強國富民，扭轉財政虧空的局面是當務之急。胤禛把這副重擔交給了胤祥。

事實證明，胤祥也確實不是只會享樂的草包皇子，在工作中展現了十足的智慧。首次清理康熙王朝時的遺留舊案，由於數量頗大，胤祥決定打破以往常規，採取規定限期和獎勵勤勉相結合的辦法，數十日內即將幾千宗舊案都理出頭緒。為雍正長了臉面，被處分的人當中也少不了牽連到八爺黨的人，即使有八爺撐腰，也沒能倖免，著實打擊了八爺黨的氣焰。雍正初年清政府新設會考府，胤祥負責審核財政出納，辦理清查虧空、收繳積欠的事務。雍正對此要求很嚴格，諭示胤祥：此事必須辦好，不能虎頭蛇尾、半途而廢。胤祥深知此事至關重要，遂盡職盡責，認真辦理。在不到三年的時間裡稽核、駁回不符合規定的奏銷專案近百起，有效地防止了營私舞弊和浪費現象。同時，又查出戶部虧空銀二百五十萬兩，經奏請皇帝，採取令有關官員賠繳和逐年償補的辦法加以解決。對一些與造成財政虧空有直接關係的王公親貴也毫不留情，連敦郡王胤䄉、履郡王胤祹等人都被勒令變賣家產清還虧欠。胤祥不怕被人指罵，心甘情願地扮黑臉、做實事，有人因此責怪胤祥過於苛刻無情，然而也正是憑著這種不徇情姑息的認真態度，他才較好地貫徹了雍正皇帝旨意，使虧補欠還，整頓財政取得顯著成效，令雍正的皇位日漸穩固。

治河患、興水利，是歷代皇帝都十分重視同時也十分頭痛的國家大計之一。康熙非常注重水利的修建，胤祥青少年時期也曾多次隨父皇巡視河工，對此並不陌生。雍正王朝也同樣沒有得到上天的更多眷顧，水災同樣氾濫，損失十分嚴重，解決水利問題成為了雍正首要解決的頭等大事。在治理水利的人選上，胤祥自然當仁不讓，受命總理水利營田事務，主管營田水利府和下轄的四個營田局，首要任務便是在直隸地區修治河道，開墾水田，變水害為水利。胤祥領命後「建議興修、疏浚河渠，築堤置閘，區分疆畝，經畫溝塍，躬親巡視，往返輒經旬月，櫛風沐雨，寒暑靡間，務成萬世永賴之利」。胤祥開拓創新，在實地勘察的基礎上親自繪製出水域圖進呈御覽，雍正帝頗感滿意，稱讚胤祥等人親至水患地區，不畏勞苦艱辛，無論大河巨川還是小渠細流，都做出詳細調查，細心籌畫，大大造福了人民。

雍正幾乎將難辦之事都交給了心腹胤祥去辦理，只有胤祥出馬，雍正才放心。

從上述內容可以看出，胤祥並沒有被自己的功績沖昏了頭腦，也並不是沖著賞賜才肯為雍正全心全意地辦事，其中的原因只是出於和雍正二人的兄弟情誼。也能看出胤祥其人頗為聰明，懂得身為「臣弟」怎樣使君王感到滿意和放心。不貪戀某些過分例外的恩賜，以免引起猜疑嫉妒而不利於已，這樣也就能在寵極人臣之際確保平安，又能更多、更久地博得恩遇。

雍正也並沒有卸磨殺驢，雖然此人多疑成性，但是對胤祥卻也真正是百分之百的信任、愛護，做到了真正的「用人不疑」。

雍正自己是在康熙王朝的皇權爭奪之中經歷過來的，皇子與大臣官員私結黨羽，互相傾軋，甚至覬覦皇位、威脅君權的戲碼，胤禛也曾親眼所見，深知其危害。在他繼位後，嚴禁王公官員結黨，並御製

《朋黨論》以申其害，但對於十三弟則多有例外。

胤祥最終死於肺病，但也不排除勞累過度所致。他死後，雍正悲痛萬分，食不下嚥、寢不安。還因為三阿哥沒有表現出悲痛之意而治他的罪，可見四哥對十三弟的情誼是何等深厚！

【知識鏈結】

滿族親貴封號中多見「和碩」「多羅」「固山」等詞，它們都是滿語轉因，「固山」就是「旗」，「多羅」指一角，「和碩」指一方，都是指所擔當方面範圍的大小，以「和碩」最大。比如允祥的封號為「和碩怡親王」，是最尊貴的親王。

能臣李衛，做官就是一股巧勁

一部《李衛當官》，讓這個雍正眼前的大紅人一路火到今天。電視劇裡那個要飯出身卻才幹過人、大字不識而幽默詼諧的李衛，贏得了觀眾的青睞，同時也引起多的質疑：歷史上真實的李衛是這樣當官的嗎？

史料記載，李衛確有其人，祖籍江南銅山，即今日的江蘇徐州，生於康熙六年（一六八七年），卒於乾隆三年（一七一八年）。李衛並非要飯出身，而是有著殷實的家境，正因此，得以花錢捐了個監生資格，避開科舉的正途走進官場。李衛雖頂著大字不識的包袱鬧出了不少笑話，但憑著機敏的頭腦和縝密的心思，確實當出了一副官的模樣。

雍正即位不久，發現各省錢糧虧欠甚多，下詔徹底清查，各省官員聞訊，恐慌不已。李衛時任浙江總督，聽聞此事，主動上奏朝廷，以欽差大臣初到地方恐有諸多不便為由，希望能夠讓自己協助其處理清查事宜。雍正看過李衛的奏摺後，同意了他的提議，批准他協助被派往浙江的欽差大臣彭維新進行清查工作。

隨後，李衛以生日為由，命各州縣的官員速來拜賀，趁生日筵席之時將一干人等召進密室，讓各人如實上報虧欠情況，示意他自有辦法化解，眾人早已被欽差大臣前來清查之事嚇得亂了陣腳，聽李衛這樣一說，全部如實交代，並登記成冊交予李衛。

再說欽差大臣彭維新，時任戶部尚書，為人做事認真仔細，此前已在江南各省揪出了一堆貪官汙吏，氣焰甚是囂張，無人敢阻。豈料一到浙江，便被李衛所持的協助清查的批示鎮住了，不得不與李衛商量如何處理清查之事。李衛談及共同清查的過程中恐有爭執，故作為難，不知如何是好。逼得彭維新提出分縣清查的方案，正中李衛下懷。

李衛當下便讓隨從把浙江各州縣的名字寫於紙上，揉成紙團，與彭維新抓鬮分縣。彭維新豈能料到紙團已被暗中做了手腳？那些存在虧欠問題的州縣，幾乎盡在李衛手中，而彭維新抓到的，不過是些問題不大的州縣罷了。

如此這般，彭維新再認真清查也無濟於事。李衛這邊，名為清查，實則督促各州縣填補虧欠。待所有清查工作結束，李衛故作焦慮地問彭維新：「各地可有虧欠？」，得到的當然是他早已肯定的答案：

「沒有」，李衛佯裝意外，同時開心地表示自己負責的州縣也沒有。

此事一經上報，雍正大喜過望，加封李衛為太子太保，大加賞賜。浙中各級官吏也因此各升一級。經此一事，李衛的手下眾人對他佩服得五體投地，對這個大字不識的紈絝子弟刮目相看。

李衛為官，不乏耿直倔強的一面。對於官場中的不平事，如眼中沙粒，不除不快。不僅向雍正帝呈交彈劾奏章，更將奏章謄抄之後送至被他彈劾的官員面前，公開宣戰，痛陳其惡行，直戳其痛處。那些被李衛彈劾的官員恨他恨得牙癢，卻動他不得。

與李衛同朝為官的田文鏡，小肚雞腸，見不得李衛受寵，妒火中燒，暗地裡在雍正面前說李衛的不是。雍正深知李衛的為人，對田文鏡的挑撥不以為然。田文鏡使壞不成，轉而討好李衛，欲與之結交。時逢李衛母親去世，田文鏡備下重金厚禮，派人前去弔唁。李衛不但不領情，反而當眾大罵：「吾母雖餒不飲小人一勺水！」並將來者趕出門外，田文鏡的名帖與厚禮也被李衛憤然丟入茅廁之中。

雍正帝之刻薄，為政之嚴謹，在整個中國歷史上都是極為罕見的。因此，李衛作為一個靠花錢買來烏紗的官員，能夠在雍正朝大享官路亨通，實際上是他的所作所為正對了雍正帝的口味及對了為官者的要求。是故，李衛方在清朝的歷史上書寫下自己的名字，並為後人所津津樂道。

【知識鏈結】

太子太師，太子太傅，太子太保，都是東宮官職，均負責教習太子。太子太師教文，太子太傅教武，太子太保保護其安全。太子少師，太子少傅，太子少保均是他們的副職。

古代不少人的太子太保等頭銜只是一個榮譽稱號，並不是真的給太子上課（比如劉墉），有的皇帝根本就沒太子，也封別人做太子太保。有的皇帝還是小孩，就封別人做太子太保。

軍機獨斷，權力的頂峰

軍機處脫胎於明朝的內閣。清初在內閣之下，內閣學士權力過於膨脹，對皇權是一個不大不小的潛在威脅。因此康熙在南書房，選拔王公勳貴，滿漢重臣入內辦公，與皇帝共同參與政事。不過，這並不是一個常設制度。

康熙末年以來，青海、新疆等地蒙古諸部時有叛亂，因此清廷在西北地方部署重兵。軍務，也就成為雍正初年頭一等的大事兒。由於前線敵情瞬息萬變，北京與前線又路途遙遠，按照慣例處理軍務，不僅效率低下指揮不靈，甚至可能事機不密軍機外洩。由於內閣在外廷的太和門外，此時就顯出諸多不便與缺點，因此雍正七年（一七二九年）在隆宗門內，乾清門右側西牆根的一排小房子處設立了軍機房，從內閣大學士中選擇謹慎低調者入職，專門處理緊急軍務。到雍正十年（一七三二年），又改成「辦理軍機處」。到乾隆年間又省去「辦理」倆字兒，單稱軍機處。後來，軍機處在乾隆末年還曾一度改名「總理處」，到宣統年間嚷嚷著要立憲的時候又改成了責任內閣……這都是後話了。

這軍機處麻雀雖小，但位置卻極其重要，就安排在內宮的外牆邊兒上，與皇帝的寢宮——養心殿只有一牆之隔。因此軍國大事皇帝可以在第一時間得知，進而著手處理——有的時候，皇帝也會親臨軍機處召開會議。

《清史稿》記載：「（軍機處）時入直者皆重臣。」誠然，能直接輔佐皇帝處理政務，當然得是從滿漢文武百官中選出的頂尖兒人物。軍機處的職官大約可以分為兩種：軍機大臣和軍機章京，前者俗稱「大軍機」，後者俗稱「小軍機」。前者由內閣大學士、各部尚書和侍郎中選拔，也有從軍機章京中升任的。軍機處的編制也沒有定額，軍機大臣最初時僅有三人，後來政事日繁，軍機大臣也逐漸增多，到清末竟然一度達到十一人之多；軍機章京最初也是如此，直到嘉慶年間，才確定為滿漢章京各十六人。乾隆時期的風流才子紀曉嵐曾經有這樣一首詩：流水是車馬是龍，主人如虎僕如狐；昂然直到軍機處，笑問中堂到也無？這便說的是身負重任的軍機章京了。

需要著重提出的是，入軍機處當值，只是一個差使，而不是一個實缺，也就是說，進入軍機處工作的大臣並不丟掉其原有的職位，而稱為「軍機處行走」或「軍機大臣上行走」；而軍機章京則稱為「軍機司員上行走」或「軍機章京上行走」。所謂的「行走」，指的是臨時辦事的意思。軍機處位置如此重要，入值辦公者又如此顯赫，其日常辦公自然也極其繁雜，頗費心思。

和內閣相比，軍機處的辦事效率要遠勝於前。前文已經提到，無論是皇帝有詔書發布，還是文武百官向皇帝彙報公務，文書都要輾轉騰挪，經過若干機構之手，才能到達當事人手中，效率很低。而軍機處一改積習，軍機大臣與軍機章京直接獲取奏摺，並在皇帝的指示下直接辦理；皇帝一有事情，軍機官員立刻奉召入宮，辦理公務，而且不許隔夜完成。皇帝擬好的諭旨，軍機大臣要立刻直接交由兵部透過四百里或六百里的驛站加急送至執行人之手。這樣一來，中央與地方之間少了許多不必要的環節，皇帝對基層的指揮也如臂使指，辦事效率的提高有目共睹。

此外，軍機處的保密工作也較以前遠為嚴格。軍機處的奏摺要抄錄副本歸檔，並且裝訂成冊，每月清理，秘密存放。這些工作由軍機章京完成，而軍機章京則根據資歷深淺，分別保管不同內容的檔案文書，這樣彼此之間互相牽制，避免了舞弊之嫌，也有效地對檔案實行了保密。

軍機處嚴禁閒雜人等隨意進出。在軍機處門外有面鐵牌，回龍鑲邊，狴犴臥底，十分威武肅穆，上面是乾隆御書的聖旨：奉天承運，皇帝制曰：凡王公貴胄文武百官並內宮人等，擅入軍機處者，格殺勿論。在嘉慶年間，又陸續制定了軍機處辦事人員的條例細則。如果說，明代內閣對皇權還能實行一定程度上的約束；那麼雍正建立的軍機處，則使得他以後的皇帝擁有了空前的權力，無論是王公貴族，還是內閣大學士都被排除在外。

軍機處的成立，使內閣變成了辦理日常例行事務的機構，而失去了處理機要軍國大政的權利。而軍機處則成為實質上的最高行政機構。軍機大臣每日都要覲見皇帝，奉召辦事，即使皇帝外出也要隨行，受到皇帝的直接管轄。

儘管如此，軍機處在形式上卻非國家正式機構，類似於今天的領導小組，辦公室之類。它的辦事地點不稱為衙門而稱為「值房」，前文也提到，它的值班人員也是以原有官職兼任軍機處的工作。這種形式和實質上的斷裂，削弱了官僚階層的權力，而使得皇權空前加強。因為軍機大臣在軍機處的出入辦事，均無現成律例可循，只能聽從皇帝隨心所欲的調遣安排，奉旨辦事，宛如皇上的專職秘書。

這樣一來，像六部這樣原來的正式國家機構就失去了自主辦公的權力，由於皇帝的上諭由軍機處直接下傳，不經六部，所以六部已經沒有權力直接向下發布命令，就失去了其原本作為管理機關的職能，而成為單純執行皇帝意旨的機構。只有皇帝能夠乾綱獨斷。

儘管如此，軍機處人員的權力還是不可避免地越來越大。到雍正以後，軍機大臣開始管理更多的事情，例如對蒙古各部王公的賞賜加封等事宜也交由軍機大臣處理，有重大案件，軍機大臣也時常會同刑部一道審問。

清代後期，軍機大臣甚至掌握了部分人事權，所有官員的任命，均由軍機大臣開單請皇帝批准。而軍機章京由於熟悉政務，通曉內情，又經常隨同高官處理政務，因此史家有云：「章京位分雖低，隱握實權，勢耀煊赫，僅稍次於軍機大臣而已。」

【知識鏈結】

南書房，是清代翰林在內廷侍候皇帝讀書和做機要工作的地方，是康熙朝權力的中心；南書房行走，就是指原來有翰林一職，而被派到南書房中去執勤。凡入職南書房的翰林，其正式官銜，稱為「南書房翰林」，也叫「南書房行走」。這個詞多見於康熙朝，因為南書房是康熙朝的權力中心。雍正朝軍機處成立之後，南書房便逐漸失去了其權力的象徵意義。

密摺啟封，最防隔牆有耳

在清之前，文武百官有公務需要稟明皇帝時，除了面見直陳之外，還可以寫奏疏，稱為「題本」。

但是由於每日公文數量繁多，單靠皇帝一人之力顯然不能全部處理完畢。於是明代又設內閣，由大學士專門處理題本，先初步擬定對題本的回覆再交由皇帝過目批准，至清初亦然。但是，這一制度的缺陷也很明顯：因為題本本身並不保密，摺子公開遞進內閣，這樣，涉及一些機密事務，或者彈劾等敏感問題時，就顯得頗不方便，對上書者會造成一些不必要的麻煩；此外，這一制度對皇權也存在潛在的威脅：由於題本需要經過內閣大學士之手再轉交給皇帝，這樣皇帝看到的題本其實是經過了內閣的篩選的；如果內閣出現權臣甚至是奸臣的話，就非常容易堵塞言路，蒙蔽天聽，將皇帝控制起來。

基於這一問題，清代皇帝發明了密摺制度。所謂密摺，也即秘密奏摺，首先從形式上講，它是將要彙報的事情寫在白紙上然後折疊，並加上封套或是匣子，只有皇帝和當事人才有權拆封，這樣就有效地避免了洩密；其次從管道上講，密摺並不透過內閣轉交，而是直接呈送皇帝御覽，待皇帝批覆之後——順便一提，皇帝的批覆用紅筆寫就，稱為「朱批」——再直接發還給奏事人，這樣就杜絕了內閣在其間上下其手瞞天過海的可能性；再次從內容上講，按照規定，題本中只能彙報公事，而密摺的內容則無所不包，從軍事政治經濟，到老百姓的街談巷議，都可以寫進密摺。不過，用密摺奏事並非所有人都能享受這一待遇，需要達到一定品級的官員才有「密摺專奏之權」，或者皇帝也會賜予某些低級官員這一權利。

密摺制度在順治年間產生，但極少使用。到康熙時期才開始普及，「密摺」一詞也始於此時。

康熙帝曾經說：「密奏之事，惟朕能行之。」他指出，前朝皇帝為了瞭解天下事，往往讓內宮太監出外四處打聽，但這些人往往人品不佳，依仗皇帝的勢力為非作歹，胡言亂語，甚至和外官勾結，蒙蔽皇帝，因此這一方法並不管用。而康熙則依靠密摺來瞭解各地情況。例如康熙時的江寧織造曹寅和蘇州織造李煦，除了其日常工作外，還負有為皇帝探聽當地風土人情街談巷議，搜集情報，並將其秘密彙報給皇上的職責，這一工作正是透過密摺完成的。

密摺制度的全面推行和強化是在雍正登基之後。雍正因為與康熙末年的「八爺黨」因爭奪皇位結怨，故而對官員結黨營私深惡痛絕；此外，雍正號稱以勤治天下，事必躬親，事無巨細，都要過問和干涉，因此他對於情報的需求量是很大的。而密摺制度既可以讓文武百官互相監視，又能提供方方面面的情報，從公事到私人莫不與聞。因此，雍正對密摺制度的偏愛就可以理解了。

在康熙時期，僅有百餘人有此權力；而在雍正年間，有密摺專奏之權的官員達到千餘人之多，是康熙朝的十倍以上！

皇帝對密摺的偏好使文武百官也不能不格外重視之。在雍正的鼓勵下，凡是官員認為有參考價值的情況，無論事情是否為職責所在，均要寫在密摺衷上奏。密摺，不僅是官員們的一種權力，更成為忠於皇帝的責任和義務。密摺制度的效果至為明顯：有專摺密奏之權的官員，不僅人數眾多，而且奏報頻繁，這就使得地方上的事務無法歪曲和隱瞞。所謂「兼聽則明，偏聽則暗」，向皇帝彙報情況的權力分散在大多數人手裡，同一件事情可能有數件不同官員的密摺從不同的角度加以彙報和說明，這樣既有助於皇帝全面瞭解事情，又可以防止有歪曲事實真相的奏摺混淆視聽。

此外，中下層官員獲得專摺密奏的權力，使得下級官員對上級官員也有了監督權，並且這種監督權透過皇權來展現，就確保了其能夠較為徹底的執行；而且，官員對於非自己本職工作也有權密奏，也擴大了這種監督權的範圍。這樣上下級互查，平級的不同官吏也可以互查。這種人人都是監督者和被監督者，多面一體的監督網可以有效地約束官員的行為，在一定程度上改變了以往只有言官行使監督權，上級監督下級的狀況。

而且，在這一體系之下，每個人都必須積極主動地參與其中，否則就會遭到批評。例如，當時有官吏密摺彈劾他人，事後解釋道，就算我不這麼做，別人也會這麼做，皇上還要責怪我的失察之罪。由此可見，在密摺制度的威懾之下，官員也沒有辦法唯唯諾諾，緘口不言，隨波逐流。官員倘若犯錯，很快就會被揭發出來。

不過密摺制度也有其缺點，就是如果涉及眾目睽睽的公事還則罷了，倘若涉及少人所知的私事——例如誣陷他人——則密摺的真實性就有待考證。難怪康熙曾說：「密奏亦非易事，稍有忽略，即為所欺。」雍正自然也深知這一點，所以他除了集思廣益，仔細甄別對比之外，對涉及的官員，還要親自考察，詢問問題，察言觀色。甚至對自己信任的大臣所上的密摺也不盡信，這樣就盡可能地避免了受騙。

整體來說，在雍正手中發揚光大的密摺制度和前朝的各種告密制度相比，還是頗多優點的。前朝皇帝，為了廣開言路，窮盡世事，或則重用特務，或則濫用酷刑，搞得人心不安，社會動盪。而雍正的密摺制度在相當程度上維護了社會的穩定、百姓的安定，同時又使各級官吏惶惶不可終日，不僅嚴於律己，而且嚴以待人。在官吏之間造成了緊張氣氛。在康熙末年吏治鬆弛的大環境下，這是有助於雍正匡正吏治的。也正因為如此，它具有一定的時效性。到雍正駕崩，乾隆即位後，就出現了要求廢除密摺制度的呼聲。

【知識鏈結】

在清朝，人們進入仕途的途徑有六種：「特簡」、「會推」、「蔭襲」、「薦舉」、「捐官」和

「科舉」。清人參加科舉考試，依次要參加童試獲秀才資格、鄉試升舉人（分解元和亞元）、會試獲貢生資格和殿試升進士。其中進士的前三位即是狀元、榜眼、探花「三鼎甲」，可直接進入翰林院任職。

勤勉皇帝，革除弊政

康熙三次南巡，乾隆六次南巡，留下許多軼事，素為史家所豔稱。和其父其子不同，雍正不僅從未南巡過，而且在他在位的十三年中，北京城都幾乎沒有出過一步。因為他實在太忙。

有一組資料可以說明雍正的工作量有多大：現存的雍正朝奏摺共有四一六〇〇餘件，其中漢文奏摺三五〇〇〇餘件，滿文六六〇〇餘件。以他在位十二年又八個月計算，平均每天批閱奏摺約十件。除了奏摺以外，還有六部及各省的大量題本，據估算統計，雍正朝共處置此類題本一九二〇〇〇餘件，每天平均處置四十件以上。雍正對於這些奏摺和題本並非看畢就算，而是要親筆書寫朱批，提出自己的意見和看法。有的朱批竟有數千字之多。除此之外，各種軍國政務，官吏任免、人民生活、農業工商等，雍正都要親自過問，而且以他多疑、敏感的個性又不會找人代勞，只有煩累自己。

平心而論，如果撥開圍繞在雍正身邊的層層歷史疑雲，將雍正作為一名政治家來看待，那麼他絕對是配得上偉大二字。雍正自稱「以勤治天下」，這絕非自誇之言。他於四十五歲的年齡登上皇位，正是年富力強之時，既有精力和魄力，又有資歷和經驗，而且雍正為人堅毅謹慎，做事果斷俐落，可以說具有優秀政治家的一切素質。

雍正的勤奮，可以用「朝乾夕惕，宵衣旰食，夙興夜寐，夜以繼日」來形容。這樣的工作態度不要說皇帝，就是普通人也很難做到。而且，皇帝的事情是沒有人督促的，做與不做全憑自覺，雍正不是一天這樣做，他這樣做了十三年，堅持不懈，這就是他的可貴之處。

康熙末年，由於太平盛世，盛平已久，又兼之康熙以寬仁治國，導致吏治鬆弛，文恬武嬉，貪汙腐敗之風甚囂塵上；國庫常年虧損，邊境戰事頻頻，積累了大量社會矛盾。雍正登上皇位時，壓在他肩上的擔子是十分沉重的。

在這種情況下，雍正帝打起「改革」的大旗，以整頓吏治為切入點，清理國庫虧空。雍正剛剛即位時，官員貪汙腐敗，國庫虧空多達八百萬兩白銀。雍正元年（一七二三年）正月，雍正以迅雷不及掩耳之勢，電光石火般連續頒布一道道諭旨，層層下發，中央查地方、後任查前任，就連老百姓也被牽涉進來，雍正告訴他們，誰也不許借錢給地方官員抵擋虧空，如此強大的力量和周全的措施，古未有之。為了切實推行政策，雍正又設立會考府，負責國庫的審計並對其收支情況進行整頓。

在雍正的嚴厲打擊之下，不少官吏因虧欠國庫銀兩被革職抄家，甚至方面大員，皇親國戚也絕不例外，例如曹雪芹的父親江寧織造曹寅，以及和他有親眷關係的蘇州織造李煦均因此獲罪。如此大規模，強力度的清欠工程收到了很好的效果。

《清史稿．食貨志》曾記載：「雍正初，整理財政，收入頗增。」乾隆時史學家章學誠也指出：「我憲皇帝（雍正）澄清吏治，裁革陋規，整飭官方，懲治貪墨，實為千載一時。彼時居官，大法小廉，殆成風俗，貪冒之徒，莫不望風革面。」

到雍正末年，國庫虧欠不僅完全彌補，還有數千萬兩餘銀。此外，雍正還創立「耗羨歸公」的政策以預防官員腐敗。「耗羨」是徵稅時附加的貨幣損耗費，這也是官員貪汙的一個重要來源。雍正規定耗羨歸公就是把徵收的這一部分附加稅歸國庫所有，作為「養廉銀」，用來獎勵清廉的、有政績的官員，是吏治的一大進步。

雍正的性格和登上皇位的經歷決定了他的執政風格：不會輕易相信任何人，要把權力緊緊抓在自己手裡。在這一思路的指引下，在雍正時期，皇權得到了空前的加強。

例如除了六部之外，提升了其他中央政府機構的地位，如理藩院負責少數民族、藩部事務和對外交涉等。翰林院則掌管撰擬祝祭冊誥文、編修書籍、經筵日講及部分科舉考試事務等。另外還有管理宮廷事務的內務府和掌管皇族事務的宗人府。內務府的官員主要由宦官（太監）擔任。

鑑於明朝宦官專權的教訓，清朝的宦官數量減少了很多，管理制度也非常嚴格，規定太監最高不能過四品，不能結交外臣，不得干預朝政。所有這些機構及其中下級機構的官吏任免均由皇帝一人認定，而且大小官員任命後都要進見皇帝才可上任，體現了清代政權的高度集中。

在地方上則設有直隸、省、東北、邊疆少數民族、八旗等行政機構。省以下為府、縣。省級最高長官為總督、巡撫，總督轄多省，一般不超過三個，巡撫只轄一省。總督巡撫互不統屬，前者管軍事、後者管民事。省級行政機構還設布政司、按察史，主管民政、財政和刑事等。閻崇年先生總結了清朝省級官員的特點是：總督和巡撫軍政合一。這就使得地方官吏可以互相牽制，不易形成地方分裂勢力。

雍正為百姓做的另外一件大事是廢除了賤籍，把原來的賤民編入民籍，賦予他們和普通百姓一樣的身分、權利和社會地位。從此社會上就只有軍籍和民籍。取消賤籍，毋庸置疑，無論從觀念還是從社會現實來說，這都是一種進步。

整體來說，雍正處在承上啟下的關鍵階段，康熙晚期已經出現了一些問題，如果他讓這些問題繼續惡化，清朝的末日也許會來得更早。但是，雍正做得很好，他為國家、為百姓做了很多實在的事情。他的努力也為後來乾隆的統治打好了基礎，使乾隆可以坐享半個多世紀的太平盛世。雖然雍正帝的在位時間比康熙和乾隆要短的許多，但是他把有限的時間都用在了治理國家上，使他這短短的十三年變得無限豐盈。

【知識鏈結】

賤籍，從宋朝流傳下來的制度。古代戶籍分軍籍、民籍和賤籍，民籍是士農工商。賤籍則是在士農工商「四民」之外的戶口，不得從事其他行業，更不能讀書科舉，並且世代相傳不得變更。這種賤民主要有浙江惰民、陝西樂籍、北京樂戶、廣東疍戶等，社會地位極低，「醜穢不堪，辱賤已極」，為時人所輕視。雍正廢除賤籍，將賤民開豁為民，編入正戶。

煉丹求長生，到底誰要了雍正的命？

雍正十三年（一七三五年）八月二十一日凌晨，雍止皇帝在圓明園離宮走完了他五十七年的人生道路。作為在康乾盛世百餘年中承上啟下的一位皇帝，他的十三年帝王生涯，夾在康熙和乾隆兩位皇帝各自六十年的盛世當中，不免顯得短了一些。儘管如此，雍正在生前身後留下的歷史公案卻一點也不比其父其子要少，整個雍正王朝，都深陷於層層神秘的歷史迷霧當中。

雍正給人們留下的最後一件疑案就是他的死亡。《清史稿》關於雍正之死非常簡略：「丁亥，上不豫。戊子，上大漸，宣旨傳位皇四子寶親王弘曆。己丑，上崩，年五十八。」也就是說，雍正頭天晚上發病，第二天就一病不起，第三天就死亡。官方的正史僅僅交代了這些內容，對雍正的死因卻絕口不提。也就難怪野史筆記，街談巷議中出現了各種各樣的關於雍正死因的說法。

最為老百姓所津津樂道的一種，當然是呂留良案的遺孤——女劍俠呂四娘為親人報仇，夜入皇宮割掉了雍正的腦袋。因此，雍正入葬之時，屍體並無腦袋，而是一個金鑄的頭顱。這個極富傳奇色彩的故事流傳甚廣，金庸和梁羽生兩位大俠的書中對此都有所涉及，甚至於在一九八一年，文物考古部門一度考慮發掘雍正所葬的泰陵地宮以確認其真偽。其實，這個故事的真實性並不高，遠不需要用如此費力的方法去驗證。不過相對雍正被宮女太監趁熟睡時合謀勒死的說法，是比較能讓人接受了。

這一說法出自清末民初柴萼所著《梵天廬叢錄》一書。雍正九年（一七三一年），太監霍成、吳守義夥同宮女，趁雍正睡覺時，用繩子將其勒斃；也有一種說法，提到雍正彼時並未氣絕身亡，在太醫的治療之下僥倖逃生。

乍聽起來，這個說法似乎有一定的合理之處：這霍成和吳守義原本是八阿哥廉親王胤禩身邊的得力太監，雍正清除政敵，將他們的主子逼死，這兩個太監也許是有殺人動機的。但根據《大義覺迷錄》的記載：霍成和吳守義兩人早在雍正四年（一七二六年）就已經被發配到廣西煙瘴地面，此後又被捲入了曾靜一案，怎麼還可能在宮中當太監？此外，雍正當了十三年皇帝人盡皆知，而這故事則是雍正九年發生的事。可見純為小說家言，不可相信。

仔細考察，這故事其實是有所本的。據《明史》記載，嘉靖「二十年，宮婢楊金英等謀逆，以帛縊帝，氣已絕。紳急調峻藥下之，辰時下藥，未時忽作聲，去紫血數升，遂能言，又數劑而愈。」由於嘉靖和雍正的廟號相同，都稱作「世宗」，因此極有可能是將明世宗的事情張冠李戴到清世宗的頭上。其他的民間說法多種多樣，凡此種種不一而足，基本都不足為信。

那麼比較嚴謹規範的學術界對雍正之死又有什麼看法呢？

鄭天挺先生最早提出雍正病死說，他在《清史簡述》中闡述了這一觀點，認為雍正乃是患中風而死，考慮到康熙晚年曾患中風，這一疾病遺傳給雍正的可能性也是存在的。不過，這一說法還缺少進一步的論證。

現在較為流行的說法，雍正乃是中丹毒而死。

早在雍正還未登基時，他就熱衷於道術，並且和一些道士相互來往——有趣的是這居然並未妨礙他參悟佛教法門。在他成為皇帝之後，這一興趣更是有增無減。之所以如此，是因為他對道教中的煉丹之術非常著迷，力求延年益壽、長生不老。雍正對紫陽真人張伯端大力推崇。雍正煉丹，從一開始只由小道士秘密進行到後來親自動手，對這些丹藥的效果深信不疑。他不僅將這些丹藥作為自己日常必備不可缺少之物，還將其作為貴重品，大量賜給文武百官。

以道家煉丹之術煉製的丹藥本身毒性極大，又兼之以高溫燒製而成，因此性情更為燥烈。雍正晚年更加沉迷於金丹大道之中。雍正八年以後，雍正皇帝常年服用丹藥，大量的有毒物質在體內堆積，已漸成毒發之勢，只是缺少一個直接的導火索。

根據《活計檔》的記載，雍正十三年八月初九日，圓明園內煉丹之處運進了二百斤牛舌頭黑鉛。黑鉛又稱黑錫，味甘，性寒，有毒，是道教煉丹術中的重要原材料。雍正之死很可能與這批黑鉛所製丹藥有關。

八月二十一日凌晨，內閣大學士，軍機大臣張廷玉從睡夢中被叫醒，慌亂之中騎著一頭沒有鞍轡的騾子趺趺撞撞地趕赴圓明園，使他如此狼狽的，是雍正帝的死訊。然而，更為驚駭欲絕的事情還在後面，他在離宮中看到的，是一副雍正七竅流血，死於非命的慘狀。七竅流血正是中毒而死的典型症狀，雍正死在了他一直賴以維生的金丹大道上。

雍正的死因，對皇家而言無疑是一樁醜聞。因此這件事情必須處理的相當低調。

乾隆初登大寶，正在政局交替，人心動盪之時，為什麼卻要專門和這兩個道士過不去？而且這道諭旨中很明白地點出了雍正愛好煉丹的事實。至於其中的欲蓋彌彰之處，更是舉不勝舉。此外，乾隆一邊驅逐道士，一邊還嚴令宮內太監宮女等人本分老實，不許妄言。這豈不更是此地無銀三百兩的舉動？事情到此，已經很明白了，雍正之死，原因比較複雜：他勤於政務，工作過度，導致精氣神都較為衰弱。為了強身健體，他開始篤信金丹之說，導致慢性中毒。最終又因為某批次的丹藥導致猝死。幾乎和歷史上所有追求金丹大道的皇帝一樣，雍正也沒有逃脫死於其中的結局。雍正駕崩了，新君乾隆即位。清代的歷史又翻開了新的一頁。

【知識鏈結】

煉丹術是道教中的一種基本修煉方法，道教初期以外丹為主，這是指用丹砂、鉛、水銀、硫黃等礦物質為原料，用爐鼎燒製而成；宋代以後出現了內丹學派，講究透過打坐修煉，使精化為氣，氣化為神，凝結成內丹。修煉之人相信二者都有延年益壽，甚至長生不老，白日飛升，坐地成仙的功能。

第六章：一朝浮華夢將醒，興也乾隆，衰也乾隆

順治首創，康熙再進，雍正承上，大清帝國的皇冠傳到乾隆頭上時，已經到了最後的輝煌時刻。上承祖、父之蔭，下啟勤政之門，乾隆王朝，煥發出了一種欣欣向榮的景象。康乾盛世，中國封建王朝最後一個盛世頂峰，於此出現。但這終將是迴光返照，落日餘暉，興亡就此一瞬。

出身之謎，母親為誰終不知

雍正十三年（一七三五年）八月二十三日，五十八歲的雍正皇帝暴斃，二十五歲的皇四子寶親王弘曆繼承了皇位，改元乾隆。說來有趣，就像雍正的死亡一樣，乾隆的身世也是撲朔迷離，眾說紛紜。乾隆的父親，母親，甚至他的出生地都是一個未能確定的謎。

金庸大俠的第一部武俠小說《書劍恩仇錄》中繪聲繪色地寫了這樣一個故事：雍親王胤禛和大學士陳世倌素來交好，雙方時常來往。康熙五十年（一七一一年）八月十三日，陳世倌的夫人生下一名男嬰。此時，雍親王府來人，說雍親王聽說陳中堂喜得麟兒，想要抱進府中去看看。陳世倌不疑有他，便把孩子讓來人抱走了。可是，當孩子從雍親王府被送回來的時候竟然成了女嬰，陳世倌大驚失色，立刻明白了是調包計，可是他並不笨，只能讓事情爛在肚子裡。數年以後，這個陳家的男孩長大成人，繼承了皇位，他就是乾隆皇帝。

清末民初的作家許嘯天在《清宮秘史》也提到了這個故事：

據說乾隆長大之後，由於乳母失言，知道了自己的身世，這才決定六下江南，其實是藉故去海寧探望親生父母。由於陳世倌夫婦早已去世，乾隆便以為本朝元老掃墓為名，到陳氏夫婦的墓前，為了不讓閒雜人等看到，用黃幔把自己遮起來，悄悄地跪拜了父母。

清末天嘏所著《滿清外史》中對這個故事的描述更加離奇：據說這條調包計乃是雍親王的側福晉為了爭寵而設的，就連雍正本人也不知道內情。後來乾隆知道自己不是滿族人，便經常在宮中穿漢族人服飾，還問左右的親信自己像不像漢族人，有一名滿洲老臣勸他這樣有失身分，乾隆才甘休。

乾隆是海寧陳家的子弟這個說法，並不僅僅是小說家的杜撰。早在清代中期，這個說法就開始流傳，並且說得神乎其神。考慮到海寧陳家在歷史上特別是清代歷史上的顯赫地位，這個說法就並不奇怪了。

海寧陳氏的影響力，正如金庸大俠在《書劍恩仇錄》中借乾隆之口所言：「海寧陳家世代簪纓，科名之盛，海內無比。三百年來，進士二百數十人，位居宰輔者三人。官尚書，侍郎、巡撫、布政使者十一人，真是異數。」

儘管如此，這個說法也有不少疑點。乾隆出生時，雍正只有三十四歲，身強力壯，他沒有道理冒著風險去移花接木。而孟森在《海寧陳家》中也有考證，乾隆前兩次下江南，並沒有去過海寧。所以，儘管海寧陳氏與皇族關係密切，但因此就說乾隆是海寧陳氏之後，未免也過於牽強。

乾隆的父親是誰這個問題不會有疑問，而乾隆的母親是誰則更加複雜。從宮女到民女說法頗多。清末學者王闓運說，乾隆的母親是雍親王府中的普通奴婢，後照顧病重的雍親王而受寵懷孕。另一位清末學者冒鶴亭的說法與王闓運說法類似，但更加傳奇。據說有一年雍正去木蘭圍場打獵，射中了一隻梅花鹿。雍正喝完鹿血以後，全身燥熱，不能自已，正好身邊有一名叫李金貴的宮女，便一把拉過來成其好事，不料這宮女卻因此而懷孕。後來事情被康熙得知，非常不悅，但木已成舟，只得命人將這名宮女帶到草棚中生下一子，就是後來的乾隆。

乾隆的生母地位低賤似乎成為定論。令人起疑的是，從史料中讀到的情況似乎也與這些野史的記載相吻合。根據正史和清代皇室玉牒的記錄，乾隆的生母是後來被尊稱為孝聖憲皇后的鈕祜祿氏。這位鈕祜祿氏，根據《清世宗實錄》的記載，曾經在雍正元年（一七二三年）胤禛登基之後，被皇太后烏雅氏封為熹妃。可是《在雍正朝漢文諭旨彙編》中，同樣是記載此事，皇太后所封的熹妃卻變成了「格格錢氏」。這不能不叫人頓生疑竇。鈕祜祿氏和格格錢氏是一個人嗎？

其實不僅後人眾說紛紜，早在乾隆年間，時人對乾隆的生母是誰已經有了疑問。不同史料之間的矛盾，顯示出清廷在對待乾隆生母問題上的遮遮掩掩，閃爍其詞。這背後究竟有什麼不為人知的隱情？

弄清楚了乾隆母親到底是誰的問題，或許就能夠理解乾隆出生地也是一個謎團的原因。一直以來，乾隆都強調自己出生在雍和宮。雍和宮就是原來的雍親王府，由於出了雍正與乾隆兩代皇帝，被認為是「龍潛之邸」，因此乾隆即位後，將此處改為黃教寺院。每年春節，乾隆都會回到此處，焚香禱告。根據乾隆的說法，他是於康熙五十年（一七一一年）正月初七生於雍和宮；然而這一說法，卻與清代玉牒上生於八月十三的記錄完全不同。這樣一來，乾隆關於出生地的說法也變得很可疑了。

確實，在當時就有關於乾隆出生地的不同說法，認為他其實是出生於承德避暑山莊。奇怪的是，持這一看法的人中，竟然有乾隆的兒子——嘉慶！

嘉慶即位之後，乾隆曾經兩次以太上皇的身分駐蹕避暑山莊過壽，嘉慶均寫詩恭賀之。在詩的注釋中，他很明確地說乾隆就是出生在避暑山莊。而乾隆或許是老來糊塗，竟然沒有對這兩首詩中的說法提出反駁。

後來，乾隆逝世，在編纂《清高宗實錄》時，嘉慶曾經就玉牒中的記載提出了質疑，而負責編纂的大學士劉鳳誥則以乾隆的詩為證據說服了嘉慶。可是在嘉慶逝世之後，或許是他也遺忘了此事，其遺詔中居然再次提到了乾隆生於避暑山莊事！多虧道光帝及時發現，做了一番亡羊補牢的工作，才勉強把這件事圓過去。

乾、嘉、道三朝皇帝對乾隆出生地的問題各執一詞，正讓人們看到乾隆對這一問題的欲蓋彌彰。按照民間的說法，假如乾隆真的出生於避暑山莊，那麼他就極有可能只是一名平凡宮女的兒子，對於喜歡做面子工程的乾隆來講，這自然是無法忍受的，因此他不憚勞煩，屢次寫詩的欲蓋彌彰之舉，其用心就昭然若揭了。

【知識鏈結】

正史記載，乾隆生母為孝聖憲皇后，鈕祜祿氏，生於康熙三十一年。原隸滿洲鑲白旗，乾隆元年抬入滿洲鑲黃族，四品典儀官凌柱之女。康熙四十三年，十三歲入侍雍王府，名號為格格。康熙五十年八月十三日生弘曆。雍正元年二月，冊封為熹妃，入居景仁宮；雍正八年，晉熹貴妃；雍正十三年九月，弘曆即位，尊封為崇慶皇太后，移居慈寧宮。乾隆四十二年崩於慈寧宮，享年八十五歲。謚號孝聖慈宣康惠敦和誠徽仁穆敬天光聖憲皇后。

新皇登基三把火

當乾隆還是寶親王之時，曾經寫過一篇《寬則得眾論》，流露了他從康熙那裡繼承下來的「尚寬」的思想。「寬則得眾」語出《論語》，弘曆借這句話發揮道：「誠能寬以待物，包荒納垢，宥人細過，成己大德，則人亦感其恩而心悅誠服矣……寬為仁之用……治天下之道，必以仁為本。」這篇文章可以看出乾隆對其父的執政態度並不十分贊同

也正因為如此，在乾隆登基以後，他的施政是從全面變更雍正朝的政策為開始的。

雍正為政，最為人所詬病的兩項政策就是對錢糧虧空積欠的追繳和士紳一體當差納糧。其政策讓上至皇親國戚，下至知府縣令，無不戰戰兢兢，人心惶惶。大量官員被革職、抄家、流放、殺頭，一時之間，衙門裡響徹板子聲和算盤聲，雍正也落下一個「抄家皇帝」的「美稱」。

乾隆上台以後，一如雍正的雷厲風行——不過他的做法卻和雍正恰恰相反。乾隆下令將雍正十二年（一七三四年）之前的虧空積欠錢糧全部豁免，對於有關官員「名下應追各項銀兩，俱著豁免」，已經獲罪者「概行寬釋」；至於士紳一體當差納糧，也立即頒發上諭宣布「一切雜色徭役，則紳衿例應優免」。此舉一出，可以說徹底改變了雍正朝時期的基本國策，朝野氣氛立刻為之一變。

在豁免虧欠錢糧的同時，乾隆還借著給總理事務王大臣下諭的機會，表達了自己的施政原則。他

說：「治天下之道，貴得其中。故寬則糾之以猛，猛則濟之以寬。而記稱一張一弛，文武之道。凡以求協乎中，非可以矯枉過正也。……朕仰承聖訓，深用警惕。茲當御極之初，時時以皇考之心為心，即以皇考之政為政。惟思剛柔相濟，不競不絿，以臻平康正直之治。」雖然這道諭旨中通篇充斥著對「中」的論述，但考慮到雍正朝時期「尚猛」的政策，不難想到，乾隆是要在「中」的幌子之下，來糾正雍正時期一些遺留下來的歷史問題了。

除了豁免虧空積欠錢糧以外，乾隆還對雍正年間被打擊迫害的皇室成員進行了安撫，實行了「親睦族」的政策。將胤禩、胤禟子孫收入玉牒，並授予象徵著宗室子弟身分的黃帶子。隨後，又釋放了在囚禁中的胤䄉和胤禵。在上諭中，乾隆非常得體地處理了他與雍正在政策上的分歧。他指出胤䄉、胤禵「狂肆乖張，不知大義，罪戾種種，皆獲罪皇祖之人。我皇考悉皆寬免。因恐其在外生事，復罹重譴，不得已加以拘禁，乃委屈保全之大恩也。今朕即位，念及其收禁已經數年，定知感皇考曲全之恩，悔己身從前之過，意欲酌量寬宥，予以自新……著總理事務王大臣、宗人府、九卿會議具奏。」

乾隆二年（一七三七年），已經逝世的胤祉也被恢復王爵，並賜諡號。此後，儘管乾隆初年還出現了「弘晳逆案」這樣的風波，但是到乾隆四十三年（一七七八年），胤禩、胤禟、弘晳……所有這些在雍正看來是大逆不道的人，都被恢復原名，並收入玉牒。

對於雍正年間獲罪的文物百官，乾隆也一概加以赦免，或者乾脆平反昭雪。雍正九年（一七三一年），清軍在與準噶爾部的和通泊之戰中大敗虧輸，暴怒的雍正將清軍主將傅爾丹，岳鐘琪下獄定為死罪；乾隆二年（一七三七年），兩人被赦免出獄，後來岳鐘琪更是被重新重用，在金川戰爭中立下大功；此外，雍正在處理年羹堯、隆科多兩案中株連不少地方基層官員，並因此大興文字獄，乾隆即位後也將受二人牽連的文武官員紛紛起復錄用，並將查嗣庭、汪景祺等人被流放的子孫後代赦免放回原籍。乾隆的這些舉措，穩定了政治局勢，對鞏固他的統治頗有助益。

不僅如此，對於雍正的佞佛崇道之舉，乾隆也毫不猶豫加以變更。乾隆甫一即位，便頒發上諭，嚴厲斥責頗受雍正重視的張太虛、王定乾等人，將其驅逐出宮並沒收所有雍正所賜御物品；而文覺禪師則被乾隆勒令徒步返回原籍，交由地方官嚴密監視居住。

應該說，乾隆即位後對雍正政策的調整還是有一定的意義的，但是這並不代表乾隆盲目仁政。他曾經多次表示寬以治國並不是要縱容吏治敗壞，他主張「寬猛相濟」，事實上他對於吏治的重視並不次於雍正時期，特別是乾隆初中期更是如此。

乾隆對於吏治有自己的一套看法：他大力推行官員年輕化政策，對於即位時朝中存在的以張廷玉和鄂爾泰兩員老臣為首的朋黨派系不時打擊，並親自提拔了一批沒有派系之爭，忠心做事的年輕官員；乾隆十分注重對官員的考察，透過「京察」、「大計」等考核方式量化考核官員，甚至原本不需要考核的地方高層官員，如藩台和臬台等也一視同仁，並透過密摺方式隨時瞭解官員的動態；此外，乾隆提高了官員的待遇，給官員增加俸祿和養廉銀；對於貪官汙吏，乾隆則嚴厲打擊，堅決查處，從嚴處理。

在乾隆處理的貪官中，不乏方面大員甚至皇親國戚，例如陝甘總督勒爾謹、閩浙總督陳輝祖、伍拉納、山東巡撫國泰，浙江巡撫王亶望、福崧、江西巡撫郝碩、福建巡撫浦霖、浙江巡撫山東布政使于易簡等高級官員，甚至皇貴妃高佳氏之弟、兩淮鹽政高恆也不能倖免；當皇后富察氏之弟，大學士傅恆為高恆求情時，乾隆則反問道：「皇貴妃的兄弟如果赦免了，皇后的兄弟如果犯法，又該怎麼辦呢？」一句話堵住了傅恆的嘴。

然而，由於性格上的差異和時代的不同，乾隆終究不能和雍正一樣。曾經有史家稱，雍正一朝沒有貪官；而號稱「史上第一貪」的和珅由於能夠得到皇帝的歡心，因而不僅沒有受到任何處罰，反而貪婪無度，甚至使整個吏治敗壞。這不能不說是乾隆留下的最大遺憾了。

【知識鏈結】

黃帶子，清宗室別稱。

清朝的皇族，是從太祖努爾哈赤父親塔世克輩分開始算起，然後按嫡旁親疏，分做「宗室」和「覺羅」兩大類。凡屬塔世克本支，即努爾哈赤及嫡親兄弟以下子孫，統統歸入「宗室」；再就是塔世克叔伯兄弟支系的，都叫「覺羅」。按照清朝政府的規定，宗室腰繫黃帶子，覺羅身繫紅帶子，用以顯示身分的特殊。故此宗室也俗稱黃帶子，覺羅呼紅帶子。比起黃帶子，紅帶子的血緣顯然要遠一些，所以，地位、權勢、俸祿都無法與黃帶子相比。

弘晳逆案，「雙懸日月照乾坤」

雍正二年（一七二四年），廢太子胤礽在咸安宮中病逝，享年五十一歲。他的長子弘晳卻也沒能逃出權力的魔爪，最終落得和其父相同的悲慘下場。

弘晳是胤礽的長子和繼承人，弘晳出生時，胤礽還是東宮太子，弘晳很可能從小就以皇太孫自居。可是，胤礽的兩次被廢，讓弘晳幾乎是失去了有朝一日君臨天下的夢想。

康熙五十一年（一七一二年），胤礽被康熙立拘鎖帶在咸安宮中。此時的弘晳已經十八歲，剛剛生下了長子永琛。父親的失勢似乎並沒有影響到康熙帝對他的寵愛。由於弘晳習文善武，為人和善，自然受到了滿漢文武百官的交口稱讚，甚至民間也有「皇長孫頗賢」的說法，甚至一度有因為康熙喜愛弘晳，將會第三次復立胤礽為太子的說法。

雍正繼位之後，為了消滅在朝中盤根錯節，直接與他針鋒相對的「八爺黨」，對其他大多數阿哥實行了懷柔。而沒有與雍正有過直接利害衝突的胤礽自然也位列其中。雍正不僅親自過問胤礽在咸安宮中的飲食起居日常生活，還一再對弘晳表示了好感，甫一即位，就冊封弘晳為理郡王，又將昌平鄭家莊的平西王府撥與弘晳居住（這座王府本來是康熙年間修建，計畫由廢太子胤礽居住，後來由於康熙駕崩而未果）。胤礽死後被追封為理密親王，雍正六年（一七二八年），弘晳又繼承這一爵位，升為理親王。

可是雍正大約沒有想到，弘晳對雍正的關心並不感到溫暖和開心，反而愈發癡心妄想。也許康熙生前的寵愛讓他做起了有朝一日還能登上大寶的美夢，而關於雍正即位時的種種流言蜚語也讓他深信他這位四叔的皇位得來不正。

雍正的暴死和乾隆的登基讓一切改變了。乾隆一改其父雍正的嚴肅謹慎勤於政務的風格，處處懷仁，為保證滿足宗室團結，變實行「親親睦族」。這也確實為乾隆贏得了大量官吏的支持。

這時候又出了一件和皇位國本有關的大事兒：原來，乾隆的次子永璉是孝賢純皇后富察氏所出，深受雍正和乾隆的疼愛，據說，雍正親自為這孩子起名叫永璉，暗含著將來入主大寶的意思；乾隆也認為這孩子「聰明貴重，器宇不凡」又是嫡長子，因此他早在乾隆元年（一七三六年），就根據雍正確立的秘密建儲制度，將寫有永璉名字的密旨放在了正大光明匾的後面。可是天不遂人願，乾隆三年，年僅九歲的永璉夭折了。因此乾隆只得將密旨取出。並與莊親王允祿，和親王弘晝，以及幾個軍機大臣知會了此事，這也意味著儲君虛懸，國本未定。

在這樣的局面下，弘晳的野心像春天滋生的野草一樣迅速生根發芽了。乾隆的寬鬆政策讓他獲得了一定程度上的自由和權利，而當他得知東宮之位尚空時，更是不安於室，糾集一干人等蠢蠢欲動。

和弘晳過從甚密的，主要有允祿、弘升、弘昌、弘晈、弘普等人。允祿是康熙的皇十六子，卻比弘晳還小著一歲。由於他年紀較小，並未參與到九子奪嫡之中，因此雍正年間才幸得保全，被冊封為莊親王。但是這位允祿性格內向，喜愛數學和音樂，在政治上卻比較遲鈍。屬於大錯不犯小錯不斷的那種人，乾隆秘密立儲永璉的事情就是他告訴弘晳的。此外，弘升是康熙皇五子恆親王允祺的長子，弘昌和弘晈分別是怡親王允祥的長子和四子，弘普則是允祿的長子。按理說，允祺和允祿在康熙末年都沒有染指皇位的野心，而允祥更是雍正堅定的擁護者，弘晳居然能夠博取這些人的同情和好感，進而與之「結黨營弘，往來詭秘」，除了說明弘晳可能在籠絡人心上有一手，也說明雍正年間對宗室貴族的政策的確相當不得人心。

不過，弘晳的一舉一動都沒有逃脫乾隆的耳目。乾隆四年，乾隆率先發難，他先是藉口有人告發弘升「諸處夤緣，肆行無恥」，將其革職鎖拿，交由宗人府審判，隨即順藤摸瓜便揪出了弘晳一干人等。其實，乾隆這時候的目標主要是允祿，弘晳的罪狀並不大，在乾隆看來，弘晳雖然不忘自己曾經是廢太子的嫡子，心存不臣之心，但並沒有什麼實質性的謀反行為，頂多是行為不檢而已，因此僅將其革去王爵，軟禁在鄭家莊。

可是，隨著審訊的深入，有一名叫做安泰的巫師交代：弘晳曾經請他做法占卜，預測乾隆能活多少歲，天下是否太平，以及自己是否還能當皇帝等問題。乾隆聞聽此言勃然大怒：弘晳對這些問題的關心，顯見得他有勃勃野心，甚至妄圖取自己而代之。於是將注意力轉向對弘晳的調查，結果發現弘晳在自己的平西王府中，仿照內務府的建制，設立了類似於內務府七司的機構。乾隆認為這正是弘晳僭越無禮，另立小朝廷的鐵證。情勢至此急轉直下，最終認定了弘晳的「首惡」地位。乾隆指出，弘晳的罪惡甚至遠大於允禩允禟等人，因此要從重處理。

弘晳和他的父親以及幾個叔叔一樣，最終被削除了宗籍，並改名為四十六——這是由於他當時四十六歲，又被高牆圈禁在景山之內。三年之後，皇帝美夢成空的弘晳鬱鬱而終，享年四十九歲。直到乾隆四十三年（一七七八年），弘晳才與允禩允禟一道恢復原名，重新收入宗籍。

弘晳的獲罪，標誌著自康熙末年以來對皇位的覬覦終於告一段落。有研究者指出，這其實反映的是「立長」還是「立賢」這兩條標準的鬥爭。最終，由雍正建立的，以「立賢」為標準的秘密建儲制度佔據了上風，擊敗了宗子血緣制度，這不能不說是一種進步。與同時代的準噶爾部兩相比較，不難看出立賢的優越之處。

【知識鏈結】

「鐵帽子王」是清代對「實行罔替，配享太廟」王爵的稱謂。乾隆皇帝詔定的清初「八大鐵帽子王」，他們分別是：和碩睿親王多爾袞、和碩鄭親王濟爾哈朗、和碩禮親王代善、和碩豫親王多鐸、和碩肅親王豪格、和碩承澤親王（後改為莊親王）碩塞、多羅克勤郡王嶽托、多羅順承郡王勒克德渾，他們都是給後金、清朝大業帶來福祉的王爵。

四庫全書，成了多少文，毀了多少書？

中國歷史上官修圖書的歷史源遠流長，而這其中又以類書最多，其中最有名的，應當是明代的《永樂大典》，該書共有一一〇九五冊約三・七億字，可以說彙集了明代以前幾乎所有的圖書。但《永樂大典》是手抄本，儘管在嘉靖年間又重新錄製副本，但年深日久，戰亂頻仍。到清朝時已經殘缺不全。康熙四十年（一七〇一年），福建人陳夢雷在皇三子誠親王胤祉的資助下，利用「協一堂」藏書和家藏圖書共一萬五千餘卷，經過五六年的艱苦工作，初編《古今圖書集成》一萬卷；後來陳夢雷因胤祉獲罪，由蔣廷錫接手主編，於雍正六年（一七二八年）付梓。全書約一・六億字，成為中國最大的類書。

對於志向遠大，一心想要超越前代所有皇帝的乾隆來講，官修一部規模超過歷朝歷代的書籍，就被他提上了日程表。然而乾隆對類書的意見卻很大，他認為類書將一本完整的書籍分割開來，使人無法完整地瞭解此書的全貌，不免有斷章取義之嫌。因此他決定以叢書的形式，將所有的圖書都收於其中。由於中國古代書籍分類法將書籍按照經、史、子、集分為四類，因此定名為《四庫全書》。

乾隆三十七年（一七七二年），四庫全書的編纂工作開始。根據乾隆的設想，四庫全書的底本來源應包括這樣幾個方面：《永樂大典》中的輯佚本；內廷武英殿等處的藏書與清代以來官方編纂的書籍；還有就是社會上流通的書籍以及從地方上收集到的圖書，包括地方官員徵集的和個人主動進獻的。

一開始，由於擔心以文字獲罪，民間獻書者寥寥無幾，甚至各省官員也草草塞責了事。鑑於這一情況，乾隆只得又下詔，保證獻書者和負責徵集圖書的官員都不會因為書中可能的「忌諱」或「妄誕」之語而獲罪，而且，所獻之書也只是借用抄錄，用畢立即歸還。不僅如此，乾隆還向獻書者許以各種獎勵，激勵其獻書的積極性。對於仍然不配合獻書的官員和百姓，乾隆則以諭旨威脅之，聲稱「若此次傳諭之後，復有隱諱留存，則是有心藏匿偽妄之書，日後別經發覺，其罪轉不能逭，承辦之督撫亦難辭咎」。在這樣的軟磨硬泡、軟硬兼施之下，地方官員自然不敢怠慢，加意尋求書籍；而藏書家，讀書人，乃至平頭百姓也都紛紛將家藏的圖書獻出。

乾隆三十八年（一七七三年），乾隆成立四庫全書館，劉統勳推舉其弟子紀昀（紀曉嵐）為總纂官，乾隆批准。

紀昀就是為人所熟知的風流才子紀曉嵐，在民間傳說和影視作品中，他被塑造得英俊瀟灑，博學多才，正直不阿，作為乾隆身邊的股肱大臣，與和珅展開了堅決的鬥爭。但歷史上的紀曉嵐卻長得並不好看，不僅近視，而且口吃，而乾隆偏偏又比較喜歡相貌端正的人，因此紀昀對於乾隆來講僅僅是以文學見長的詞臣，終其一生也未能進入軍機處，成為心腹重臣。

紀昀組織了三百六十餘名編纂官，對底本圖書進行甄別比對，將其分為應刻、應抄、應存三種，其中前兩種要全文抄入四庫全書，而後者只存書目；若有不同版本，則要進行比對，選擇品質最好者作為底本；然後還要對底本進行初步的點校和修改，並交給總纂官審閱，合格後交由乾隆御覽。

通過這些程序的書籍即可被抄錄入四庫全書，抄錄者最初由官員保舉，後來則從不第秀才中挑選字跡工整者錄用。這些人需要每日抄寫千字，工作五年，共計一百八十萬字。工作完成後，根據品質和數量分別授予不同的官職；但若有字體不公正者，記過並罰多寫萬字。據統計，先後共有三千八百餘人被錄用，平均每天都有六百人參與抄寫工作。最後，抄錄好的四庫全書還要在總校官的安排之下，經過分校官和複校官的校對，再經總裁官抽查，才能最終裝訂成書。

經過十年的編纂，四庫全書終於陸續編訂完成。以紀昀為首的四庫全書館群臣們為此付出了大量的心血。由於乾隆生性好大喜功，動輒對四庫全書的編纂指手畫腳，如此大的工程全靠人力完成，難免會有疏漏，此外，再加上乾隆對文字的挑剔，紀昀等人不免被屢屢申斥甚至得咎。總纂官之一的陸錫熊在奉命去瀋陽校對的路上病逝，總校官陸費墀也因為被乾隆申斥鬱鬱而終，死後甚至還被抄沒家產。紀昀雖然受到乾隆的恩寵，倖免於難，但他一生為四庫全書所累，也沒有時間撰寫自己的著作，只有一部《閱微草堂筆記》傳世。

編訂好的《四庫全書》共抄寫了七部，乾隆仿效著名藏書樓天一閣的形制，建造了七處樓閣以存放四庫全書：它們是故宮文淵閣、圓明園文源閣、瀋陽故宮文溯閣、承德避暑山莊文津閣，鎮江金山文宗閣、揚州文匯閣、杭州西湖行宮文瀾閣。如今存世的僅有文淵閣本，文溯閣本和文津閣本，另外文瀾閣本部分存世。

平心而論，在《四庫全書》的修訂過程中，重新發現並整理了不少孤本和善本，此外還保存了從永樂大典中輯佚的將近四百種書籍，這是它有價值的地方；此外《四庫全書》開啟了「乾嘉學派」重考據的學風，對國學的繼承和發揚有重大的影響。但是，乾隆利用編纂《四庫全書》，大興文字獄，篡改傳統文化，實行愚民統治的用心也是顯而易見的：儘管他曾經表示不會利用民間獻書大興文字獄，但這根本就是一句空話。著名的「王錫侯字貫」案只是數十起文字獄中較為人所知的一件；此外，在編纂《四庫全書》的過程中，大量被乾隆視為「違逆」的書籍都被焚毀，據統計竟有三千種之多；而倖存下來被錄入四庫全書的書籍，也按照乾隆的意願被修改得面目全非。

此外，《四庫全書》的編纂既羅致了天下文人，又加強了意識形態權威和思想控制，讓這些學者享受高官厚祿、榮華富貴。於是文人也就大多接受這種恩寵了，專心做自己的學術，而不再問及世事。清代學術也由經世致用引向考據，沉潛經史，徒發思古之幽情，甚至發展到為考據而考據。

【知識鏈結】

類書是古代一種工具書的名稱，其體例是根據內容或字、韻分門別類編排，將有關的資料輯錄出來以供搜索，引用。一般認為類書具有三大功能：儲存原始著述以備參考閱覽，提綱挈領便於引擎檢索，分門別類便於採用傳播。

大氣奢華，方顯皇家天威

和祖父、父親的勤政節儉不同，乾隆秉性高調，好大喜功，因此行事鋪張揚厲，在史書上便給後人留下奢侈靡費的印象。

康熙曾經六次南巡，但他南巡的主要目的是為瞭解決「黃淮沖決為患」的問題，每次南巡，他都會親臨治河工地，看望百姓，並對工程給予指導。乾隆思慕聖祖南巡的盛事，聲稱要瞭解江南軍事、政治、河務、海防情形及百姓疾苦，也同皇太后進行了六次南巡。冠冕堂皇之後就是要與皇太后一起飽覽大好河山的耐用度。范文瀾先生就說過：「（乾隆）六次南巡均在蘇杭之間，『為問民風』顯然不足以為『自娛』作辯解。他所體察的民情也只是『有秋無弊病』一類的諛詞。」

南巡出發前，乾隆帝曾說「朕巡行江浙、問俗省方，光沛恩膏，聿詔慶典。」意思是，我到江浙地區巡行，要對百姓多施恩典，讓大家共用太平盛世。但是，在此一年前，各省就在為皇帝巡行大做準備，修路、建行宮，還在繁華街市搭建了許多牌樓、彩棚、點景、香亭等，並每隔二三十里設尖營，供皇帝臨時歇腳。乾隆巡行隊伍的船隻多達上千艘，所到之處旌旗蔽空，僅拉縴之人就有三千六百之眾。一次，皇帝一行來到運河南岸，發現岸上立著一個碩大的仙桃，待船臨近，這仙桃忽然煙火四濺，迸裂開來，桃中竟是幾百人正在演壽山福海的新戲，此為水路。當巡行隊伍在路上行走時，地方官員為避免灰塵揚起，都會安排人「潑水清塵」，還在各橋頭村口等地派兵駐守，務必保護聖上安全。

在江蘇，兩淮鹽商為博皇帝歡心，竟在江南種植梅花萬株，以供觀賞。乾隆遊覽大虹園時，認為一處景觀與北海中的瓊島春陰非常相似，只是遺憾沒有塔。大鹽商江春得此消息，立即召集工人在一夜之間建造了一座與北海中同樣的塔。這些「忠心之舉」自然也有回報，乾隆就曾詔令「兩淮綱鹽食鹽於定額外，每引賞加十斤，不在原定成本之內，俾得永遠沾受實惠」。還給各鹽商在本身職銜的基礎上又多加了頂戴一頂，以示嘉獎。自此，鹽商自耀富有，官員互競豪華之風愈演愈烈，所耗錢財無數。乾隆曾指出蘇杭二府有浮華之風，但他的首次南巡僅國庫耗銀就達五六八三〇〇兩，再加上地方捐助攤派，其數遠大於此。後來的五次南巡又一次更勝一次，助長了奢靡之風。各地官員也借迎駕之機，勒索百姓，加重了人民負擔。

為享受眾人擁戴之情，乾隆允許百姓沿途觀瞻，並規定，官員對此不得禁止。他每到一處，官員都要穿戴整齊前來接駕，百姓則在道路兩旁焚香跪拜。乾隆聽到百姓山呼萬歲，就會龍顏大悅，然後下令減免這個地方的賦稅，並賞賜官員「凡有罰俸降級之案，俱准其開復。無此等參罰案件者，各加一級」。在這種政策的鼓勵下，各地官員更是積極為皇帝到來營造太平盛世的表像。

乾隆南巡時採取的各項措施，客觀上起到了籠絡人心、親近百姓的作用，但是他南巡期間的費用是康熙時候的十倍還多，雖展示了盛世之繁華，但也給清朝的衰落埋下了伏筆。乾隆帝為粉飾的升平而陶醉，而自炫，直到晚年退位後才多少有所醒悟，說他在位六十年，「惟六次南巡，勞民傷財，作無益，害有益」。

除去南巡耗費，乾隆時期的宮廷生活也揮霍成風。乾隆大興土木，修建，改建，擴建皇家園林，不免勞民傷財。特別是每逢崇慶皇太后的壽誕，乾隆為了取悅母親，體現其孝心，更是鋪張浪費。以乾隆十六年（一七五一年）的皇太后六十壽辰為例，乾隆特意重修清漪園，並親率滿朝文武，王公大臣，京官外官，甚至外藩屬國為其祝壽。據《清史稿》記載，皇太后收到的壽禮琳琅滿目，各式各樣從御製詩文、書畫，到如意、佛像、冠服、簪飾、金玉、犀象、瑪瑙、水晶、玻璃、瑯琺、彝鼎、藝器、書畫、綺繡、幣帛、花果，甚至是外國貢品。

此外，乾隆還命北京城張燈結綵，搭設樓閣，又組織社火廟會，載歌載舞。北京的街道上，白天花團錦簇，夜晚火樹銀花，令人目迷五色；而戲班子，秧歌隊則鼓樂喧天，載歌載舞。整個活動持續數日，營造出一種普天同慶的氣氛來。不僅如此，地方官員也紛紛迎合乾隆，不惜花費重金，製造各種人工景物不遠千里運到北京助興。廣東進翡翠亭、湖北進黃鶴樓，浙江進鏡湖，都大量使用極為稀罕珍貴的寶物搭成。如此窮盡巧思，興師動眾，只為博皇太后和乾隆一笑。

壽誕前一天，乾隆親自乘馬作為前導，恭迎皇太后從圓明園返回紫禁城行禮。自西直門到西華門，一路都是接駕的滿朝文武官員及其家屬，以及想要一睹天顏的黎民百姓，這些人黑壓壓跪地叩頭，萬歲之聲此起彼伏，如山呼海嘯一般。場面之盛大鋪張，就連皇太后都深感浪費。然而，一貫宣揚自己孝順的乾隆卻變本加厲。《清史稿》的記載，皇太后「二十六年七十壽，三十六年八十壽，慶典以次加隆。」

不僅如此，乾隆四十二年，虔信佛教的崇慶皇太后逝世後，乾隆皇帝為了存貯皇太后掉落的頭髮以寄託哀思，不惜花費三千兩黃金，打造了一座金髮塔。這座塔通高一四七公分，上下分為六層，重一〇七・五公斤，造型精美，工藝超群，通體還裝飾了大量的綠松石、珊瑚等珍貴珠寶。可謂奢侈至極。

乾隆處心積慮，處處學習康熙。然而受到性格所限，往往學得過頭，因而不免落上奢侈浪費的惡名。其實，他在向世人證明，在自己治理下的國家繁榮，人民生活安定，且更能證明他平易近人、與民同樂、愛民如子。然而，乾隆的做法並不能夠掩蓋「燭淚落時民淚落，歌聲高處怨聲高」的殘酷現實，他的奢侈無度，帶來的是清中期衰落的陰影。

【知識鏈結】

乾隆是有名的風流倜儻、翩翩公子，民間關於他的風流趣聞數不勝數。他的一生立有三位皇后，第一位是賢名遠播的孝純賢皇后富察氏，第二位烏拉那拉皇后，第三位孝儀純皇后魏佳氏（嘉慶生母，大家熟知的令妃）。但是，富察皇后和烏拉那拉皇后的結局都不好，前者病死，後者直接被廢，似乎都與乾隆的「南巡」有著脫不開的關係，這便又成為清朝後宮史的一大疑案。

準噶爾部終覆滅

清廷與以準噶爾部為首的厄魯特蒙古持續了百餘年的戰爭，終於在乾隆年間畫上句號。

厄魯特蒙古主要包括四個部落：準噶爾（又稱綽羅斯）、和碩特、杜爾伯特、土爾扈特。一六二三年，以準噶爾部首領哈拉忽剌為首的四部聯盟擊敗了漠南蒙古在厄魯特的勢力，控制了天山以北和杭愛山以西的地區，準噶爾控制厄魯特。之後，準噶爾部在哈拉忽剌之子巴圖爾暉台吉的領導下，將各部遷移，獨霸北疆。

一六七〇年，噶爾丹繼位，準噶爾部的勢力範圍大大擴張，越過天山向南，甚至一度控制了西藏。噶爾丹更將目光瞄向了東邊的喀爾喀蒙古。

準噶爾部的擴張特別是對喀爾喀蒙古的野心引起了清廷的注意。於是康熙皇帝三次親征，消滅噶爾丹。此後二十年，準噶爾部都平安無事。直到康熙末年，準噶爾部台吉策妄阿拉布坦又趁西藏內亂之際派大策凌敦多布佔領拉薩，後被撫遠大將軍王胤禎率領的清軍擊敗，退回伊犁。

雍正年間，準噶爾由噶爾丹策凌統治。雍正九年（一七三一年），清軍征討準噶爾，反被噶爾丹策凌誘敵深入，在和通泊大敗清軍，史稱和通泊之戰。這一時期，雙方互有勝負，清軍始終無法攻克準噶爾部，只能議和。議和條約在乾隆初年方告達成。此後十年，雙方基本上相安無事，保持著脆弱的平衡。但是，乾隆要徹底解決準噶爾問題，他在等待一個能夠一舉殲敵的機會。

乾隆十年（一七四五年），噶爾丹策凌去世。次子策妄多爾濟那木札勒以嫡子的身分繼位，稱為阿占汗。很可惜，他荒淫無度，荼毒百姓。對他失望的王公貴族們逐漸團結在其同母姐姐鄂蘭巴雅爾的身邊，因此準噶爾得以維持。可是，策妄多爾濟那木札勒對於姐姐維繫部落的苦心卻全不領情，反而對權力旁落於姐姐之手表示出極大的不滿。乾隆十四年（一七四九年），已經成人的策妄多爾濟那木札勒藉口鄂蘭巴雅爾自立為女皇，將其囚禁在阿克蘇城，與鄂蘭巴雅爾關係密切的王公大臣大多被殺。

鄂蘭巴雅爾的丈夫薩因伯勒克見到妻子落得如此下場，公開起兵擁立噶爾丹策凌的長子達爾札。由於策妄多爾濟那木札勒早已經天怒人怨眾叛親離，薩因伯勒克輕鬆攻下伊犁。策妄多爾濟那木札勒被刺瞎雙眼，囚禁在阿克蘇。

繼位的達爾札因為當過喇嘛，所以被稱為「喇嘛達爾札」，他因母親婢女的身分而不被王公們接受，一些貴族便策劃推翻達爾札而另立噶爾丹策凌的小兒子策旺達什。由於事機不密，得知這一陰謀的喇嘛達爾札先下手為強，將策旺達什監禁處死，而策旺達什的擁護者倉皇逃竄，這其中有大策凌敦多布的孫子達瓦齊和策妄阿拉布坦的外孫阿睦爾撒納。

都說將門無虎子，但達瓦齊和阿睦爾撒納的表現卻截然相反。面對喇嘛達爾札重兵追捕，阿睦爾撒納展現出其梟雄的一面，他先部署暗殺了自己的哥哥和岳父，接著又以一千五百名精兵抄山路奇襲伊犁，在內應的合作下，喇嘛達爾札被殺。

達瓦齊登上了汗位。阿睦爾撒納並不是不想做汗，但他的問題和達爾札一樣：沒有資格。因此他只能把達瓦齊推上前台。而達瓦齊根本就沒有做可汗的能力，他上台的第一件事居然是清洗喇嘛達爾札的大臣。其中包括德高望重的杜爾伯特部的達什諾延。他的死讓杜爾伯特部舉起了反旗，被稱為「三策凌」的杜爾伯特部首領策凌，策凌烏巴什，策凌蒙克帶領整個部落的一萬餘人投奔了清廷。這讓準噶爾部的勢力大為削弱。

達瓦齊的麻煩並未結束，早先他為了酬謝阿睦爾撒納的「功勞」，賜予他塔爾巴哈台牧地，但阿睦爾撒納的胃口卻並不止如此。

乾隆十八年（一七五三年），他公開要求和達瓦齊平分準噶爾部。惱怒的達瓦齊自然不會答應他的要求。於是準噶爾部再次陷入了內戰中。達瓦齊儘管無能，但他的兵力還是比阿睦爾撒納要大得多。阿睦爾撒納向哈薩克人借兵未遂，於是他決定投奔清朝。

乾隆十九年（一七五四年），阿睦爾撒納率兩萬餘人向清軍投降，他請求乾隆進攻準噶爾，消滅達瓦齊。

乾隆皇帝等待了十多年的機會終於來了。如果說三策凌投靠之時，第一次金川戰爭剛剛結束，清廷的財政狀況尚不允許出兵準噶爾，而阿睦爾撒納的投靠則無疑讓乾隆堅定了攻取準噶爾的想法。

乾隆二十年（一七五五年），清軍五萬大軍兵分兩路，分別由烏里雅蘇台和巴里坤出兵直逼伊犁。將阿睦爾撒納趕走的達瓦齊此時卻沉溺在酒池肉林中，準噶爾各部見他如此模樣，紛紛不戰而降，倒戈投向清軍。達瓦齊只得放棄伊犁，退守格登山。在阿睦爾撒納的緊逼之下，達瓦齊潰不成軍，倉皇逃往南疆，被回部所擒，獻給清軍。

達瓦齊被押送到北京之後，最終獲得了乾隆的特赦，還被加封為親王，抬入旗籍，居住在北京頤養天年。

不過乾隆也許高興得早了些，因為準噶爾部並未完全平定。阿睦爾撒納原本並不是真的忠誠於清朝，他利用透過推翻達瓦齊在準噶爾部建立起來的聲望，自立為汗，又反叛了清廷，剛剛平定下來的天山北麓再一次陷入了戰火。

不過阿睦爾撒納的可汗並沒有當多久，儘管在戰爭初期由於準噶爾各部台吉紛紛響應他的號召歸順於他，但當清軍援軍再次攻來時，準噶爾軍內部卻鬧起了內訌；此外，蒙古人最怕的天花也在軍中大規模爆發。面對著清軍名將兆惠率領的數萬大軍，準噶爾部潰不成軍。阿睦爾撒納僅以身免，最終在沙皇俄國的庇護下死在了沙俄。

阿睦爾撒納的叛亂也造成了準噶爾部的覆滅。在徹底平定天山以北地區後，準噶爾部幾乎被清軍屠殺殆盡，十不存一。至此，清朝政府才真正控制了北疆，而與之纏鬥了百餘年的準噶爾部也成了一個歷史名詞。

【知識鏈結】

厄魯特蒙古又稱為衛拉特蒙古，其實就是在明代引發「土木之變」的瓦剌部。這一支蒙古起源很早，在成吉思汗時期就是一支重要的力量，並與黃金家族世代通婚，勢力很大，在也先統治時期甚至統一了蒙古全部。後來漠南蒙古的達延汗興起，擊潰厄魯特蒙古，後者只得逐漸西遷至中亞地區，因此又被稱為漠西蒙古。

大小和卓不自量，天山一統，香妃美名傳

前文已經提到了準噶爾部在西域的興起。清代初期，準噶爾部在噶爾丹的統治下，勢力急速膨脹，甚至一度控制了西藏。其實，在噶爾丹的擴張過程中，首先遇到的是天山南麓的葉爾羌汗國。

葉爾羌汗國信奉伊斯蘭教，國家權力控制在「和卓」手中。十七世紀時，葉爾羌汗國正處於白山派與黑山派兩派和卓的爭鬥當中，彼此攻訐不已。為了奪取政權，雙方都和日益興起的噶爾丹有所聯繫。噶爾丹正是利用了這一機會，將勢力擴張到天山以南。噶爾丹滅亡了葉爾羌汗國，並扶植黑山派和卓作

為傀儡政權；當地白山派居民則趁噶爾丹大敗於清軍之際，脫離準噶爾部控制，以喀什噶爾為中心建立敵對政權。

可惜好景不長，噶爾丹死後，其子策妄阿拉布坦的勢力仍很強大。一七一三年，策妄阿拉布坦攻取喀什噶爾，消滅了白山派政權，並將白山派和卓瑪罕默特押送至伊犁並囚禁致死。瑪罕默特在囚禁期間生下了兩個兒子，哥哥波羅尼都和弟弟霍集占。如果準噶爾的勢力一直強盛，也許波羅尼都和霍集占就要和他們的父親一樣，在監獄中度過一生。然而，清軍對準噶爾的進攻讓這兄弟倆看到了復興的希望。

乾隆二十年，清軍攻克伊犁，準噶爾部覆滅，波羅尼都和霍集占被清軍釋放了出來。由於其父瑪罕默特已死，這兄弟倆自然成為新的繼承人。當時清廷將南疆的信仰伊斯蘭教的人稱作「回部」，波羅尼都和霍集占兩兄弟便共同成為回部新的和卓，分別被稱為「大和卓」與「小和卓」。

這兄弟倆被釋放伊始，還是十分配合清軍的。他們兄弟倆分工合作：大和卓由清軍將領，御前侍衛托倫泰護送回葉爾羌，召集並安撫回部百姓；而小和卓則留在伊犁處理有關事宜，統管教務。儘管黑山派對清軍在南疆的活動表示了強烈的抵制，但在大和卓的號召下，白山派對清軍則持歡迎態度，因此清軍不費什麼力氣地攻克了喀什噶爾和葉爾羌，大和卓重新統治了當地。

可是，和大和卓比起來，小和卓並沒有那麼馴服聽話。乾隆二十一年，準噶爾部台吉，原本已經降清的阿睦爾撒納因為不滿清廷的封賞，再度興兵作亂。他召集準噶爾部各台吉會盟，在塔爾巴哈台自立為汗。為了穩固他在西域的統治，他居然向沙皇俄國表示臣服。剛剛安定下來的天山南北又淪入戰火之中。這時候，小和卓居然趁阿睦爾撒納攻陷伊犁之際，倒向自己的世仇準噶爾部。他回到葉爾羌，糾集人馬參加了阿睦爾撒納的軍隊。

小和卓的倒戈並不是全然沒有道理。有一種說法認為清軍將大和卓派回葉爾羌，而將小和卓留在伊犁並不是全然出於公心，而是擔心大和卓不服從清朝的統治，故此將小和卓作為人質。可以想到長期受到監禁的小和卓對此做法必然是相當不滿。不過，儘管如此，清軍將其兄弟倆以及其部落從準噶爾部的控制中解放出來，小和卓罔顧這一恩惠而起兵作亂，於情於理也確實說不過去。

好在阿睦爾撒納只是臨時起意，他的烏合之眾並不是擁有豐富作戰經驗的清軍的對手。很快在乾隆二十二年就被清軍擊潰。阿睦爾撒納與親隨數十人逃往哈薩克，最終在沙皇俄國的庇護下了卻殘生。而小和卓已經與清廷翻臉，不得不回到葉爾羌。

最初清軍並沒有打算大舉進攻堅守葉爾羌的小和卓，只是派清軍將領阿敏道帶了三千名厄魯特兵、一百名索倫兵前往南疆「慰撫」。但是小和卓對於阿敏道的「慰撫」並不領情。據清史稿記載，小和卓以和厄魯特蒙古人有仇為名，要求阿敏道遣返三千名厄魯特兵，而當阿敏道進入庫車後，立即被小和卓的伏兵俘虜，後來又全部被處死。其後，大小和卓在葉爾羌成立了「巴圖爾汗國」，自立為「巴圖爾汗」，一時之間，天山南疆盡歸大小和卓所有。

其實，根據當地人的說法，小和卓和阿敏道的衝突，並不是有意為之，而是語言不通造成的障礙。而小和卓將阿敏道等人處死後，自覺事情不妙，便慫恿哥哥一同反清，自立國家。見事已至此，本來對清廷忠心耿耿的大和卓為了弟弟，也只好無可奈何地答應了。乾隆皇帝見此情況自然是大為不悅。

乾隆二十三年，靖逆將軍雅爾哈善出兵征討南疆。清軍首先圍攻庫車，誰料出師不利，一個多月都沒有攻下庫車城，還被前來增援的小和卓突入城中，圍城打援的計畫也宣告失敗；無計可施的清軍連挖地道的招數都使了出來，但還是被小和卓以灌水的方法破壞了。

直到三個月後，庫車城內彈盡糧絕，小和卓與城內的伯克趁深夜突圍逃至葉爾羌，清軍才佔領了庫車。其實，早在小和卓突圍之前，雅爾哈善就已經知道了這個情報，可他卻置若罔聞；等小和卓突圍之時，他又貽誤戰機，直到天亮才派兵追擊。可是進城之後，他卻任意殺害投降的回部首領向乾隆報功。紙裡包不住火，乾隆很快就得知了真相。雅爾哈善落得個身首異處的下場，改由定邊將軍兆惠統兵。

兆惠是乾隆朝的名將。早在第一次金川戰爭時，他雖然只是負責後勤運輸，但其提出的作戰方略卻頗得乾隆的讚賞。後來在平定阿睦爾撒納的叛亂中，兆惠在四面受敵的比例局面下，率領清軍從伊犁突圍撤退到特訥格爾，保全清軍主力，功名卓著。兆惠領命以後，便取道庫車，阿克蘇，烏什，順葉爾羌河直逼葉爾羌。這時候，從庫車突圍的小和卓正把守在這裡。他與守在喀什噶爾的大和卓互為掎角之勢抵禦清軍。

乾隆二十三年（一七五八年）十月到次年正月，兆惠率領清軍在黑水營大勝，這一役使和卓軍元氣大傷，而清軍則有效地控制了葉爾羌的週邊地區，可以說是整個戰爭的轉捩點，史稱「黑水營之戰」。黑水營之役後，清軍繼續對二和卓進行軍事打擊，不留餘地。二人率殘部逃到巴達克山汗國時，被其可汗擒獲並殺死。至此，大小和卓的勢力全部崩潰，天山南北終於達成了統一。

經此一役，清廷加強了對西域地區的控制，開始實行盟旗制和伯克制，還派駐了伊犁將軍，掌天山南北最高軍政大權，下設參贊大臣一人輔之。乾隆二十五年，圖爾都等五戶助戰有功的和卓來到北京。乾隆令他們在京居住，並派使者接他們的家眷來京，封圖爾都等為一等台吉。圖爾都二十七歲的妹妹也被選入宮，冊封為和貴人，這才是歷史上的香妃。

宋連生先生在《大清盛世》中說：乾隆對香妃的寵愛，有很濃厚的政治含義，是出於民族關係的考慮。對妃子的寵愛，對其民族信仰的尊重，可以表明皇帝對這個民族的重視。

【知識鏈結】

香妃是否遍體生香，根本無從考證。但乾隆帝只有一個維吾爾族妃子卻是史實，她就是容妃。容妃（一七三四年十月十一日～一七八八年五月二十四日），霍卓氏（又作和卓氏），維吾爾族人。生於雍正十三年九月十五日，阿里和卓之女。清高宗時為和貴人、容嬪、容妃，賜寶月樓。乾隆五十三年（一七八八）四月十九日卒，享年五十五歲。乾隆五十三年（一七八八）九月二十五日入葬清東陵之裕陵妃園寢，另說葬回新疆喀什或北京陶然亭。

土爾扈特歸家園

土爾扈特部是厄魯特蒙古的一支。

前文提到，一六二三年，厄魯特蒙古四部聯合擊敗了漠南蒙古在杭愛山以西建立的阿拉坦汗王朝後，準噶爾部首領野心勃勃，想要一統厄魯特蒙古四部；土爾扈特部當時游牧在準噶爾部北邊的塔爾巴哈台一帶，由於不甘受到準噶爾部的侵擾，一六二八年，不勝其煩的土爾扈特部首領和鄂爾勒克帶領全族絕大多數十九萬人，經過兩年時間、無數次浴血奮戰，遷移到了人煙稀少、水草豐美的伏爾加河下游地區。

安定下來的土爾扈特人很快在當地建立了自己的政權，控制了伏爾加河中下游一帶的廣大地區，史稱土爾扈特汗國。然而，俄國人的威脅很快就隨之而來。推行擴張政策的羅曼諾夫王朝對土爾扈特汗國虎視眈眈。為了吞併伏爾加河中下游的廣袤土地，俄國人決定對土爾扈特汗國實行限制通商和游牧的政策；不甘受辱的和鄂爾勒克以強硬的態度回擊俄國人的挑釁：他一再將牙帳向北遷徙，做出了戰爭的姿態。

一六四五年，和鄂爾勒克主動進攻阿斯特拉罕城，然而在裝備精良而又早有準備的俄軍面前，土爾扈特人大敗虧輸。和鄂爾勒克也在俄軍的炮擊中喪生。

繼位的書庫爾岱青不得不先後與沙俄進行了五次談判，並最終表示臣服於沙皇。他與其子朋楚克先後在位的二十五年中，韜光養晦，積極發展生產，擴充軍隊，清理其他勢力，最終使伏爾加河中下游的所有厄魯特蒙古人都統一於土爾扈特部。這兩位汗的治理有方，終於使汗國在阿玉奇時期達到了鼎盛。

阿玉奇對抗沙俄的最大倚仗，是故土的厄魯特蒙古其他三部，以及遠在東方的清廷。其實，儘管土爾扈特人西遷，但他們與厄魯特蒙古的聯繫始終非常緊密，早在一六四〇年，和鄂爾勒克就同書庫爾岱青一同返回天山草原，與厄魯特蒙古和喀爾喀蒙古的各部首領共同制定了《蒙古──厄魯特法典》；清朝入關以後，書庫爾岱青又數次不遠萬里遣使納貢，和清廷保持著一定的聯繫。

阿玉奇繼承並發揚了這一傳統。他實行聯姻政策，將妹妹嫁給了和碩特部首領鄂齊爾圖車臣汗，兩個女兒則分別嫁給了準噶爾部的策妄阿拉布坦和喀爾喀部首領墨爾根汗額列克。對清朝則數次遣使納貢。阿玉奇的積極態度得到了清廷的積極回應。一七一四年清廷派員出使土爾扈特汗國，可以說是清廷和土爾扈特汗國關係史上的標誌性事件。

一六九八年，阿玉奇的侄子阿喇布珠爾經準噶爾赴西藏做佛事，但之後準噶爾部和土爾扈特部關係緊張，因此到一七〇三年時，阿喇布珠爾已經不能從原路返回。處於困境中的阿喇布珠爾只好繞道嘉峪關，請求清廷安置，清廷將他們安排在色爾騰一帶。

一七〇九年，為了感謝清廷的幫助，阿玉奇派出使臣薩穆坦等人繞道西伯利亞，於一七一二年抵達北京朝貢。來而不往非禮也，康熙決定也派出使團回訪土爾扈特汗國。這支由太子侍讀殷札納、內閣侍讀圖理琛、理藩院郎中納顏等人組成的使團在路上跋涉整整兩年，於一七一四年抵達土爾扈特汗國。阿玉奇舉行了隆重的歡迎儀式，並以藩屬國自居。而清廷代表團也轉達了康熙的問候，雙方還討論了如何共同打擊準噶爾部的話題。可以想到，有了清廷的支援，阿玉奇汗在面對沙俄人的時候自然多了幾分底氣。

然而，清廷畢竟遠在天邊，對土爾扈特部鞭長莫及。在一代豪傑阿玉奇逝世後，土爾扈特汗國迅速的衰落了。沙俄透過扶持土爾扈特內部的親俄派，趁機大大加強了對汗國內部的控制。在敦羅卜剌什擔任可汗之後，他甚至不得不將兒子送到俄國作為人質。大量哥薩克移民的湧入，讓土爾扈特人的生存空間不斷縮小；而東正教的流行，則讓土爾扈特人面臨著分裂的危險。

一七六一年，敦羅卜剌什去世，由年僅十九歲的兒子渥巴錫接替汗位。而此時沙俄的沙皇則是著名的葉卡捷琳娜二世。在其統治下，沙俄加強了對土爾扈特汗國的控制，不僅頻頻向土爾扈特人徵兵，還妄圖改組汗國的政治機構。

沙俄人的步步緊逼讓土爾扈特人退到了亡國滅種的絕路上。

正當渥巴錫考慮該如何是好的情況下，一個名叫舍楞的土爾扈特人出現在了他的面前。舍楞是和鄂爾勒克叔父的後代，他們那一支就是當年沒有西遷而留在天山草原的小部分土爾扈特人，後來從屬了準噶爾部。一七五七年，最後一個準噶爾汗阿睦爾撒納滅亡後，他逃到了渥巴錫的身邊。

舍楞告訴渥巴錫，曾經不可一世的準噶爾部已經被清廷攻滅了，現在的天山草原已經沒有人煙，為什麼不回到曾經的家園去呢？

在舍楞的勸說下，渥巴錫決定返回天山，以逃脫沙俄人的壓迫。從一七六七年開始，渥巴錫組成了一個秘密的六人機構，開始全面準備再一次的遷移。經過四年的準備，一七七一年一月三日，渥巴錫迅速集結了三萬三千戶共十七萬餘人，向東方遷移。

土爾扈特人的這次遷移註定要比他們前一次的遷徙艱難困苦的多。缺糧、缺水，遭受到嚴寒的襲擊；而沙俄方面不僅派出哥薩克騎兵在後面緊緊追趕，還要求哈薩克人在前方堵截。土爾扈特人頑強作戰，浴血廝殺，終於在戰勝了天災、人禍之後，進入了曾經準噶爾人的地界。此時的土爾扈特部，僅剩六萬六千餘人。無數的土爾扈特勇士，用生命打通了這條漫長的東歸路。

返回天山草原的渥巴錫和所有的土爾扈特貴族前往熱河覲見乾隆帝，受到了隆重而熱情的招待；乾隆撥給他們大量物資，助其重建部落。不過，出於對這個強悍民族的擔憂，土爾扈特部被清廷分而治之，安插在天山以北各處。土爾扈特的後裔至今猶存。

【知識鏈結】

一七七一年一月十六日，土爾扈特部落的人民舉行起義回歸祖國時，由於伏爾加河一直沒有封凍，無法把回歸祖國的消息及時傳給西岸的卡爾梅克人，這些卡爾梅克人就留居在俄國。之後在俄國的壓力之下，他們也進行了一系列艱難的鬥爭準備回歸，但是終究困難重重，無法成行。後來卡爾梅克人在近代和現代俄國歷史舞台上，也演繹了重要的角色。

至今，土爾扈特的族人仍有大量生活在俄國、瑞典、法國、蒙古共和國等多個國家和地區。

第七章：有心無力是嘉慶

乾隆後期，由於到了封建社會的末路，致使大清早非盛世之模樣。雖說康乾盛世的餘音仍在，但留給嘉慶帝的，卻是一個無從下手的亂攤子，尤其是白蓮教的起義，更是給已呈下坡之勢的大清以沉重地打擊。嘉慶本身無甚大才能，他所能做的，只有盡力維護統治。而他的繼任者，則將大清帝國帶入了萬劫不復的深淵。

腐敗的代言，和珅究竟啥樣的人？

和珅這個在中國家喻戶曉的名字，兩百年來為人津津樂道，令人印象深刻，凡此種種都讓人認為和珅是一個不學無術，專事逢迎，貪汙腐敗的胖子。其實，歷史上的和珅遠遠不是這麼簡單的人物。

和珅，字致齋，原名善保，鈕祜祿氏，出身正紅旗，祖上乃是尋常八旗子弟。後就讀咸安宮。乾隆三十二年（一七六七年），他與大學士英廉孫女馮氏成婚；兩年後，他承襲了祖上三等輕車都尉的爵位。由於和珅祖上是武職，又有大學士這門親事的背景。乾隆三十七年，和珅被封為三等侍衛，隨即被補入粘杆處侍衛。由此便有了他與乾隆直接接觸的機會。

這對君臣一相見便一發不可收拾，儘管二人初遇的情景被後世演繹的神乎其神，但此時對於和珅來講，一切都不一樣了。《清史稿》中用「駸駸向用」四個字來形容和珅此時的升遷速度。乾隆四十年閏十月，和珅調為乾清門侍衛；十一月，升為御前侍衛，授滿洲正藍旗副都統；乾隆四十一年正月，授戶部右侍郎；三月，在軍機處上行走；四月，授內務府總管大臣；十一月，任國史館副總裁，賞一品朝冠；十二月，總管內務府上三旗事務，賜紫禁城內騎馬。短短一年多的時間，和珅由一名普通的侍衛搖身一變，成為掌管國家大事的重臣。其升遷速度實在是令人歎為觀止。

那麼，乾隆為什麼如此看重和珅呢？據說，雍正年間，弘曆還是寶親王的時候，一次進宮遇到雍正的妃子馬佳氏，二人情投意合。但是此事卻被乾隆生母，雍正帝的孝聖憲皇后發覺了。皇后認為是馬佳氏勾引弘曆，盛怒之下，賜馬佳氏自盡於月華門，乾隆雖然傷心欲絕，但迫於母命，無可奈何，只得與馬佳氏約定來世再見，並咬破手指，滴血在馬佳氏額頭為記。巧合的是，和珅額頭上正有這樣一塊紅記，因此乾隆認定他就是馬佳氏的後身，於是自然對他萬般寵愛。甚至有的野史中記載二人是同性戀關係。野史傳聞並不可信。平心而論，相較於八旗子弟的腐化墮落，乾隆更看重和珅同樣身為八旗子弟卻有文化、有見識。另外，和珅對乾隆心思的揣摩更是無所不用其極，如此逢迎，老小孩兒乾隆自然龍心大悅。

和珅在各種任上，展現了其才能，為乾隆處理了不少較為棘手的大事。其實，和珅真正的本領，在於他理財的能力。乾隆四十一年（一七七六年），和珅出任內務府大臣，不久，內務府便扭虧為盈；乾隆四十三年（一七七八年），和珅又兼領了崇文門稅務監督。在和珅的管理下，崇文門稅關的收入猛增，陡然一躍而成為全國三十餘所稅關的翹楚。後來和珅又擔任戶部侍郎、尚書，戶部銀庫、內務府廣儲司銀庫和紫禁城銀庫都由他直接管理，乾隆朝幾乎所有的財政部門都歸由和珅把持。

和珅最為人所非議的財政制度就是「議罪銀」的創立。乾隆四十五年（一七八〇年），和珅向乾隆皇帝建議，今後各地官員若觸犯大清律例，可以透過繳納銀兩的方式抵消罪過，其數額根據罪行輕重多寡不等。

這筆銀兩並不繳入戶部銀庫，而是進入內務府銀庫。換句話說，和珅利用這一制度，為乾隆造了一個小金庫，高興了乾隆，卻大大壞了吏治，大大苦了百姓。

和珅不僅會為乾隆理財，他對自己產業也極其重視。他的財富觀念甚至於可以說是超前的。在傳統社會中，有錢人大多買房置地，將貨幣轉化為不動產；而和珅卻能夠敏銳地認識到貨幣經濟的威力，他在不斷取得大量真金白銀之後，又不斷將其投資於各種各樣的手工業和商業領域。

和珅以喜歡開當鋪著名，在京有當鋪十二座；他還開辦各種各樣的手工業商店，例如石灰窯、酒店、杠房、櫃箱鋪、鞍氈鋪、糧食店、瓷器鋪、藥鋪、古玩鋪、弓箭鋪、印鋪、帳局等等；還投入鉅資在門頭溝和香山開辦兩處煤礦；即使是不動產，和珅也不會讓其閒置，據稱，和珅在北京有房屋三十五處用於出租，每年可以收取一千六百餘兩白銀和四千四百餘弔錢。總之，和珅的投資，涵蓋了商業、醫藥、物流、採礦、房地產、金融等絕大多數當時的行業，可以說，只要能夠賺錢的地方，就能看到和珅的身影，他簡直是天賜的商業奇才。

頭腦靈光、家資深厚又有聖上的無盡信賴和寵愛，和珅是何等的不可一世。貪婪的本性使他變本加厲又得不到制約，於是更加肆無忌憚，大撈好處。他的家產到底有多少？這個數字恐怕連他自己都說不清。

和珅不僅貪汙腐敗，而且還利用手中的權力培植黨羽，扶植親信，編織自己的勢力網：乾隆朝重臣傅恆的幼子福長安，就被和珅拉攏成為自己的死黨。與和珅作對的人，則受到他的百般刁難和打擊。為了獨攬權力，他儘量防止乾隆和朝臣接觸。而乾隆皇帝晚年已是年老昏聵，對和珅又格外寵信，根本沒有人能夠撼動和珅的地位。難怪英國使者，著名的馬戛爾尼曾經寫道，中國很多人都把和珅稱作二皇帝。

和珅的跋扈自然會引起越來越多人的不滿，其中就包括嘉親王永琰的師傅，大學士朱珪。二人彼時頗有紛爭，即使嘉慶即位，和珅依然倚仗太上皇繼續作威作福，嘉慶只能眼睜睜看著老師受冤被降為安徽巡撫。

其實進入嘉慶年間，和珅的好運氣就似乎已經用完了。嘉慶元年（一七九五年），和珅幼子夭折；同年，弟弟和琳作戰期間染瘴氣身亡；嘉慶二年（一七九六年），孫子夭折；又過一年，妻子馮氏去世。種種不幸似乎預示著和珅的悲劇即將來臨。

果然，嘉慶四年（一七九八年），乾隆去世，嘉慶快刀斬亂麻，拔除和珅黨羽。最終，在乾隆皇帝駕崩僅僅十餘天後，四十九歲的和珅被賜以白綾自盡。和珅的倒台和他的發跡一樣迅速。

【知識鏈結】

紫禁城內騎馬，又謂「賞朝馬」。即被恩准在紫禁城內騎馬，是清廷對宗室及文武有功之臣的一種特殊待遇。按清朝成例，這一制度是為了照顧年老體弱，行動不便的重臣，一般超過六十五歲的官員先由個人提出申請，再由皇帝批准才可享受這一待遇，對臣子來說是極高的榮譽。而此時的和珅只有二十六歲便享有此殊榮，又是乾隆主動賜予，真可稱之為絕無僅有的殊榮。

太上皇退而不讓

乾隆皇帝在位的時間僅比他的祖父康熙在位少一年，是中國歷史上在位時間最長的皇帝之一。愛新覺羅・弘曆身為雍正第四子而能夠在雍正元年就被秘密立為太子，進而順利繼位稱帝，與其祖父康熙的看重和稱讚有很大關係。他十二歲時就得康熙親授書客，與祖父朝夕相伴，對祖父的感情極深，也非常尊敬。因此，一七三五年，也就是雍正十三年九月，時年二十五歲的弘曆在即位時據說曾焚香立誓，表示自己如果能得上天保佑，在位六十年，一定立即傳位給太子，不敢比肩、更不敢超過祖父康熙在位六十一年的時間。

即位的乾隆曾兩次密定皇儲，但所密定的皇儲均都早夭。一七七三年，乾隆三十八年，乾隆第三次密定皇儲，立時年十四歲的皇十五子永琰為太子。一七九五年，正是乾隆六十年九月，八十五歲的乾隆皇帝將滿朝王公、百官召集到勤政殿，開啟密緘，正式冊立顒琰為皇太子，宣布第二年改元嘉慶。

嘉慶元年正月初一，乾隆皇帝在太子顒琰陪侍下來到奉先殿堂，舉行隆重的授受大典，並名人祭告太廟。隨後，乾隆駕臨太和殿，將御用印璽授予顒琰。顒琰自此正式即位，是為清仁宗，也就是通常所說的嘉慶皇帝。

天無二日，國無二主。嘉慶即位後，乾隆帝宣布退位為太上皇帝。雖然退了位，但是他仍用「朕」為自稱，諭旨稱為「敕旨」。按照道理來講，「太上皇」是不應該過多干預政事的，但是乾隆帝規定，「尋常事件」由嘉慶自行處理，一旦有軍國要事和涉及官員任免的事宜，則仍由他親自指導，甚至是親自進行處理，凡是新授府道以上官員，叩謝完皇上之後，還要前往太上皇那裡磕頭謝恩。此外，乾隆每天還對嘉慶進行「訓諭」。《朝鮮正宗實錄》就記載，乾隆曾對寵臣和珅說：「朕雖然歸政，大事還是我辦。」和珅擬寫政令奏請嘉慶批覆，嘉慶也說：「惟皇爺處分，朕何敢與焉。」由此可見，乾隆雖然號稱歸政於嘉慶，實則仍然掌握大權，嘉慶當時不過是個牽線木偶。

本來嘉慶即位改元後，全國上下、紫禁城內外，都應該統一使用嘉慶紀元，可宮廷中還是用乾隆年號。嘉慶帝即位後，錢幣應該改鑄「嘉慶通寶」。可乾隆龍馭上殯之前的那幾年，乾隆、嘉慶兩個年號的通寶各鑄一半，同時流通。

據相關史料記載，退位後的乾隆帝，本應住在寧壽宮，把養心殿騰出來給新皇帝住，但他拒絕從象徵著國家最高權力的養心殿中遷出，把嘉慶趕到毓慶宮去住，賜名「繼德堂」。

每逢早朝，太上皇乾隆經常仍然端坐於御座之上接受百官朝賀，皇帝嘉慶則在一旁陪侍。朝鮮有使臣朝見大清皇帝，根據目擊記述道：（嘉慶）侍坐太上皇，上喜則亦喜，笑則亦笑……（賜宴時，嘉慶）侍坐上皇之側，只視上皇之動靜，而一不轉矚。趙爾巽編寫的《清史稿‧仁宗本紀》也記載：「（嘉慶）初逢訓政，恭謹無違。」

乾隆雖然禪位，但仍把持大權。嘉慶即位後，為了表示對兒子的祝賀和信任，乾隆本來打算召嘉慶的老師——時任廣東巡撫的朱珪回京任大學士。朱珪為官素有清譽，當年在朝中就經常與恃寵弄權的和珅發生衝突。

和珅認為朱珪一旦回京，將對自己構成極大的威脅。因此，他想盡方法獲得了嘉慶為朱珪而作得尚未寫完的賀詩，拿乾隆，聲稱嘉慶正迫不及待地培植自己的勢力。乾隆深以為然，大為惱火，當即很不高興地問身旁的軍機大臣董誥如何處理。幸虧董誥是忠正之人，當即表示：嘉慶帝作的詩無非是向老師表示祝賀。身為學生，向即將得到的老師表示祝賀，這是學生的本分，並無不當。乾隆這才不予追究，但也擱置了對朱珪的升遷。可見，乾隆皇帝對於身邊臣子的信任已然超過嘉慶皇帝，嘉慶帝的一言一行都在太上皇的控制之內。

乾隆皇帝即位之初發誓不敢與康熙在位年數相同，在當時倒也是誠心誠意。但一個在權力巔峰待了六十年的人，怎麼可能說放手時便放手呢？因此，此時的乾隆實際是「退而不休」，堅持「發揮餘熱」，希望在有生之年繼續風光無限地把朝政把握在自己的手中。

其實，乾隆對於自己的長壽早有預感，因此在選擇接班人的時候也以對他言聽計從為標準。最是無情帝王家。政治的較量場上是不講親情的。老皇帝在位期間，已經形成了一個在大方向上比較一致的利益集團；新皇帝登基，需要他自己的班底，需要執行他的方針。這就是所謂的「一朝天子一朝臣」。

在老皇帝駕崩、新皇帝繼位的情況下，新老勢力交替通常能夠比較平穩的過度。而在老皇帝遲遲不死、退位為太上皇的情況下，一方面是中國封建社會推崇的父為子綱——太上皇對皇帝有無上權威；另一方面是中國封建社會推崇的君為臣綱，太上皇是前皇帝，此時的位置是臣，新皇帝是君，新皇帝對太上皇有無上權威。這就難於相處了。

因此，乾隆為了保證自己的地位，為了繼續貫徹自己的市政方針，特意選擇了生性忠厚老實、重視仁孝、對乾隆言聽計從的顒琰為接班人。

顒琰其人平時比較用功，行為舉止也頗為得體。從被秘密立儲到正式登基，在漫長的二十多年時間裡，顒琰很好地通過了乾隆對他進行了種種考驗，這才得以順利繼位。

當然，康乾盛世末期，清王朝已經開始國庫空虛、朝政腐敗、貪賄成風，急需一位雷厲風行的雍正式皇帝來解決矛盾、化解危機。而顒琰的性格卻是四平八穩、不思進取，是能守成而不能開拓、創新的君主。在二十五年的執政生涯中，嘉慶一件一件地解決了乾隆盛世留下的危機，卻又使清王朝一步一步地陷入更深的危機。

【知識鏈結】

咸安宮位於西華門內，清內務府在宮內為三旗子弟及景山官學中之優秀者而開設的官學設於此，稱咸安宮官學。清雍正七年（一七二九）在宮內設官學，乾隆十六年（一七五一），咸安宮改建後稱壽安宮，為皇太后、妃等居住之所。將咸安宮官學移至西華門內、武英殿西，尚衣監處。和珅青年時代在此接受了良好的教育，創造了不錯的人脈，為他日後的發跡打下了基礎。

和珅跌倒，嘉慶究竟吃的有多飽？

和珅正式崛起於乾隆四十一年，此後二十年權傾朝野，不可一世。在此期間，他瘋狂搜刮民脂民膏，膽大妄為，已經到了不可饒恕的地步。

無論是替晚年腐敗荒淫的乾隆給世人一個說法，還是為自己貪得無厭的官宦生涯做一個交代，或是為新皇帝的登基鋪路，和珅都不能不死。

嘉慶對於除掉和珅是蓄謀已久的，因此乾隆一死，鋤奸行動就立即展開。和珅雖然預感到大事不妙，但對嘉慶的計畫卻一無所知。他對乾隆的心思揣摩得不可謂不透徹，但對新皇帝嘉慶就知之甚少了。他根本不知道，在嘉慶的安排下，被他視為眼中釘肉中刺的嘉慶老師朱珪已經悄悄到了京城，在靠紫禁城較近的東華門的一套小院藏身，指點和協助嘉慶的鋤奸行動。

早在乾隆駕崩之時，嘉慶即令和珅守靈，把和珅軟禁在乾隆的靈堂上。這樣就切斷了和珅與外面的所有聯繫，即使一生兵權在握，此時也無法調兵。很快，嘉慶就開始來處置和珅。他首先頒布了一道上諭：將南方白蓮教戰事責任歸咎於和珅，緊接著，一個叫王念孫的人向朝廷上了奏章，列舉和珅的種種罪狀。

嘉慶借機就免取了和珅大學士等重要職務，並把他軟禁。在議定對和珅的處置時，直隸總督胡季堂首先表態說，和珅是罪大惡極，應當處置。他一帶頭，各地官員也紛紛表態，嘉慶就此得到輿論的支持。

得到臣子們的支持後，嘉慶命人查抄了和府，查獲金銀財物、房產、產業無數。和珅抄家時的財產清單。各種學者的研究，野史的記載都各有不同。最誇張的說法是二十億兩有餘；一般認為有價可估的財產有二億三千萬兩，未能估價者更是數不勝數。即使這樣，時人仍舊認為「和珅家產甚多，斷不止此查出之數」。和珅的財富有多少實在是一個難以想像的天文數字。而且所查獲的各類器具中，不乏各地進貢給皇上卻被和珅私自竊取的貢品。

嘉慶勃然大怒，當即宣布了和珅二十大罪狀，譴責和珅辜負了先皇信任，愧對先皇的恩寵。因此，在大喪期間處置這位先皇的寵臣也就成了安慰先皇在天之靈理所當然的事了。正月十八日，在京文武大臣奏請嘉慶帝將和珅立即正法，處以凌遲之刑。和珅，嘉慶是非殺不可的。但也還是要故作姿態，表示一下自己對先皇的尊敬、對大臣的恩典，也要顧及朝廷的臉面。

因此，在讓和珅多活了幾個月後，嘉慶宣布：和珅雖然犯下種種罪行，但念其在先帝駕前多少有那麼一點功勞，而且又是朝廷大員，新晉的公爵，朕不忍心讓他遭受凌遲之苦，就賜他自盡吧！免於凌遲。和珅的同黨福長安一直以來阿附和珅，此時也被削奪了職爵，判了斬監侯。嘉慶特別命人將福長安押到和珅所在的牢房，跪在那看著和珅自盡。

在朱珪的指點下，嘉慶對和珅的處置顯示出了極高明的政治手腕。和珅為官多年，黨羽眾多，阿附者甚眾，甚至連傳說中與和珅鬥智鬥勇的紀曉嵐實際上都與和珅有較為密切的往來。因此，對和派如果連根拔起，不免讓朝局動盪，政務癱瘓。因此，嘉慶雖然迅速處死和珅，卻沒有將事態擴大，也沒有株連九族。和珅的弟弟當時早已經死了；和珅的兒子豐紳殷德因為是額駙，也就是駙馬，也沒有殺。嘉慶還留了一點房產讓他們維持生活；乾隆朝重臣傅恆的兒子福長安本是和珅的死黨，雖然判了斬監侯，但最終還是沒有殺，並予以重新任用；和珅府裡養了一個先生，也是和珅的同黨，常為和珅出謀劃策，最終也只給了一個處分了事；其他經和珅推薦而得以任用的官員，沒有因和珅倒台而被株連，仍任原職。因此，雖然權勢極大的和珅被除掉了，當時的清廷彷彿只是下了一場短促的驟雨，保持了穩定。

作為中國封建時代歷史上數一數二的巨貪，和珅為官一生搜括無數，最終卻為他人作嫁裳，解決了正發愁國庫空虛的嘉慶帝的燃眉之急，還搭上了自己的一條性命。正所謂「和珅跌倒，嘉慶吃飽」，清王朝財政的支出有了著落，真是皆大歡喜。

嘉慶除和珅，乃是其執政生涯最為精彩的一筆。將和珅處置後，一系列新政措施得以奏效，清朝政局得以穩定，嘉慶皇帝的這步棋，走對了。

在乾隆駕崩後十天，和珅走上了自己的末路。據說，和珅在自盡之前，曾口占絕命詩一首：

五十年來夢幻真，今朝撒手謝紅塵。

他日水泛含龍日，認取香魂是後身。

據好事者解釋，這詩的前兩句，暗示了自己正是前文提到的馬佳氏轉世投胎，前來與乾隆重聚；而後兩句則是預示著自己的來世，所謂「水泛含龍」指的是發大水。嘉慶三年——就是和珅被賜死的前一年，黃河在河南境內決堤，這兩句詩預示著在下一次黃河發大水之日，就是和珅轉世為人之時。而「水泛含龍」又有夏後龍漦典故的含義在內，因此這兩句詩又有轉世為女人為禍清朝之意。

也許真的是歷史的巧合：和珅死後三十四年，黃河又在河南決堤了，這一年是道光十二年（一八三二年）。十月，在一個旗人家庭裡，一名女嬰呱呱墜地。父親笑瞇瞇地看著手腳亂蹬的小嬰兒，和母親商量著給孩子起了個名字，叫葉赫那拉・杏貞；很多年以後，她被人尊稱為——慈禧太后。

【知識鏈結】

和珅跌倒之後，他那座氣勢恢宏的府邸先被嘉慶賜予他的叔父——慶郡王永璘（近代惡名昭著的慶親王奕劻之祖）。後來，它又成為近代大名鼎鼎的恭親王府，供其主人——恭親王奕訢居住。這便使得這座「風水寶庫」被人成為「半部清朝史」，極具歷史內涵。

白蓮起義，官逼民反

白蓮教是中國歷史上最複雜最神秘的宗教之一，源於佛教的淨土宗。

「白蓮」一名本是佛教概念。東晉時，漢傳佛教淨土宗的始祖慧遠大師邀請到劉遺民等十八位賢者，在江西廬山東林寺結社參禪禮佛，立誓死後要往生西方極樂淨土。在佛教傳說中，極樂淨土生長有潔淨的白蓮。而蓮花也是佛教的一種象徵。因此，慧遠等人在寺內開闢池塘，種植白蓮花，並將念佛之地取名為白蓮社。晉代名人陶淵明和謝靈運都經常到這裡遊玩酬唱。到北宋時，淨土宗念佛結社的活動大為盛行。為紀念祖師慧遠，各地結社也多稱白蓮社或蓮社，後來南宋時的僧人慈照和尚又在此基礎上創建了白蓮宗，又稱白蓮教，於元、明、清三代在民間流行。這就是白蓮教的由來。

白蓮教因與民間互動性極強，因此在百姓中影響力極大，在中國農民戰爭史上扮演著重要的角色。作為一種宗教組織，白蓮教包括的內容極為廣泛。它是中國這塊古老土地上一千多年來所發生的各種「異端」、「左道」、「邪教」的總括，善於施展各種障眼法哄騙受眾成為忠誠信徒。同時，白蓮教也常常打出反映下層社會百姓訴求的口號，並在元、明兩代多次組織農民起義，其他的起義者為了得到回應，也往往借白蓮教的名義起事。到了清代，白蓮教又發展成為反清的秘密組織，雖然長期遭到清政府的血腥鎮壓，但始終沒有絕跡。更在嘉慶元年發起了一次嘉慶年間規模最大的川楚陝白蓮教大起義。

早在乾隆在位期間，白蓮教起義就是困擾清廷的最大社會問題之一。康熙年間，社會經濟有所恢復、增長，統治日益穩定，官吏的腐敗之風開始愈演愈烈。至乾隆年間，朝中大員貪汙索賄，地方官吏吃拿卡要，再加上「十全老人」乾隆為了建立武功多次發動戰爭，百姓已不堪其苦。社會矛盾激化引發了白蓮教起義。乾隆對白蓮教起義不可謂不重視，但他傾盡全力，也沒有平息這場動亂。嘉慶登基後也一直不遺餘力地鎮壓白蓮教起義，幾乎耗費了他一生的精力，但也沒能將白蓮教剿滅乾淨。

嘉慶親政之時，負責剿滅白蓮教的清軍主要是川楚軍，軍中的黑暗、腐敗已經發展到了幾乎不可收拾的地步。當時，軍中統兵將領無不濫支軍費，中飽私囊，不管士兵死活。例如當時有一個名叫德楞泰的軍官，統兵七千人。

按規定，他的軍隊每月能得九萬兩餉銀，而德楞泰居然將其中四萬兩納入私囊。軍費被大肆侵吞，士兵得到餉銀到了不足以維持生活的地步，吃不上飯，穿不上衣。當時赴陝西平定起義的河南兵，四十五天沒有領到糧食，集體逃回河南；湖北巡撫長期克扣軍糧，士兵只好靠搶劫百姓為生；各地新兵也因糧餉被扣，不斷發生嘩變。

嘉慶皇帝曾在乾隆去世後第二天發布諭旨，認為朝廷歷時數年、耗資數千萬兩白銀卻始終不能剿滅白蓮教，原因就在於帶兵的大臣和將領們只知道玩兵養寇、冒功請賞、借機敲詐，以至於軍政荒廢、百姓遭殃、白蓮盛行。嘉慶的總結雖然沒有完全道出清朝白蓮教為患的全部原因，但也點出了一大癥結。嘉慶已經意識到：能否成功地整治腐敗已經關乎大清王朝的國運興衰。不制止朝廷上下貪腐相尚的風氣，大清覆亡之日就在眼前。他指出：白蓮教的興起，並非刁民不服管束，而是因為官吏的欺壓和搜刮導致百姓怨恨所致。地方官吏削剝百姓所得並非全進了他們自己的腰包，而是拿出相當一部分孝敬了上司。層層剝削，肥了官吏，苦了百姓。腐敗不除，民怨難平，白蓮難剿。因此，也可以說，除掉和珅正是嘉慶皇帝解決白蓮教起義之第一步。

而後，嘉慶對軍隊進行了重大的人事調整。他把鎮壓白蓮教的數股軍隊統一到一起，歸五省經略大臣指揮，節制川、陝、楚、甘、豫五省軍務，從此，軍事指揮大權得到統一。同時，嘉慶命令各省推行「堅壁清野」政策，切斷白蓮教起義的糧草來源，削弱起義軍的戰鬥力。此外，他還實行剿撫並用的政策，一方面對白蓮教起義嚴厲鎮壓，一方面表示只拿領頭的問罪，脅從者只要肯改邪歸正，就不予追究。

經過嘉慶的努力，在他在位期間，清王朝鎮壓白蓮教起義的軍事戰爭終於取得了階段性戰果，川、陝、楚三地的白蓮教起義基本肅清。但是，人們不能忽略白蓮教起義「官逼民反」的事實，在這一點上，嘉慶帝還是保持了一定的清醒。

乾隆嘉慶年間，經濟繁榮、人口遽增、流民增加。皇室巨額開銷、朝廷連年用兵，這已使百姓苦不堪言，又有以和珅為首的貪官汙吏搜刮民脂民膏，上行下效。富者益富，貧者日貧。在這種情況下，白蓮教成為了這些掙扎在生死線上的苦農民、流民和失業的手工業者的最後希望。在白蓮教領導者的鼓動下，他們先是哄搶豪紳富戶，進而開始攻城掠地，星星之火漸成燎原之勢。

此時，江河日下的大清已走上了由盛轉衰的疾速下滑之中，再也沒有讓可憐的百姓放下武器、安居樂業的能力，能讓龍椅上的皇帝心安理得的，也就只有他們的鐵騎和屠刀了。在面對不是被殺戮就是繼續被壓榨的命運，起義者更不惜鋌而走險，幾十年間，白蓮教起義幾乎沒有停止過，清王朝就因自己造成的惡果而一步步走向墳墓。

【知識鏈結】

白蓮教來源於佛教的淨土宗。淨土宗，因專修往生阿彌陀佛極樂淨土的念佛法門，故名。該法門以信願念佛為正行，淨業三福、五戒十善為輔助資糧。淨土信仰是佛教的基本信仰，大乘各宗多以淨土為歸，但早期並未成為專門的宗派。佛法東來，東晉時代，慧遠大師在廬山東林寺建立蓮社，提倡專修該往生淨土的念佛法門，又稱蓮宗或「遠公白蓮社」。

非賢非能是庸才，能守江山豈堪望

嘉慶皇帝接手的大清國，已是開始走下坡路的大清國，「十全老人」乾隆製造了一系列深層次的結構性矛盾，像定時炸彈一樣在嘉慶任內接連爆炸。

嘉慶即位時，國庫異常空虛。為了維持運轉，各地許多官府四處借債，甚至向地下錢莊借高利貸。欠了債，官府自己生不出錢來，只能加倍轉嫁到老百姓頭上，透過各種名目的苛捐雜稅來斂財償還。

而此時的八旗軍隊，早已不復當年之勇。自入關後，優越的生活腐化了八旗官兵，再加上軍官貪財、士兵疏於訓練，戰鬥力嚴重退化，軍人的榮譽感喪失殆盡。

對於清王朝的這種現狀，嘉慶在他的《遇變罪己詔》中稱：

……我大清國一百七十年以來，定鼎燕京，列祖列宗，深仁厚澤，愛民如子，聖德仁心，奚能縷述？朕雖未能仰紹愛民之實政，亦無害民之虐事，突遭此變，實不可解。總緣德涼愆積，惟自責耳。然變起一時，禍積有日，當今大弊，在『因循怠玩』四字，實中外之所同，朕雖再三告誡，奈諸臣未能領會，悠忽為政，以致釀成漢唐宋明未有之事。較之明季梃擊一案，何啻倍蓰？言念及此，不忍再言。予惟返躬修省，改過正心，上答天慈，下釋民怨……

這是嘉慶對執政以來所遇之事的總結，的確是由心而發，其態度之誠懇，讓人們不得不為之心酸。

嘉慶親政後，可謂是危機連連。嘉慶二十三年，在經歷一系列的問題之後，嘉慶皇帝頂著巨大的壓力準備第二次東巡，他希望以此來強調：大清江山來之不易，各位臣工、八旗子弟應該繼承祖先艱苦奮鬥的優良傳統。引導大清王朝實行「守成」和「法祖」的發展方針。

這一段時期，嘉慶的政治手腕可圈可點，然而，時代在發展，社會在進步，延續了兩千三百多年的中國封建社會此時已經落後於時代，正是窮途末路。嘉慶的努力在時代的前進步伐面前無異於螳臂擋車。所以，嘉慶雖然在親政初期頗有作為，但隨著問題的不斷出現，也漸漸無可奈何了。

嘉慶也想過改革，但他不敢嘗試大的改革，只能推行一些小規模的「新政」，號召大家「咸與維新」。但到了執政後期，他卻禁用「新政」這個詞。不得不說，已經意識到問題嚴重性的嘉慶孤掌難鳴，清王朝又是積重難返，小小的「新政」對當時的清王朝已經起不到多大作用。這使嘉慶對新政相當失望，轉而選擇保守的施政方針。他試圖透過第二次東巡來號召臣民守成，希望大家不要盲目激進。

然而，虎狼之藥固然難於治病求人，保守治療也未必能袪除病痛。在嘉慶朝，著實發生了幾件讓嘉慶皇帝既尷尬又傷心的事。比如在嘉慶十八年九月十六日，從承德避暑山莊返京的嘉慶得知了一個非常不可思議的消息：就在九月十五日，兩百多名天理教（白蓮教支派）教徒竟然在一些信教太監裡應外合下打進了紫禁城，一直打到皇后寢宮儲秀宮附近。幸好皇子綿寧帶領皇宮衛士拼死抵抗，全殲起義軍，這才沒有讓大清國在當時留下天大的笑柄。嘉慶得知消息後徹夜未眠，區區兩百名邪教教徒居然就能打進皇宮，這在中國歷史上的承平年代是從未聽說過的。

這場事件對於希望名垂史冊的嘉慶來說無疑是個汙點。自尊心極強的嘉慶深受刺激，第二天就宣讀了《遇變罪己詔》。嘉慶非常委屈，認為自己沒有做過對不起老百姓的事，不應該遭受這樣的奇恥大辱。同時，他也認為老百姓做出這樣的事是朝廷的責任，他作為皇帝會更加自省，爭取讓百姓們過上好日子。

不能不說，嘉慶算是一個比較寬厚愛民的皇帝，這當然是出於希望政局平穩的長遠考慮。但是，他一個人目光長遠是沒用的。大清不只是皇帝的大清。正所謂國家興亡匹夫有責，可是各級官吏真就把大清視為皇帝一個人的大清，拼命地搜刮民脂民膏而從不擔心引發政局動盪。

官吏貪汙、邪教作亂不過是清王朝的問題之一。令人深惡痛絕的鴉片此時也已在中國大量販賣。時人不知鴉片之害，反而視為貴族的時尚，爭相吸食。嘉慶二十四年，朝廷舉行大典。福康安之子德麟，後承襲貝子爵位，時任導引官，按照典禮程序應該早早來到太和殿前帶領新科進士們站排行禮，卻遲遲未到，以致延誤了大典。

嘉慶命人去找，結果發現原來德麟正躺在家中吸食鴉片。嘉慶大怒，重責德麟四十大板，革去爵位。可幾天後，時任庶起士考試監考的御前侍衛安成卻因為沒過足煙癮，考試快結束才姍姍來遲。雖然屢屢有大臣、貴族因吸食鴉片誤事而被革職拿問，但吸食鴉片之風依然愈演愈烈。

此外，宗室之中開設賭場、嫖娼狎妓、招搖撞騙的比比皆是，鬧得滿朝烏煙瘴氣。雖然嘉慶寫了一篇《宗室訓》，要求每個宗室子弟認真閱讀執行。結果自然是白費了他一片苦心，宗室子弟依然故我，都是努爾哈赤的子孫，還能怎麼樣呢？總不能全砍了腦袋。

面臨種種困境，嘉慶自然是愁腸百轉，情緒非常低落。第七十三代衍聖公孔慶鎔曾記載自己進京面聖的經過。在他的記載中可以看到，嘉慶皇帝經常說的口頭語就是「真沒法」、「怎麼好」、「怎麼了」、「了不得」，疲憊之態畢盡現。

本就無才補天，偏又生逢末世，嘉慶這個皇帝當得很累、很難。他在《報天恩肅吏治修武備諭》中感慨地說：「為君難，至朕尤難！」親政初期意氣風發，謝幕之時淒涼哀婉，嘉慶的一生，就像一條拋物線。他前承「康乾盛世」，後繼「鴉片戰爭」，在盛世之末登台，在亂世之初離場。在這段時間裡，清王朝國困民貧，如風燭殘年，以至於後來淪為列強可欺的綿羊。

嘉慶皇帝的二十多年統治，就在這一日日抱怨、迷惑、痛苦、尷尬中過去了。

【知識鏈結】

在清朝的東巡是指皇帝出巡清王朝的發祥地：盛京、吉林、黑龍江等地。那裡，有著愛新覺羅氏先祖們的陵寢，有著大清帝國龍興的根基。因此，清代數位皇帝對東巡一事都表現出特別的重視，自清軍入關後，在二百多年的時間裡，康熙、乾隆、嘉慶、道光四帝共計十次親赴東北，祭祖謁陵，以表示自己不忘祖先，不丟根本的態度；同時，也會在開國功勳的墓前舉行祭奠，以表達當今皇帝對這些為大清建立灑盡鮮血者的感激與緬懷之情。

雷劈還是病故，帝王不可不善終

一八二〇年，嘉慶二十五年七月，年過花甲的嘉慶皇帝，率領著大隊人馬第十六次來承德避暑山莊避暑。按原定計劃，嘉慶他要在這裡度過整個夏天，然後到木蘭圍場舉行秋獮大典後再返京。

抵達避暑山莊當天，嘉慶到永佑寺中祭拜了康熙、雍正和乾隆，然後回到煙波致爽殿，又處理了兩件並不算緊急的公務，也就休息了。第二天，七月二十五日，嘉慶感到呼吸急促，胸口疼痛，說話很吃力，急忙傳太醫診治。太醫診脈之後，認為嘉慶只是輕微的中暑，嘉慶自己也覺得並無大礙，因此沒有重視。沒想到到了中午，嘉慶的病情加重，呼吸更加困難，進入了半昏迷狀態。太醫對此束手無策。到了傍晚，承德一帶降下暴雨，天空烏雲密布，電閃雷鳴。一個突如其來的霹靂使嘉慶受到驚嚇，病情再次加重。沒多大一會，嘉慶皇帝就駕崩了，終年六十一歲，在位二十五年，死後被葬於昌陵，廟號為仁宗睿皇帝。

嘉慶一生沒有得過大病的記錄。鑑於康熙、乾隆的高壽，以及自己身體狀況的良好，嘉慶深信自己也是長壽之人，活個八九十歲是大有希望的。包括他本人在內，誰都沒有想到身體好好的嘉慶居然暴病而亡，還不知道是得了什麼病。有人根據官方記載推測，懷疑嘉慶是在年高體胖的情況下過度憂慮疲勞，外加天氣炎熱，猝發心腦血管疾病而死；也有謠傳說嘉慶是遭雷擊而死。

嘉慶皇帝自繼位之後，在勤政上有雍正遺風。他曾躊躇滿志，想要扭轉乾坤，振興大清。但他的才能和清王朝當時的狀況使他空有理想而無法實現。在位二十五年，嘉慶始終沒有盼來復興的局面，自己卻被長期的勞累、傷神、苦惱、憂鬱和煩躁帶到了生命的盡頭。死前沒有徵兆，後人推測他最有可能的就是因長期操勞而導致的心臟衰竭猝死。嘉慶作為一代帝王，雖然沒有完成大清中興的偉業，修復帝國的千瘡百孔，但從個人品行上，也算得上是一位明君。

嘉慶皇帝算得上是清代最勤政的皇帝之一。在位二十幾年，每日早起，洗漱之後，他都會嚴格恪守祖訓，恭敬地端坐在書案前閱讀一卷先朝《實錄》。他每日裡於早膳後召見大臣議政，每天披覽奏摺甚至廢寢忘食，從不懈怠。

因為時局艱難，嘉慶非常注重節儉，對奢侈浪費深惡痛絕。在嘉慶五十一歲壽辰的時候，御史景德曾奏請按照乾隆朝的做法，在京城請戲班演戲十天以為慶賀，並請求以後嘉慶每年過生日都循此例。嘉慶為此勃然大怒，指責景德是要讓朝廷行鋪張浪費之事，於民生有害，立即將景德革職。

嘉慶兩次東巡，不帶一嬪一妃，不准興建行宮，一路都是住在氈帳中。當然，也可以說，不是嘉慶不想鋪張，是清朝財政狀況不允許他鋪張。但他能從朝局出發，克制自己，這也是比較難得的。

在用人上，嘉慶尤為注重品德，最厭惡貪汙敗德的人。這固然讓貪汙腐敗之風多少受到了一點限制，但也導致嘉慶朝政壇上沒有出現傑出的人才。

總之，從各方面來看，嘉慶算是明君，才能上雖不如其父，品德上則遠勝乾隆。

嘉慶朝是清王朝由盛而衰的轉折時期，史稱「嘉慶中衰」。這不能不說與嘉慶有關係，但主要責任則不在他。嘉慶皇帝接手的江山是被封為「十全老人」的乾隆留給他的外表看上去是盛世的空殼，是燙手山芋。

此時的大清江山，需要一位眼光膽識都過人的偉大人物出現，而坐在這個位置上的，卻是一個缺乏膽識勇氣的平庸好人。在他之後，昔日不可一世的大清帝國淪為任人宰割的對象。

這個仁聖的皇帝，也被作為一個平庸者、失敗者載入歷史。

雖然並非自願，嘉慶於那個重要時期登台執政，也就肩負了振興大清的使命。在二十五年的執政生涯中，他一直殫精竭慮地去努力，卻終究未能如願地扭轉局面。在死前，嘉慶曾給繼位之君留下叮囑：一定要根治腐敗、鴉片、水患！這當然是他對於大清江山一統萬年的希望，但也不能不說都是關係到民生的問題。

嘉慶死了，帶著不甘與希望撒手人寰。那麼，誰來繼承他的大統呢？

前面提到，在嘉慶十八年發生了一場震驚朝野的林清之亂。事情過後，嘉慶對綿寧的處變不驚大加讚揚，當即加封他為智親王，加俸銀一萬二千兩，所用的火銃也被賜名為「威烈」。綿寧立了大功，卻不張揚，表示自己當時心裡也很害怕，有許多處置也不太恰當，請父皇恕罪。綿寧的這番表現讓嘉慶更加滿意。

嘉慶二十四年正月，嘉慶皇帝讓綿寧代表他到太廟祭祖，這一舉動使朝廷上下更有充分理由認定綿寧從嘉慶皇帝手裡接過政權應該是勢在必得。

嘉慶二十五年七月二十五日，嘉慶皇帝駕崩。事出突然，群臣毫無準備。國不可一日無君，嘉慶暴亡，未留遺詔，必須馬上議定新君。皇族宗室因此建議由二皇子綿寧來繼位。孝和睿皇太后雖非綿寧生母，但因綿寧在紫禁城事件中的功勞對他刮目相看，也非常贊成這個建議。

有宗室的支持，又有太后的懿旨，而且後來軍機大臣托津、戴均元稱在承德避暑山莊找到了嘉慶帝立儲遺詔，稱立皇次子綿寧繼承皇位。這樣一來，綿寧順利成為清朝的第八位皇帝，改名旻寧，年號道光，史稱道光皇帝。

【知識鏈結】

綿寧之所以改名旻寧，是帝王名諱的結果。古代帝王為顯尊貴，往往自己的任何東西都要獨一無二，名字也一樣。到了綿寧這輩，名諱已發展為與皇帝原名相近的生僻字即可，而不是向之前那樣，要麼缺筆劃，要麼改別人名字。旻寧的父皇嘉慶帝的名字，永琰改作顒琰，是同樣的道理。

美夢依舊，山雨欲來不自察

一七九三年，乾隆五十八年，在中西交流史上發生了一件具有劃時代意義的大事——英國使臣馬戛爾尼訪華。當時，歐洲強國英國希望和東方強國中國正式建立外交關係，以求彼此開放貿易，為此派出了龐大的使團，隨員七百多名，乘坐五艘戰艦，載滿英國工業革命以來最先進的衝鋒槍、大炮、世界地圖、紡紗機、蒸汽機等，漂洋過海來到中國。可惜，英國「蠻夷」給國王行禮也就是鞠躬，哪懂得天朝規矩。馬戛爾尼堅持不給乾隆下跪，老乾隆雖然接見了英國使節，但拒絕了英國使團的全部請求。

馬戛爾尼的日記中寫道：

中華帝國只是一艘破爛不堪的舊船，只是幸運地有了幾位謹慎的船長才使它在近一百五十年期間沒有沉沒。它那巨大的軀殼使周圍的鄰國見了害怕。假如來了個無能之輩掌舵，那船上的紀律與安全就都完了。

一八一六年，正逢嘉慶在位，不死心的英國再次派人出使中國，希望強強聯合，開放貿易。然而，嘉慶堅決要求使團行叩拜禮，英國正使阿美士德則堅持只能行脫帽鞠躬禮。僅僅因為一個參見禮節問題，英國主動的兩次拜訪都無功而返。

和平手段沒有效果，使節們又看透了大清虛有其表的現實，這就使英國確立了日後武力叩關的方針。

由明至清的三百多年來，中國一直奉行閉關鎖國的政策，一方面禁止大陸人民出海離境與海外各國進行貿易往來；另一方面又嚴格限制和管理海外各國洋人來華貿易和活動。清朝初年，為了打擊鄭成功等沿海抗清力量，沿襲明朝海禁政策，規定「片板不許下水，粒貨不許越疆」，禁止商民出海。自施琅收復台灣、鄭氏給沿海地區帶來的隱患不復存在後，「海禁」一度放寬，出現了松江、泉州、廣州、寧波等對外開放的港口。然而到了乾隆年間，西方世界的殖民浪潮正是最烈的時候，他們對於這個神秘而又富庶的東方古國自然垂涎三尺。而處於世界大變革中的清政府想到的不是順應潮流，而是採用了鴕鳥政策，用閉關鎖國的方式將自己與外界隔離開來。漫長的海岸線上，只留下廣州一處開放口岸，對於涉外貿易更是嚴加限制。隨著西方殖民主義的深入發展，清政府在乾隆之後，始終採取了這一政策，以求一片寧靜的「桃花源」。

封建中國閉關鎖國，當然也有自認為中國地大物博，完全可以自給自足的因素。這與當時英國等國國土狹小，需要透過貿易來滿足自身需求完全不同。古中國是排外的，古中國是驕傲的。在當時中國的眼中，周邊無非蠻夷戎狄。外國傳來的番茄，稱「番」茄，外國傳來的南瓜，稱「倭」瓜，外國傳來的火炮，稱「夷」衣大炮……強大的中國看不起國土狹小、禮儀粗淺的其他國家。

十八世紀中葉，英國率先完成了資產階級革命。以英國東印度公司為首的西方商人，一直希望打開中國市場。雖然康熙朝開放了廣州、廈門、寧波、雲台山四個通商口岸，但完全是本著施捨的態度，滿足不了英國商人貿易的需求。這和英國人心中所想的自由貿易相差甚遠。一些英國商人不堪清朝官吏勒索，要求變更貿易路線，另開通商口岸，當時的乾隆卻認為這是洋人居心叵測，斷然拒絕。

實際上，中國與西方直接開展的正常貿易，到鴉片戰爭之前，一直都是順差。僅乾隆在位時的一七八一年至一七九〇年短短九年，在中國輸往英國茶葉一項就為中國賺取了九千六百萬元；而同一時期英國輸入中國的所有工業品，價值僅及茶價的六分之一。十九世紀初，每年從英國流入中國的白銀在一百萬元至四百萬元之間。如果能繼續雙方的貿易，嘉慶根本不必為財政困難發愁。

但是，貿易逆差是英國難以容忍的，而清朝的貿易態度又使英國商人不能滿足，這就使得英國政府和英國商人一致希望擴大中國市場，為此他們開始販賣鴉片。

乾隆初年，英國商人第一次向中國輸入鴉片。東印度公司員工偷偷把印度的鴉片運到廣州，第一次就嘗到了甜頭。每箱鴉片在印度的購價不過二五〇印幣，運到中國後，售價高達一六〇〇印幣，翻了有六倍多。鴉片已經開始為害中國。令人痛心的是，上至皇帝貴族，下至販夫走卒，並不知道鴉片的危害，以至於陷入毒癮中不能自拔。

乾隆四十五年，中國政府已經有所察覺，乾隆皇帝重申雍正年間的禁令，禁止煙具的輸入和販賣。但此時中國對於鴉片的危害，認識並不深刻。因此，這道禁令成了一紙空文，清朝海關官吏很高興英國商人的賄賂，為其放行。根據英國人自己的記載，鴉片雖然被禁止販賣，但只要花一點錢給主管官員行賄，被朝廷禁止的鴉片買賣就成了合法的，可以公開進行。

十九世紀的最初二十年中，英國輸入中國的鴉片每年約四千箱，到了一八三九年就擴大了十倍箱，利潤達到每年四千萬銀元。鴉片貿易在英國的對華貿易總值中占到一半以上。

靠鴉片的輸出，英國政府一舉扭轉了對華貿易的逆差，中國則由兩百多年來的出超國變成入超國。英國人發了大財，中國人則倒了大楣。鴉片貿易從此由英國政府的默許變為公開的認可了，開始強迫印度生產鴉片，換取中國白銀。

鴉片貿易造成中國大量的現銀外流，吸食地區也從「海濱近地」擴大到十數省，銀荒也從沿海之省蔓延到全國各地。到鴉片戰爭前夕，中國每年白銀外流至少一千萬兩，接近清政府每年總收入的四分之一。白銀外流使得銀價上漲，百姓負擔加重，各省拖欠賦稅日益增多，清政府陷入了財政危機。而且，因為吸食鴉片，中國人身體和精神上都深受毒害，中國的社會經濟和國家財政遭受重大的破壞和損失。

意識到大事不妙的清王朝當然要展開行動，而嘗到了鴉片販賣甜頭的西方鴉片販子自然要不會輕易收手。戰爭，變成不可避免的趨勢。

【知識鏈結】

清代的銀兩可以分為兩大類，一類是道光前的，一個是道光後的。其中地區不同形狀也不同。直隸銀兩多為船型，一種重五十兩，一種重十兩。山西銀兩以重五十兩的大銀錠為多，另一種小元寶，束腰形。陝西銀兩多為橢圓形，分十兩和四兩兩種。江南的銀兩除五十兩的船型元寶外，另一種是重五兩的腰錠。銀兩在中國流通甚廣，直到一九三二年國民政府宣布廢兩改元後，中國的銀兩才退出流通領域。

第八章：天朝上國，美夢終被鴉片碎

誰也不會想到，中國會以一種尷尬的方式進入近代史。一八四〇年中國海上傳來的一聲炮響，轟開了緊閉的國門。大清王朝和四萬萬國民，在毫無準備的情況下，被席捲進了半封建半殖民地的深淵，也正是從那聲炮響開始，中國進入了長達一百零九年的黑暗歲月。

虎門銷煙民歡悅，終不抵船堅利炮

「苟利國家生死以，豈因禍福避趨之？」這是民族英雄林則徐留給後人的訓誡。虎門硝煙民歡悅，但江河日下的大清帝國卻無能保得國泰民安，忠臣的拳拳愛國之心，註定要被淹沒在資本主義世界崛起時代的洪流中。

林則徐，福建侯官（今福州）人，生於一七八五年八月三十日，二十七歲中進士，歷任江南道監察御史、浙江鹽運使、江蘇按察使、湖北布政使、兩江總督、湖廣總督等職，他為人剛直不阿，對吏治腐敗亦深惡痛絕，深受百姓稱頌。

林則徐任湖廣總督時，鴉片已在中國大量販賣。林則徐三次上書，力陳鴉片之害。他在任江蘇巡撫時就開始禁煙，並取得成效。隨後湖廣總督任上，他提出了「禁煙六策」，搜繳煙土、煙膏總價值一二〇〇〇餘兩，煙槍一二六四杆，同時下發戒毒藥方、偏方，以期治病救人。他上疏道光《籌議嚴禁鴉片章程折》講述了六項禁煙方案，又連續呈遞《查拿大煙販收繳煙具情形折》和《錢票無甚關礙宜重禁吃煙以杜弊源折》。在京期間，除了接受召見外，他還訪友問道，廣泛徵求對嚴禁鴉片的意見。其中，得到了其摯友、時任禮部主客司主事龔自珍的大力支持。

道光帝對林則徐的作為給予充分肯定，並於一八三八年十一月二十七日起連續八天宣見林則徐，授以林則徐欽差大臣關防之職，到廣東查辦海口事件，並表示自己決心禁煙。

林則徐接旨後立即赴任，在廣州進行了六、七天的實地調查，還雇了四個翻譯深入瞭解鴉片販賣情況，應時而動。禁煙的壓力可想而知，不僅英國人圖謀反抗，甚至中國的十三行也極力阻撓，他們與外商勾結，謀取私利，儼然洋商代理人。林則徐嚴肅指出十三行參與買鴉片的罪行，要求他們自首以求寬大處理，同時傳諭各國商人，要求他們將鴉片盡數繳出，保證再不販賣，並表示自己將於鴉片販賣鬥爭到底。

英國駐華商務監督義律負隅頑抗，企圖保護英國鴉片商人，被義憤填膺的中國百姓圍在商館。林則徐得知後當即下令封艙、圍館，督促外商繳煙。義律等人迫不得已，交出少量鴉片。林則徐不為所動，傳下命令，鴉片不繳清，義律就不能離開商館。義律等人無計可施，只得如數繳出二〇二八三箱鴉片，簽署「永不夾帶鴉片」的保證，這才在林則徐的驅逐下得以離境。

林則徐以嚴密的計畫方法、嚴肅的紀律，順利地完成了空前絕後的收繳鴉片的任務，皇帝對他的作為表示了嘉獎和肯定。

在上一卷中，已經提到過鴉片對於中國的巨大危害，因此許多仁人志士都強烈要求禁煙。龔自珍、林則徐等都是典型的代表人物。但由於道光初期的綏靖和無為，他們也是束手無策。隨著鴉片毒害越來越深，人民禁煙的呼聲越來越高，道光皇帝不得不下詔書嚴禁鴉片，但由於整個清朝的海防系統都參與到其中，因此禁煙令下達後遭到了既得利益集團的強力反抗。他們從鴉片走私中獲得了大量的賄賂，反對禁煙，悍然對抗廣大人民群眾正義的要求。另外一派看到了鴉片大量輸入對封建統治造成的嚴重後果，主張嚴厲禁止鴉片，湖廣總督林則徐就是典型代表。

在林則徐的推動和兩廣總督鄧廷楨強力支持下，一場禁煙運動如火如荼地開展下去。最終有了一八三九年虎門沸騰的一幕。

虎門硝煙自一八三九年六月三日拉開序幕。當天，人們紛紛前往虎門淺灘觀看。林則徐在廣東巡撫怡良等人的陪同下登上禮台，宣布以「海水浸化法」開始銷煙。而因林則徐在銷煙前發出告示，准許外國人到現場參觀。一些外商、領事、外國記者、傳教士不相信林則徐有辦法不留貽害地銷毀所有鴉片，特地前來觀看，到最後無不向林則徐脫帽致敬。從六月三日到二十五日，整整二十三天，在林則徐的指揮下，除留下八箱作為樣品送往京城外，二百多萬斤鴉片全部銷毀了。

銷煙同時，林則徐制定了《禁煙章程十條》，規定：吸食者要主動把煙土和煙具交官，不追究繳者姓名，也可讓別人代交。同時設立官辦的收繳總局和分局，收繳煙土煙具，勸說戒除毒癮。頒布規定之後，林則徐嚴厲查禁，兩個月內捕獲毒販一千六百人，收繳煙土四十六萬兩、煙槍四萬杆、煙鍋二百多口。廣東禁煙取得節節勝利，為各地產生了帶頭作用，各地禁煙運動隨即紛紛展開。

禁煙運動對中國而言是善舉，卻損害了英國政府和英商的利益。不久，英政府便以此為藉口對中國悍然發動了鴉片戰爭，無能的清政府將林則徐革職查辦、發配邊疆。而後對英作戰失利，割地賠款、喪權辱國。林則徐、鄧廷楨、關天培等忠臣良將以心血和生命為代價的努力，也終於付之一炬。

【知識鏈結】

十三行，清代設立於廣州經營對外貿易的專業商行。又稱洋貨行、洋行、外洋行、洋貨十三行。清朝海禁政策中，它是國內唯一允許進行對外貿易的場所。近代以來發生多次大火，成為外敵入侵和人民反抗的犧牲品。第二次鴉片戰爭期間，英軍為防偷襲，拆毀了十三行地區的大片房屋，廣州民眾怒不可歇，火燒十三行，當地一片灰燼。十三行商館區從此結束了它的歷史。

鴉片戰爭，半殖民地的開端

虎門銷煙之後，英國向中國輸出鴉片的貿易受阻，心懷怨恨的英國人不斷挑釁生事，終於導致了「林維喜」案的發生，可憐我國民無故命喪滋事洋人之手，其家人還要被逼息事寧人。林則徐被英國人尤其是義律的強詞奪理、草菅人命深深激怒，遂於一八三九年八月十五日發布一道禁令，禁止與英國進行一切貿易，清兵進駐澳門，進一步將英人驅逐出境，所有賣與英人的食物一律停止供應，英人所雇用的中國買辦、傭工全都撤回。無奈之下的英人只得撤離澳門，在貨船上寄居。

告示發出後不久，林則徐再發諭帖，要求英方將交出打死林維喜的凶手交出。而義律則對中國欽差的要求拒絕回應。雙方陷入了僵局。

禁令發出後，從澳門被驅逐到船上的英商和僑眷被斷絕了賴以生存的物資，原有的中國雇員和僕役也紛紛離去。英商和僑眷自然把怨氣發洩在包庇凶手的義律身上，迫於同胞的壓力，義律致信葡萄牙官員，請求予以支援。但葡萄牙不想捲進這場紛爭，明確表示他們不能保證其安全。

九月五日，義律派傳教士郭士立與林則徐談判，要求他解除禁令，恢復正常貿易關係，被林則徐拒絕。下午十四時，義律發出最後通牒，林則徐不予理睬。十五時，在義律的授意下，英國軍艦向負責封鎖的中國船艦開火。對於這種挑釁中國主權的行為，林則徐勃然大怒，於次年初下令正式封港。

同年四月，英國議會正式通過發動戰爭的決議案，於五月調集大量英國軍艦，雲集珠江口，準備開戰。對於英國的這種囂張行為，林則徐毫不示弱，與五月九日晚派十艘火船主動出擊，擊毀一艘英船。鴉片戰爭，自此揭開了序幕。

亙古清光徹九州，只因煙霧鎖瓊樓。

莫愁遮斷山河影，照出山河影更愁。——清・樊增祥・《中秋夜無月》

鴉片戰爭蒙蔽了道光帝的眼睛，從此，山河日下，滿目瘡痍，讓六十年後的詩人樊增祥不忍看山河破碎的身影。

鴉片戰爭更加顯示出了清朝國勢已去，當林則徐在廣東聲勢浩大的準備進行抵抗英國侵略時，一開始的積極備戰是得到道光帝的認可和支持的。

但在英國侵略者繞過廣州、襲取定海後，道光皇帝動搖了當初的禁煙和抵抗政策，立即投降妥協。這位萬聖之尊被定海的慘狀嚇怕了，一位曾經親自參加了定海之戰的英國軍官後來回憶說：

軍隊登了岸，英國旗就展開，從這一分鐘起，可怕的搶劫光景就呈現在眼前。暴力地闖入每一幢房子，劫掠每一隻箱篋，街道上堆滿了圖畫、椅子、桌子、用具、穀粒……一切這些都被收拾去，除了死屍以及被我們無情的大炮弄殘廢了的受傷者。有的丟了一隻腳躺著，有的兩隻腳都沒有，許多人被可怕地割裂，被霰彈射穿。只當已經沒有什麼東西可拿的時候，才停止搶劫。

更慘無人道的是，英軍攻陷定海後，即在城鄉進行血腥劫掠與屠殺。據書中記載，英軍進入定海後

「成群結隊，或數十人，或百餘人，凡各鄉各嶴，無不遍歷，遇衣服銀兩，牲口食物，恣意搶奪，稍或抵拒，即被劍擊槍打。數十萬生靈，如坐針氈，延頸待斃。」

面對英侵略者的搶劫和屠殺，定海人民遭到了一場空前的浩劫。昔日繁華富庶的定海，變成滿目瘡痍，原來數萬艘漁船，「今已一艘皆不見」，大清王朝此時也稱得上山河破碎了。

其實，在定海失陷後，當時的清朝統治集團中實際存在著兩種對英態度：一種以穆彰阿、琦善等為代表。在他們眼裡，外國侵略者船堅炮利，武器先進，憑著清朝現有武力，根本不是西方列強的對手，不可能戰勝，因此即使是做出一些必要的妥協，也要絕對避免與其發生衝突。

另一種態度則以林則徐等一批漢族官員為代表。他們懂得開眼看世界，對英軍武力優越與清軍武力裝備廢弛有著比較客觀的認識，他們也不願與英軍動用武力；但他們把整個中華民族的利益放在首位，不能容忍外國侵略者在中國肆無忌憚地走私販賣鴉片，踐踏蹂躪中國主權，而要與之進行堅決鬥爭，團結一心，抵抗外侮，並提出了一系列的可行方案，只要充分利用中國的有利條件，是完全可以打敗侵略者，把他們趕出去的。林則徐在虎門銷煙時就曾向西方列強莊嚴地表示表示：「我們不怕戰爭。」

但是，道光帝對於林則徐的抵抗意見充耳不聞，反因定海失守遷怒於林則徐並派琦善前去與英軍商討。而岐山在廣東與義律的一系列妥協卻被道光帝認為「片言片紙，連勝十萬之師」，「退敵」有「功」。於是，道光帝將林則徐革職查辦。

道光帝作出懲處林則徐，委派其為汕尾欽差大臣的決定，表明它在英國威脅面前背棄了正義立場，為了潔身自保，為了自己的皇權而棄民族大義於不顧。只想求得英國侵略者不要再打了，畏懼武力，畏懼侵略，而向侵略者屈膝投降。

歷史自有公道，喪權辱國是千世萬世的人民都不能原諒的。以道光帝為首的一群昏聵糊塗的清朝統治者執行的投降妥協的賣國政策代替抵抗自衛的政策，使中國在戰爭中各種有利的形勢化為烏有，並且直接導致戰爭在本該不輸條件下卻以慘敗而告終。

不得不承認，道光帝亦有他的無奈，而民族利益，國家主權是不能妥協的。然而他卻把喪權辱國說得冠冕堂皇：「覽奏憤懣之至，朕惟自恨自愧，何至事機一至於此，於萬物可奈之中，不能不勉允所請者，成以數百萬民命所關，其利害不止江浙等省，顧強為遏抑，照議辦理。」

冠冕堂皇的語言遮蓋不了辱國喪權的事實，一系列不平等條約的簽訂，徹底撕掉了感覺良好的大清王朝最後一塊遮羞布。

【知識鏈結】

紅衣大炮，也稱紅夷大炮，明代後期傳入中國，曾在明朝與後金的作戰中大顯神威。清代的大炮基本以此為制式。但是到了近代，這樣看似先進的武器無論在工藝還是原理上都沒有任何改進，鐵質差、鑄炮工藝落後、炮架（炮車）和瞄準器具不全、炮彈種類少、品質奇差，在日常管理和維護上也失於重視，如此自然無法與英軍相抗，才導致了鴉片戰爭中的悲慘事實——清軍竟然未能擊沉英軍的一艘戰艦或輪船，而自己的陣地卻被打的慘不忍睹。

城下之盟，列強是餵不熟的狼

大清曾自詡「天朝上國」，一場鴉片戰爭讓那些美夢中的統治者驚醒。啟蒙思想泰斗伏爾泰的話：「耶穌基督世界和這一古老社會相比，顯得黯然失色。」在漫長的古代社會，中國曾創造了燦若星辰的眾多的「世界第一」。可是，經過中英鴉片戰爭，中國一觸即潰、俯首求和的現實，使中國的形象一落千丈，而西方人很快便以傲慢的神情來看待中國。

一個參加鴉片戰爭的英國軍官在《英軍在華作戰記》中寫道：「中國是個長期愚昧而又驕傲的國家，是一個沒有自我更新能力和缺乏活力的國家。」無獨有偶，普魯士傳教士郭士立在親身經歷了這場戰爭之後也狂妄地斷言：「中國的龍要被廢止，只有基督教義才能拯救。」

第一次定海海戰之後，清政府遂向英侵略者妥協。然而當英國全權代表義律將《草約》送到英國後，英國女皇為代表的英國政府對義律的行為卻大為不滿，作為戰勝者，他們覺得應該得到更多的東西，而義律勒索到的東西太少了。因此，英國政府決定擴大戰爭，遂召回義律，決定擴大對華戰爭以攫取更大利益。

英政府改派璞鼎查為侵華全權代表，用洋槍洋炮從清政府手裡奪得更大的權益。清政府統治集團異想天開的以為在它作出更大讓步之後，戰爭就會停息，進而恢復戰前的老局面，他們可以繼續安享「太平」。然而，英國侵略者在其野心沒有得到滿足之前，壓根兒不打算就此甘休，何況他們擁有世界上強大的海軍，於是英方加緊準備擴大戰爭。

英軍集結大批軍隊再次北上，由璞鼎查率領，接連攻陷鼓浪嶼、廈門、定海、鎮海及乍浦，清軍在戰爭中連連失利，一敗再敗。定海已經是第二次被攻破，總兵葛雲飛、鄭國鴻、王錫朋率五千守軍英勇抵抗，與英國侵略軍血戰六晝夜，最後英勇犧牲。

英軍佔領這些地方後，到處燒殺搶掠，由於侵略戰爭進展的順利，璞鼎查竟狂妄地向英國政府建議：「女王陛下可以宣布，中國的某些港口、或者某些沿海地區，將併入英國的版圖。」

英軍接著又攻打長江的門戶吳淞，江南提督陳化成率軍堅守吳淞。最後陳化成與部下死守西炮台，孤軍作戰，孤立無援，直至戰死。吳淞口一失，上海、寶山跟著失守。接著英軍沿江西上。英軍艦隊開到鎮江，副都統海齡率官兵奮勇抵抗，經過激烈的巷戰，直至打到最後一人，鎮江失守。八月四日，英軍直逼南京，清軍節節敗退，朝野上下人心惶惶。然而，清政府越是磕頭乞降，侵略者越是氣焰囂張。

面對著定海、鎮海、寧波三城的失守，道光皇帝的天朝上國夢卻還沒有驚醒。十月十八日，道光帝任命他的另一個皇侄奕經為揚威將軍，前往浙江收復失地。結果奕經大敗，狼狽逃往杭州，不敢再與英軍交戰。

這下子坐鎮京城的道光皇帝聽到自己楊威將軍戰敗的消息，十分驚慌，立即派耆英和伊里布趕到浙江去向英國侵略者求和。侵略者在戰勝的情況下豈能隨隨便便說和就和。

這時，英軍艦隊抵達南京江面，架起大炮，宣稱要開炮攻城。這時，清政府完全被侵略者的淫威所嚇倒，徹底的屈服了，趕緊派耆英、伊里布趕到南京議和。至此，第一次鴉片戰爭結束。

一八四二年八月十九日，這一天稱得上是近代中國歷史上的第一個國恥日。清政府代表耆英、伊里布在這一天登上英國軍艦「汗華麗」號，在英國殖民者的槍炮和旗幟下，伴隨著一聲聲「女王萬歲」，與英國全權代表璞鼎查正式簽訂了第一個喪權辱國不平等條約——《南京條約》，此時，有哪位大臣又面北而跪，高呼「吾皇萬歲」呢？

到此，歷時兩年多的鴉片戰爭，就以可恥的「城下之盟」而告結束。至此，天朝上國的美夢徹底破碎了。《南京條約》的簽訂，不是輸在國力上，是輸在統治者的無能上，正如後來恩格斯評價鴉片戰爭中鎮江之戰時說的：「如果這些侵略者到處都遭到同樣的抵抗，他們絕對到不了南京。」

如果說是因為刀架在脖子上逼得清政府不得不簽訂這喪權辱國的條約，那麼這一紙條約更像一把尖刀插入了清政府的咽喉。這一紙條約不僅是英國侵略者對中國人民的無恥掠奪，使清政府的財政更加困難，人民的負擔加重，而且開創了侵略者對中國勒索賠款的先例。西方列強仗著透過武力和挑釁取得的特權，加速了外國在華資本投資，把中國民族資本壓得喘不過氣來，中國的資本主義就這樣一直畸形的發展。《南京條約》的影響不僅於此，它讓西方列強都聞到了中國這塊肥肉的醇香。原本屬於中英兩國的鴉片戰爭，卻讓西方很多列強趁火打劫。美國和法國也乘人之危，相繼以武力威脅清政府簽訂了《望廈條約》和《黃埔條約》，從中國勒索了不少好處。緊接著，葡萄牙、普魯士、比利時、西班牙、荷蘭、挪威、瑞典、丹麥等國也紛至遝來，都來「分享肉羹」，紛紛與中國簽訂了不平等條約。列強這廂不知能不能餵飽，中國那廂已然萬劫不復。

【知識鏈結】

維多利亞女王（Alexandrina Victoria，一八一九年～一九〇一年），在位六十四年（一八三七～一九〇一年），是英國歷史上在位時間最長的君主。她是第一個以「大不列顛和愛爾蘭聯合王國女王和印度女皇」名號稱呼的英國君主。女王統治時期，在英國歷史上被稱為維多利亞時代。她在位的六十餘年正值英國自由資本主義由方興未艾到鼎盛、進而過渡到壟斷資本主義的轉變時期，經濟、文化空前繁榮，君主立憲制得到充分發展，使維多利亞女王成了英國和平與繁榮的象徵。

國破家敗，勤儉道光罵名負

道光皇帝在位期間，清朝已經承平二百年，清王朝的國家機器也已經運轉了一百七十餘年，前朝五位皇帝留下的這片盛世江山，經濟繁榮，人口眾多。

雖說清王朝經歷康乾盛世後已經由盛而衰，但是祖宗留下的基業依舊閃耀著光輝。道光帝在位時，大清王朝疆域廣闊，他統治著一個面積超過一千三百萬平方公里的世界第一大帝國，這時候，人口數量已到達了空前的四億，占全世界總人口近三分之一，與此同時，大清帝國的GDP（如果當時有這個詞的話）也占全世界的三分之一。如果當時有「發達」這個詞的話，當時的中國可謂是世界上最發達的國家，是世界上的「超級大國」，道光帝在世界上也擁有絕對的權威。

然而，此時，大清王朝的力不從心的進入了衰朽狀態，官場因循懈怠、貪汙腐化的程度也達到前所未有、聞所未聞的程度。這位三十九歲的皇帝從他皇阿瑪手中接過的不僅是一片盛世，也是一個腐敗到骨子裡的爛攤子。他能做的只是希望至少能夠維持太平局面，以確保祖宗江山不要毀在他的手上。

由李孟符編著的《春冰室野乘》一書中記載：

道光皇帝是一位非常節儉的皇帝，他對自己日常生活的膳食要求並不高，當時民間有一種非常普遍的食物「片兒湯」。有一天，道光皇帝突然想吃「片兒湯」派太監跑去御膳房吩咐去做。不料廚師說：「條件有限，做不了。」皇帝想吃的東西還能做不了，何況是如此簡單的食物，就連民間普通的老百姓都隨時可以吃到。總不能不滿足皇上的要求吧？通知內務府準備吧。於是第二天，內務府大臣打來報告，奏請增設專制「片兒湯膳房」一所，提出了近萬兩白銀的開辦費。

這位一向節儉的皇帝聽後嚇了一跳，就說算了，就不在御膳房做了。他知道前門外有賣片兒湯的，一碗才不過四十文錢，讓太監去買就是了。令道光更加痛心疾首的是去買片兒湯的太監下午拎著空食盒回來向皇帝覆命：前門外飯館倒閉的倒閉，沒倒閉的也不賣片兒湯了。道光帝聽後欲哭無淚，他心裡清楚，吏治難清，官員的腐敗已經到了無法控制的局面，這些腐敗的官員，貪婪腐化，欲壑難填，朝野上下，潛規盛行。皇帝只不過吃不上片兒湯，可前門外做飯館生意的人才是最可憐的。

據書中記載，前門好好的就封了門，所有賣湯片的都不准再賣，而且是「皇家諭旨」，這些無辜的老百姓怨聲載道。可皇帝實在冤枉，是被人當槍使了。

在封建社會，皇帝是九五之尊，是天子。然而正是這位至高無上，一呼百應的道光皇帝，自然是想要什麼就有什麼。豈不知皇帝實際上卻被那些拿著大清俸祿效忠於朝廷的腐敗集團綁架了，作為一個皇帝，他無法抽身，更是力不從心，他徒有皇帝的風光，實際上他只是周圍一大批人的傀儡，他痛恨腐敗，痛恨貪官汙吏，而正是這幫貪官汙吏頂著他的名字大撈好處。

與天子比起來，這些官員只是一些無名小輩，卻是從統治集團中得到最大實惠的。清朝的腐敗到了道光時期可謂是達到了登峰造極的地步。當時有一句話：三年清知府，十萬雪花銀。字面上理解，就是清朝地方官是三年一個任期，一個知府一個任期就能搜刮十萬兩白銀甚至更多，這是多麼令人難以置信，又是多麼荒唐的統治集團。當然了，貪腐之官欲壑難填，清廉的官員又沒有幾個，不能與這些貪腐集團對抗，所以那些貪財成性的官員貪起錢來毫無顧忌，不管是老百姓的錢，還是皇帝的錢，照單全收，絕不放過。貪官汙吏，歷朝歷代皆有，道光朝也有這種現象似不足為怪，但嚴重的是它的表現形式，皇帝成為貪官搜刮民脂民膏、侵蝕錢糧的工具，道光這位一心想力挽狂瀾的皇帝為他的臣下官員們充當著「洗錢」的機器。

道光帝登基之初就想透過改變大清前朝留下的陋規陋習來改變這種吏治腐敗的現實，英和建議清查陋規，整頓吏治。他立即發布上諭：

箕斂溢取之風，日甚一日，而閭閻之蓋藏，概耗於官司之削，民生困敝，職此之由。

清查的方針是，將所有的陋規查明，該保存的留下，該取締的消除。道光帝實際是想承認一部分陋規，取消另一部分陋規，控制其發展。

新官上任三把火，道光帝整飭陋規是為任初政策之一，他也想勵精圖治，續寫盛世，然而那幫既得利益者怎麼捨得讓他們搜刮到的財富變成非法的呢，當然是橫加阻攔，面對官吏們的貪婪卻讓道光帝無可奈何，最後只是說了一通空話：

各大吏正己率屬，獎廉黜貪，如有苛取病民之事，立加黜革厘正，斯吏治澄清，民生日臻饒裕矣。——《清宣宗實錄》卷十

道光整頓吏治的新政流產了，這預示著政治不會有起色，陋規將越來越嚴重，吏治崩壞一發不可收

拾。道光皇帝一生力戒浮華，克勤克儉，在歷史上來看也是一位數算得上節儉的皇帝，他批答奏章，日理萬機，召見臣工，夜以繼日的操勞國事，對國事可謂鞠躬盡瘁，是一位勤政的皇帝，可見他守成君主的兢兢業業。然而他改變不了王朝沒落的大趨勢，面對吏治腐敗，深悉弊病他深惡痛絕卻又無能為力。

這位勤政節儉的皇帝，終究也逃不過內心的譴責和後世的罵名。

【知識鏈結】

雍正七年（一七二九年），清廷頒布了世界上第一個禁煙法令。道光十八年（一八三八年），道光帝頒布《欽定嚴禁鴉片煙條例》，將清廷歷次禁煙規定合編三十九條，成為中國第一部綜合性的禁煙法典。但此後並沒有取得令人滿意的禁毒成效，尤其兩次鴉片戰爭都以中國慘敗而告終，清政府被迫於咸豐八年（一八五八年）接受《通商章程善後條約》，承認鴉片貿易合法化。緊接著，又解除了禁販、禁吸、禁種、禁制的法令，使得鴉片得以大行其道，幾乎失控。

泱泱大國豈堪當，無顏可對列宗淚

百年國恥，道光皇帝在無奈之下開啟了肇端。

香港島不再是大清的國土，大清的遼闊版圖再也不會完整了，賠款二千一百萬兩白銀，祖上留下的財富就這樣拱手「送給」英國侵略者。他將用怎樣的臉面，帶著一副破碎的山河去同列祖列宗相見於九泉呢？

一八四二年八月，長江之畔，《南京條約》簽訂的時節本是綠肥紅瘦的季節。迷人的花香，怡人的長江風光，江水滔滔，泛動著瀲灩波光。然而無人有心去欣賞這江南美景。

養心殿，眾大臣議事。

開放廣州、福州、廈門、寧波、上海為通商口岸，這一條雖然有損天朝上國的尊嚴和國威，但是勉強還可以接受。況且這幾個城市都在中國的東南沿海，只要嚴格控制其商品進入內地，影響尚可消除。然而勒索賠款二千一百萬兩白銀，來大清領土上踐踏搶掠，反要大清向其賠償損失，堂堂的大國天威何在？

道光帝當然不能容忍這種敲詐，賠款雖多但不是什麼大事，節省開支還是能賠得起，不僅如此，還要協定關稅，領事裁判，這下子，連關稅自己說的也不算了，外國人在我的地盤上犯事，我都做不了主了！這還不夠，愛新覺羅氏用汗水、鮮血和生命奪得的土地竟然也要被一朝奪走，這是列祖列宗不能允許的，道光自己的臉面將放在何處？香港雖是一小島，在天朝大國的版圖上算不得什麼，但它是大清帝國的領土。因此，在道光帝心中，最不能容忍的是這一條款：割讓香港島。祖宗之土豈能輕易割讓，拱手讓人！然而，刀架在脖子上，不簽也得簽！

此時的道光帝步履艱難。大清王朝立國已久，他身為萬里江山的實際主宰者，頭腦裡堅決捍衛祖制，誓死守成家業的傳統觀念根深蒂固，決不動搖。然而，迫於時局的無奈，行動上又不得不做出一些喪權辱國的行為。

作為歷史事件的當局者，道光帝渾然不曉時局趨勢，而歷史怎麼會可憐一個不知道時代發展趨勢的皇帝。後來者都知道，十九世紀是中國封建社會的結束，近代社會的開始。他的腳正被動的被世界歷史大潮推進中國近代史的漩渦。昔日的蠻夷之邦，一群不足與之為伍的洋人，瞬間驟起，諸強環立，世界變了，變得讓弱者痛，強者快。正是這幫洋人把軍艦開到了家門口，洋槍大炮氣勢洶洶地進入了大清帝國的腹地，像一把尖刀插入了帝國的心臟。

道光帝舉措失著，慌亂不堪，像做夢一樣，只是做的是一場噩夢。他什麼都不瞭解，不瞭解鴉片，不瞭解科技，更不瞭解世界，事態的發展已然出乎他的意料，局面愈發不可收拾，他不期有功，只想守好父皇的業，只想相安無事，殊不知，愈是息事寧人，愈是萬劫不復。

鴉片戰爭結束之時，道光皇帝已近暮年，他在位二十餘年，守著這樣一個爛攤子，雖然勵精圖治，但始終鮮有作為。年華已逝的道光帝，精力耗盡，暮氣沉沉的他望著滿目瘡痍的大清朝也只能轉而苟安。賠款割地，官員貪腐難禁，財政危機壓得他喘不過氣來，卻又不得不繼續守候著這片破碎的山河。戰後，夷務紛擾紛至遝來，外國鬼子厚顏無恥、得寸進尺，逼得他真想早點去見列祖列宗。然而，作為天下之主，身上的責任不容他懈怠，搖搖欲墜的帝國總要有人去支撐。此時，不論何時何地，只要新的挑戰出現，他只能急忙拔腳趕往，前去應對，而他的應付措施卻不受自己意念的控制，完全亂了陣腳。

粗略的計算，鴉片戰爭及其後的這兩三年之間，用於戰爭、賠款、治河的支出合計將近七千萬兩白銀，而當時清政府每年的總收入僅有四千多萬兩。銀子花得像流水似的，道光帝，這個以節儉聞名遐邇的皇帝，心疼不已。可是又能有什麼辦法？賠款不能不賠，災民不能不救。而當時戶部銀庫存銀僅一千萬兩多一點兒，這是大清開國以來的最低值了，比起康乾盛世時期的庫存簡直微不足道。

然而，道光皇帝做夢也沒想到，國庫居然是空的，一千萬兩存銀僅僅是帳面數字，真正的銀子早就被貪官汙吏一層層搜刮到自己的口袋裡了。

一心想要挽大廈於將頹的道光在奇恥大辱中掙扎，六十多歲高齡的他並不想成為千古罪人，但卻不巧成為這歷史悲劇的擔當者。多年勞心操持，使他蒼老得異常快，此時他疲憊至極，寢食難安。他百思不解，為什麼他一生勤政節儉，到頭來卻是一個窮困潦倒的皇帝。

一個叫奇汀的外國人卻說中道光的病根：

像中國這樣一個封建王朝是在孤芳自賞、憤世嫉俗、目空一切的幻想中養育而成的，他們把所有的文明、資源、勇氣、藝術及軍事上都遠勝過自己的其他國度都當做劣等人對待，這在我們看來是多麼反常。

此刻，大清王朝的氣數已是暮秋。

【知識鏈結】

綠營，清朝常備兵之一。順治初年，清廷在統一全國過程中將收編的明軍及其它漢兵，參照明軍舊制，以營為基本單位進行組建，以綠旗為標誌，稱為綠營，又稱綠旗兵。綠營主要是步兵，分為戰兵和守兵兩種，此外尚有馬兵（騎兵）和水師。其營制分標、協、營、汛四種，總督、巡撫、提督、總兵所屬稱標，副將所屬稱協，參將、遊擊、都司、守備所屬稱營，千總、把總、外委所屬稱汛。標、協管轄一至五營不等，營以下分若干汛。按道里遠近，計水陸沖緩，分汛布防。綠營曾在清朝多次作戰中發揮重大作用，但近代以來，腐敗滋生，軍備廢弛，屢戰屢敗，後經裁汰，僅存空名。

第九章：錯上寶座的咸豐，無法重來的歷史

如果說，大清帝國自嘉慶年間開始走向下坡路，在道光年間行至歷史的轉折點，那麼，在咸豐的歲月裡，則開啟了中華民族之殤的噩夢。他在位期間，太平天國掃蕩半個中國，第二次鴉片戰爭烽火又至，萬園之園慘遭焚毀，東北大片領土喪失，一個又一個不平等條約擺在面前，怎能不讓國人為之心痛。咸豐，皇帝的寶座可以錯坐，但那段痛苦的歷史，卻永遠無法挽回了。

四無皇帝，怎堪帝國重任？

許多史學家稱咸豐是一個「四無」皇帝：無遠見，無膽識，無才能，無作為。為什麼這樣一個平庸的殘疾皇子可以繼承大統成為九五至尊呢？

在道光二十六年立儲之事已成當務之急時，在道光六個活著的兒子中，唯有十六歲的皇四子奕詝和十五歲的皇六子奕訢成為道光考慮人選。

奕詝和奕訢，這兩個兒子之間到底選擇哪個來繼承祖宗的江山，道光帝猶豫不定。奕訢不僅相貌出眾，功課優異，刀槍騎射樣樣出眾，能文能武，而奕詝卻是個殘疾，形貌表像，文才武功皆十分平庸。而道光選擇了奕詝，不僅令人費解，即便今天看來，道光的確是立錯了儲君。

對兩位皇子的才能，道光的確是經過了一番細緻考量的。

首先是騎射功夫，一次打獵，奕訢箭法最好，收穫最多，道光自然滿意。而奕詝肯定不如奕訢，這就顯示了其老師杜受田的政治智慧，他教奕詝索性一箭不發，自然也就沒有任何收穫了。奕詝面對父皇的不悅，說道：「父皇恕罪，兒臣以為眼前春回大地，萬物萌生之際，正是禽獸生息繁衍之期，兒臣實在是不忍心殺生，恐違上天的好生之德。」

這就是「藏拙示仁」的妙計，他猜中了道光在乎的，猜中了道光的心思，贏得了一塊巨大的籌碼。

他不僅掩了拙，更示了自己的仁愛之心。道光覺得奕詝很符合儒家這個「仁」的思想。心中便暗暗的肯定了奕詝。

據史料記載，為了最終確定自己的選擇，道光帝在一次病重時，召奕詝和奕訢二皇子入對，將藉以決定儲位：二皇子各請命於其師。卓教恭王，以上（指皇上）如有所垂詢，當知無不言，言無不盡。杜則謂咸豐帝曰：「阿哥如條陳時政，智識萬不敵六爺。唯有一策，皇上若自言老病，將不久於此位，阿哥唯伏地流涕，以表孺慕之誠而已。」如其言，帝大悅，謂「皇四子仁孝」，儲位遂定。

這便是藏拙示孝的典故，可以說，奕詝能登上皇位，與恩師杜受田的政治智慧是分不開的。「藏拙示仁」，又「藏拙示孝」，在「仁」和「孝」這兩個字上表現得比較突出，所以道光就選擇奕詝做皇太子。可見，道光在選皇太子的時候，德才兩個條件，沒有考慮德才兼備，只考慮到了德而沒考慮了才，實際上咸豐後來在德的問題上做的也是很不夠的。杜受田的政治智慧讓道光帝選擇了一位沒有治世才能的平庸皇子繼承了大統，即為咸豐皇帝。

咸豐是清王朝秘密立儲繼承皇位的最後一位皇帝，他二十歲登極，在位十一年，三十一歲病死。不可否認，碰上西方崛起、清朝衰敗之際，咸豐自身確實是一個歷史的悲劇，他恨父皇留下的爛攤子，這樣破碎的河山，再想勵精圖治也效果有限。可是，道光帝既然選擇了他，就是大清選擇了他來主宰江山，只是他沒有指點江山、激揚生命的魄力，就這樣白白坐了十一年江山、理了十一年朝政，這對於他來說，顯然是個歷史的誤會。

咸豐即位時，國庫空虛，軍伍廢弛，吏治腐敗，天災不斷，民眾起義此起彼落，西方列強更是虎視眈眈，對大清的萬里江山垂涎三尺。十一年的皇帝生涯中，他沒有過一天安生的日子。一八五〇年至一八六四年爆發了太平天國農民起義，一八五六年至一八六〇年又爆發了第二次鴉片戰爭，都是對清王朝致命的一擊。其間天地會等一些地方起義不斷，可謂是內憂外患，遍地硝煙。在這動亂的年代，中國歷史由此發生了重大轉折。生逢亂世，作為天下的主宰，咸豐卻依然沉浸於天朝上國的美夢當中，沉浸於自己萬物之主的幻想當中，只一味聽從那位雖助他登基卻只道紙上談兵的帝師杜受田。殊不知，當時天下大勢已變，歷史正在洗牌，他卻不能審時度勢，預見危機，而是一籌莫展，昏昏度日。

咸豐皇帝又是一個無膽識的皇帝，他自幼體弱多病、貪生怕死，只想享受皇帝給他帶來的一切便利，而不敢面對擺在眼前的內憂外患。他沉湎於聲色，即位的第二年，就下令挑選秀女入宮。以後，他又幾次從滿、蒙兩族的官宦人家挑選秀女，並破除祖宗規制，選漢族秀女入宮。

一八六一年，英法聯軍攻到了北京城下，他們到處燒殺搶掠，無惡不作。身為一國之主，敵人已經打到了家門口，咸豐不整兵備戰、不保家衛國，竟然驚慌失措地帶著一干後宮和心腹大臣連夜逃到承德。即使是害怕，國難當頭，怎麼還能依舊縱情聲色，以至於咯血突發。可見，咸豐除了是一個病秧子之外，懦弱無能，荒淫無度也是他一生的寫照。

咸豐皇帝還是一個無作為的皇帝，處在一個極其複雜的世界環境之下的咸豐帝，其歷史功績與老祖宗沒法比，就是在文韜武略、為人生活上也表現得極為遜色。在重大事件面前無所決策，沉迷酒色，荒廢朝政，誤國殃民，十足的敗家子。可憐年邁糊塗的道光把位子留給了咸豐，如果他親眼看到繼承人的所作所為，必定痛不欲生、悔不當初了。

在今天看來，說咸豐是一個四無皇帝，一個不稱職的皇帝，是因為作為大清江山的統治者，不僅沒有好好守住江山，反而變本加厲的葬送基業。誠然，歷數歷代王朝，並沒有哪一個皇帝像咸豐這樣遇到如此內憂外患的境地。然而也沒有哪一個皇帝讓國家陷於如此不堪，任人宰割，受人欺凌的境地。他讓整個國家元氣大傷，還造就了一位統治中國長達半個世紀之久的皇太后，這更是荒唐。假如道光當年選擇了奕訢，假如咸豐沒有寵幸慈禧……歷史的必然和偶然我們無法控制亦不能假設，可是，一個個這樣或那樣的偶然，觸發了中華百年國殤，誰能不痛心，誰能不哭泣。

【知識鏈結】

杜受田（一七八八～一八五二），字芝農，山東濱州人，其家世顯赫，久有「書香官宦門第，進士多人之家」，「一門七進士」、「父子五翰林」，並有加授「太師太保」的高官。科舉時會試第一，殿試二甲第一（時稱傳臚），選庶起士，授編修，後為山西學政。道光十五年特召進京，直上書房，教授太子讀書。咸豐即位後，加太子太傅兼吏部尚書，調刑部尚書，禮部尚書、協辦大學士。

太平天國，因上帝偶然引發的天國之夢

一八四三年，洪秀全創立了拜上帝教。它是洪秀全被鴉片戰爭驚醒以及受了三次落榜的刺激，偶然從傳教小冊子《勸世良言》中受到震動，之後又吸收基督教教義而成立的特殊基督教組織。拜上帝教的主要思想內容都收錄在洪秀全寫的《原道救世歌》、《原道醒世訓》、《原道覺世訓》三部書當中，主

要是模仿基督教的傳教小冊子《勸世良言》而寫的。

拜上帝教是太平天國運動的指導思想和理論基礎，然而卻充滿著自相矛盾的說法。反孔的同時又推崇儒教，拜上帝的時候又對基督抱有貶義……這種不中不洋的理論，其目的只在於淨化人心，統一思想，排斥異己，巧妙地把西方上帝論和中國人的傳統倫理系統結合起來，把上帝、耶穌、洪秀全構成為一個神的家庭，上帝為天父，耶穌為天兄，遇有艱難，天父、天兄就下凡擔當。

就這樣，偶然形成的拜上帝教，吸引了眾多貧苦農民傳播信教，勢力逐步發展，這自然會受到當地團練和地方官排擠壓榨，而後矛盾升級，在又是一個偶然的情況下，為救出被關押的拜上帝教兄弟，會眾不得以與官府發生了衝突，而被認作叛賊逆黨。誰也沒有想到，此時還僅僅只為活命，苦於沒有退路的這夥人，竟然在本已殘破不堪的中華大地上掀起了軒然大波，一發不可收拾。

道光三十年（一八五一年）十二月十日，洪秀全三十八歲生日那天，洪秀全等一千人號召的農民義軍個個拿起武器，在金田村舉行誓師起義。洪秀全莊嚴宣布起義，建國號太平天國。男軍和女軍分營排列，高舉刀矛，振臂同呼「殺妖」！

起義後，全軍廢止清朝的剃髮制度，蓄留長髮，紅布包頭，表示和清朝統治徹底決裂。洪秀全稱自己的義軍為太平軍，他發布討清布告說：「貪官汙吏，布滿天下，使剝民脂膏」，「暴虐我黎庶，殘害我生靈」，「肆銅臭之熏天，令斯文以掃地。農工作苦，歲受其殃；商賈通往，關征其稅。四海傷心，中原怒目」。

九月二十三日，太平軍的大軍浩浩蕩蕩地攻抵永安城，在這裡，太平天國建立起了自己的一整套制度，被歷史學家稱之為「永安建制」。

永安建制後，洪秀全也有了自己的稱謂，此稱謂稱得上波瀾壯闊——天王，加上東、西、南、北、翼王，可謂是霸氣十足。隨後太平軍一路高歌，橫掃長江流域。咸豐三年（一八五三年）三月，太平軍攻克了南京，並將南京改為天京，從此太平天國定都天京，天王坐鎮天京，運籌帷幄。但是，太平天國當時面臨的形勢仍然很嚴峻，清軍的江南大營和江北大營虎視眈眈，時時刻刻威脅著這個剛剛成立的政權。

為了儘快推翻清王朝的統治，取得全國性的勝利，天王洪秀全和其他諸王根據當時的軍事態勢做出了北伐的決定。遂任命林鳳祥、李開芳為主帥於當年五月從揚州出發，開始了以攻打北京為戰略目標的北伐。翼王石達開奉命出鎮安慶，節制西征。而後，雖然石達開在西征中節節勝利，控制了湖廣大片土地，但戰略性的失誤還是導致了北伐軍的全軍覆沒。大清與太平天國也進入戰略相持階段。

與此同時，太平天國的統治者們逐漸被勝利蒙蔽了心智，他們生活腐化，嚴重脫離群眾，互相爭權奪利。

終於，天王洪秀全和東王楊秀清的矛盾終於激化，以斬殺楊秀清為序幕的「天京事變」開始了。咸豐六年（一八五六年），在楊秀清跋扈到可以隨意利用「天父下凡」對天王施用杖刑的時候，北王韋昌輝請求天王誅殺東王，洪秀全此時還沒有下定決心。後來，楊秀清以西線緊急為由，調韋昌輝和石達開赴前線督師。此時有人密告天王，謂東王有弒君篡位之企圖。於是，洪秀全密詔北王、翼王及燕王剷除東王。九月一日，韋昌輝率三千精兵趕回天京，當夜在城外與燕王秦日綱會合。眾軍在凌晨突襲東王府，楊秀清被殺，東王府遭血洗。其後北王以搜捕「東黨」為名，大殺異己，南京城內兩萬餘人被屠殺，血流成河，慘不忍睹。

石達開聞訊趕到天京，責備韋昌輝濫殺無辜，韋昌輝大怒。聰明的石達開怕韋報復，連夜匆忙縋城出逃。韋昌輝果然惱羞成怒，又血洗翼王府。身負家仇的石達開從安慶起兵討伐北王，求天王殺北王以謝天下。此時在天京以外的太平軍大多支持翼王，韋昌輝在勢急下攻打天王府，但最終敗於效忠天王的將士及東王餘眾，兵敗被殺，天京事變告一段落。但是，此時本應為有功之臣的石達開卻又處處遭到天王洪秀全猜忌，無奈之下，率部眾出走，後在大渡河全軍覆沒。太平天國元氣大傷。

「天京變亂」使得太平天國由盛轉衰，進而在中外反動勢力的聯合絞殺下徹底失敗。太平天國領導者自身的階級局限性決定了它最終的滅亡，未能攻到北京而被清軍反撲，在一股股中外反動勢力的鎮壓下最終失敗。

但是自金田起義以來，太平天國頒布一系列的綱領措施，革命形勢迅猛發展，推動了全國各地的反清鬥爭，在太平天國的影響下全國各地的起義不斷，革命怒潮風起雲湧。在太平軍北伐之前，為了完成偵察京城敵情任務，太平軍派駐了眾多人員做出了巨大的犧牲，並且耗費了巨大的財力物力。太平軍北伐更是產生了一定的積極影響，不僅表現在給清政府統治中心的打擊和對最高統治者的威脅和震動，而且也迫使清政府加強了京城防守力量，進而加遽了清軍的調配困難，牽制大量清兵，使這部分清軍不能南下來剿滅太平天國，震撼清朝心臟地區，對南方太平軍和北方人民的鬥爭客觀上達到了支持作用。北伐軍英勇善戰不畏犧牲的英雄情懷，起到了瓦解敵人軍心的目的，加遽了清政府搖搖欲墜的危局。

【知識鏈結】

團練是清朝時期的地方民兵制度。白蓮教起義時，八旗、綠營嚴重腐化，擾民有餘，不足以禦敵，龔景瀚建議設置團練鄉勇，堅壁清野，地方自保。鴉片戰爭時，林則徐在廣東三江各鄉鎮組織鄉勇及民團抵抗英國海軍，取得成功，團練開始被收編於正規軍隊。太平天國起義初期，團練曾發揮重大作用，後來曾國藩以團練為基礎，加上兵勇、夫役工匠等編成陸軍十三營六千五百人、水師十營五千人，共一萬七千人，人稱湘勇或湘軍。

克里米亞，遙遠危機不自知

從道光二十年（一八四〇年）開始，以鴉片戰爭為契機，西方列強掀起了一個侵略中國的高潮。除了中英《南京條約》，中法《黃埔條約》，中美《望廈條約》之外，比利時，瑞典等歐洲國家紛紛借著這股東風，與風聲鶴唳草木皆兵的清政府簽訂了不平等條約。一時之間，天朝上國的迷夢被驚醒了，清廷驚訝地發現，曾經一貫等而下之、懷柔遠人的外藩四夷，卻原來是船堅炮利的西洋諸國，這一度令日漸衰老的道光帝恐慌不已。

然而，來自民間且日益高漲的排外情緒，卻似乎讓道光皇帝找到了一劑重新找回天朝上國獨一無二地位的靈丹妙藥。令人驚異的是，經過道光二十九年（一八四九年）廣州反入城鬥爭後，不僅英法夷人都消停了，甚至一向不安分的俄國人也不再飛揚跋扈。咸豐四年（一八五四年）夏，東西伯利亞總督穆拉維約夫公然經由黑龍江航行出海，這無疑是對清朝領土的侵犯。可是，他居然透過沙俄駐北京的傳教士團給咸豐帝遞交了一份詞氣謙卑的照會。咸豐帝對於這種少見的謙恭態度則是板起臉來裝大爺，詞氣強硬地發布上諭：「沙俄性情狡猾，諸事從無實話，不可不防。」

其實，這一次清政府又錯了，穆拉維約夫的借道出海的確是有急事。他要趕著去堪察加半島的彼得堡巴普羅夫斯克加強防禦。因為此時英法兩國的海軍艦隊正在攻擊此地。清政府對此則一無所知——他們更不知道的是，距回疆數千里以西的黑海沿岸，此時打得熱火朝天，英國、法國，與沙俄正開兵見仗，這就是著名的克里米亞戰爭。

奧斯曼帝國是塞爾柱突厥人於十四世紀在近東建立的國家，信仰伊斯蘭教。十五世紀和十六世紀曾經雄霸東地中海，並且對歐洲基督教各國造成了嚴重的威脅。然而在資本主義和全球化已經逐漸成為歷史潮流的時候，奧斯曼帝國的威勢終於也只是舊時代的迴光返照而已。一六八三年，奧斯曼帝國五十萬大軍圍攻維也納，但隨即被哈布斯堡王朝、德國及波蘭聯軍擊敗。史稱維也納之戰。奧斯曼帝國從此日益衰頹，成為任新興列強宰割的對象。

由於土耳其連接歐亞，地理位置極其重要，所以各個國家都妄圖控制這一區域。最終，幾方面的矛盾集中在了黑海的出海口上。俄國人堅決要得到黑海的出海口，使其艦隊能夠自由出入地中海，並進而將巴爾幹半島納入自己勢力範圍；而英法兩國卻因為此舉會使沙俄一家獨大，影響到歐洲體系的穩定和平衡而堅決反對。一八三一年，俄土簽訂《安吉阿——斯凱萊西條約》，其中的秘密條款使俄國擁有了對博斯普魯斯海峽的控制權；然而英法很快透過秘密管道得知了這一消息，英國外交大臣巴麥尊強烈反對這一條約，並透過外交手段，於一八四一年重新簽訂了《海峽公約》，規定奧斯曼帝國禁止一切外國軍艦在平時通過海峽。列強對海峽的爭奪重新回到了原點，英俄矛盾也因此而激化了。

偏偏這時候，法國的拿破崙三世橫插一腳。一八五〇年，拿破崙三世要求奧斯曼帝國承認法國對帝國境內聖地和教堂的保護權。但此舉遭到了俄國的強烈反對。原來，基督教聖地耶路撒冷此時屬於奧斯曼帝國管轄，但由於宗教的原因，它一直享有一定的豁免和特權，進而成為信仰東正教的俄國和信仰天主教的法國爭奪的對象。法國傳統上一直是聖地的保護者，但俄國崛起以後，與奧斯曼帝國簽訂條約，這一保護權被轉移給了同樣信仰東正教的希臘。因此拿破崙三世這一次的外交行為便存在著極大的爭議。

一八五三年，俄國派出曼希科夫親王赴伊斯坦布爾談判，要求獲得對奧斯曼帝國境內東正教會的保護權，但是獲得了英法兩國支持的奧斯曼帝國卻不肯讓步。而此時英法聯軍艦隊又開進黑海向俄國示威，惱羞成怒的俄國人決心一戰，欲將土耳其人的勢力徹底趕出東正教佔優勢的巴爾幹半島。

五月，俄軍進攻多瑙河下游的瓦拉幾亞和摩爾達瓦，戰爭爆發。在爭奪黑海控制權的戰鬥中，俄國人獲得了徹底的勝利。十一月，俄軍黑海艦隊在希諾普海戰中全殲土耳其艦隊。消息傳到倫敦和巴黎，英法兩國再也坐不住了，決心從幕後跳到台前，直接與俄國開戰。

次年三月，英法同俄國宣戰。雖然英法聯軍遲遲沒有動作，但兩國的表態本身就是一種強大的武器，土耳其利用英法對自己的支持，在外交領域縱橫捭闔，居然成功地爭取到了原本是俄國盟友的普魯士和奧地利的中立，這使得俄軍四面受敵，情況極為不利。奧斯曼帝國趁勢進攻，於七月將俄軍趕出了國境。

這個時候，英法聯軍行動了。他們的目標是佔領並摧毀俄軍在黑海的橋頭堡——塞瓦斯托波爾要塞。雙方都付出了高昂的代價，停戰似乎遙遙無期，但俄國的失敗已經是必然的了。一八五五年九月，法軍攻佔塞瓦斯托波爾要塞的制高點——馬拉科夫要塞，俄軍已經無險可守。次日，英法聯軍進入了塞瓦斯托波爾。一八五六年，交戰各國在巴黎簽署合約，俄國自從一八二九年以來在黑海地區的苦心經營一朝化為了烏有。

克里米亞戰爭結束了，列強把注意力從近東移開，重新轉向了遠東的清帝國：在克里米亞戰爭中大傷元氣的俄國，在歐洲的擴張活動被限制了，因此決定在西伯利亞地區將損失的權益補回來；而英法兩國解決了巴爾幹問題之後，也有餘力回過頭來和清政府重新談判續約的問題，並借機算算這麼些年來的總賬。在紫禁城中享樂的咸豐帝並不知道，在遙遠的西方，群狼的眼睛已經盯上了天朝上國的領土，中國的又一場災難將要來臨。

【知識鏈結】

克里米亞戰爭，開創了戰地記者的時代。英國《泰晤士報》著名記者威廉・拉塞爾爵士——世界第一位戰地記者，隨部隊參戰並同日將戰況報告給家鄉的報紙。《泰晤士報》上發表了他那篇不朽的戰地通訊名篇——《輕騎兵旅衝鋒》，在英國掀起一場危機。此外在這場戰爭中記者還第一次使用了攝影技術來記載戰爭實況。

列強再燃戰火，只需一個藉口

在道光二十四年（一八四四年）簽訂的中法《黃埔條約》中，有法國人可以在五個通商口岸建立教堂的條款。條約簽訂之後，法國人卻利用這一條款，非法侵入中國內地，大肆進行傳教活動。

馬賴就是這時來到中國的。一開始，他開設粥廠，賑濟百姓，吸引了大批百姓入教。然而好景不長，由於馬賴堅持天主教的基本教義，要求入教信徒放棄祖先信仰和其他的偶像崇拜，並且教徒只能在內部通婚。這些規定，都與儒家的傳統倫理道德大相徑庭甚至是針鋒相對，因此引起了當地士紳的強烈不滿。

其實，馬賴當時在剛爆發過太平天國的廣西傳教，是一個非常危險的舉動，當地對天主教一無所知的官員，根本無法分辨馬賴和洪秀全有什麼區別；此外，馬賴的運氣也確實不怎麼樣，西林縣當地有一個名為馬子農的土匪，無惡不作，而馬賴與馬子農由於「同姓」，因此也被當地人混淆，如此，地方官自然不會放過馬賴。咸豐六年正月二十，馬賴及其教徒被捕入獄。經過嚴刑拷打後，馬賴最終死在了站籠裡，他的親信教徒全被斬首，史稱「西林教案」。

「西林教案」的發生，給法國人留下了採取進一步行動的口實。正當這件事鬧得沸沸揚揚的時候，英國人也摻和了進來。一八五六年十月八日早，廣東水師千總梁國定收到舉報，說有一艘停泊在黃埔名為Arrow（中文稱為「亞羅號」）的船隻涉嫌走私，梁千總立刻派人包圍並登上了這艘船，與船員發生衝突。此船船主是香港人洋行買辦方亞明，船長為愛爾蘭人。當時的香港島，已經成為英國人的地盤，所以這船也算得上是艘英國船，但當時的廣東水師可能完全不明白治外法權之類的事情，何況這船雖無違禁物品，但確實駕駛執照過期，又被指控涉嫌走私，當然是想抓就抓想打就打。

但是開戰之心已定的英國人卻決定大肆渲染這件事情。首先得知這件事的是英國駐廣州總領事巴夏禮。他根據虎門協定的要求，跑到廣東水師衙門提出抗議，因為這是艘英國船，理應受到英國人的保護，即使有違法情事，也應該交由港英當局處理，而且根據船長口口聲聲的指控，說廣東水師的人把高掛的英國國旗一把扯下來還踩了兩腳，這是對大英帝國嚴重的侮辱。巴夏禮說的熱鬧，誰知道卻是秀才遇上兵，不僅未果，據說還被打了一巴掌趕了出來。

其實愛爾蘭船長很有可能是在胡說八道，因為根據英國的有關航海法律，任何船隻進入港口，都要卸下國旗，否則以水手打算私自潛逃論處。那麼廣東水師是如何把一面已經卸下來的旗子從桅杆上扯下來的呢？然而，梁國定犯了和張鳴鳳一樣的錯誤，一口咬定這是中國人的內政，絕不容洋人染指，至於那多餘的一巴掌，更是讓巴夏禮得理不饒人。

巴夏禮決定繞開廣東水師衙門直接和葉名琛交涉，葉名琛只是表示：這船是中國船，所以歸我們管；我們沒有扯過國旗；水手裡有海盜和土匪，不能送還，良民的話可以交還給你。

這時候巴夏禮已經從包令那裡得知了英國政府對待這件事情的底線，即送還全部水手，並書面道歉；因此他拒絕了葉名琛的提議，並向後者提出了最後通牒，而葉名琛依然採取拒絕道歉的態度。

一八五六年十月二十二日，英國海軍司令西摩爾率英國艦隊穿過虎門，進攻廣州，第二次鴉片戰爭爆發了。亞羅號真的變成了一支戰爭的利箭射向了清政府。

西摩爾的艦隊沒費什麼力氣就攻到了廣州城下，但是三艘軍艦攻城有餘，佔領則不足，因此英軍也只是每天炮擊城內；葉名琛除了出賞金懸賞洋人首級之外，無所事事，他大概認為成功地抵擋住了英國人的進攻。給咸豐帝的奏摺中，他甚至吹噓西摩爾已經被打死。

此時英國議會也經歷了一系列鬥爭才批准西摩爾繼續進攻的提案。一八五七年四月，英國派額爾金勳爵為專使，赴香港全權負責戰爭；巧合的是，與此同時，因為西林教案決心對華用兵的法國也派葛羅男爵為專使赴華。兩邊兒一拍即合，決心一起教訓中國。

這個時候，美國人和沙俄人出面表示參與。美國由於所委任的駐華全權公使伯駕過於激進，只好將其替換，委派列衛廉為新任公使，並要求他在可能發生的衝突中以和平、中立的方式與英法兩國合作；而俄國全權代表普提雅廷則從東北一路南下來到香港，打算在戰爭中分一杯羹，同樣，俄國也不打算派一兵一卒介入戰爭，然而普提雅廷高明的外交手腕和個人魅力最終使俄國在中國獲得了遠較英法多得多的權益。

一八五七年底，英法美俄四國公使終於湊齊；十二月二十八日，英法聯軍六千人進攻廣州，次日就攻進城內，又過了一天，廣州將軍穆克德訥就樹白旗投降，這一仗只打了三天。

而葉名琛此時正在奉行一種「不戰不和不守不死不降不走」的政策，即把洋人的文攻武衛都視若無物，只是成天在屋內請神念經，希望能夠用道術趕走洋人。

英法聯軍入城以後，抓到了如夢方醒正準備逃跑的葉名琛，把他送到了印度果阿囚禁起來。葉名琛直到這時還沒有放棄自己可憐的自尊，自號為「海上蘇武」，最終一年之後死在了異國他鄉，據說他是絕食而死的……

葉名琛這一頁翻過去了，戰爭卻還沒結束。英法聯軍在廣州成立了一個傀儡政權之後，就北上經過上海到達了大沽口外，並且攻擊了大沽口外的炮台；被葉名琛蒙蔽了數年的咸豐皇帝這時才知道大事不妙，慌忙派出直隸總督譚廷襄等人赴天津先後與四國談判，簽訂了《天津條約》。

條約雖然簽訂，可是雙方還沒有履行正式的換約儀式，所以麻煩仍舊存在。就在兩年之後，清政府因換約儀式中死守教條，虛驕自大，再度蒙受了甚至是比廣州淪陷還要多的恥辱。

【知識鏈結】

廣東水師，也叫廣東海軍，清末部署於南海區域的艦隊，長官為廣東水師提督，受兩廣總督節制，主要基地設在廣州黃埔。近代海軍興起之後，廣東水師順應風潮建設西式海軍艦隊。同治時期，時任兩廣總督的瑞麟從英法購入六艘蒸汽火炮艦船，用於巡海、緝私、捕盜。張之洞出任兩廣總督後，又向福州船政局訂購了千噸級的軍艦。宣統元年，廣東水師與北洋水師、福建水師、南洋水師一起編為巡洋艦隊和長江艦隊，水師從此終結。

萬園之園盡數毀，避暑山莊美人醉

咸豐十年（一八六〇年）十月一八日夜裡，一向靜謐的北京西郊卻頗不平靜。圓明園一帶火光沖天，烈焰飛騰。大火足足燃燒了兩天兩夜，甚至深秋時節涼爽的空氣也被大火烤的乾燥而灼熱。當籠罩在圓明園上空的滾滾濃煙逐漸散去，只剩下餘火在廢墟上畢畢剝剝地發出微響，住在附近驚恐萬分的老百姓才敢悄悄從家中出來一探究竟。他們驚訝地發現，昔日戒備森嚴的皇家禁地，已經是牆倒屋塌，宛如人間地獄一般。此時在北京城內，得知此事的恭親王奕訢，早已經面色發白，兩腿發軟，如一攤爛泥般癱在軍機處的地上……

火燒圓明園，這在中國乃至世界歷史上永遠都是恥辱的一筆。

圓明園所在的海澱一帶，是個水泊密布，草木繁盛的地方。元明時期，已經有人在此修建園林寺廟，此地被稱為「丹菱沜」。到清代康熙年間，康熙帝在此修建了暢春園，並將周圍一些舊有園林加以修葺，分封給諸皇子。

圓明園的全面擴建是在乾隆時期。乾隆對圓明園喜愛有加，在其剛剛即位的乾隆二年（一七三七年）便移居此地。由於乾隆曾經先後六下江南，對當地園林建築留下深刻印象，因此他意欲將江南風光全面移植到圓明園中。整個工程歷時三十餘年，到乾隆三十五年（一七七〇年）方才全面告一段落。由於外國傳教士的參與和中國工匠的巧奪天工，圓明園可以說博採眾長，運用了古今各種造園技巧，融匯了中外各種園林風格。當時的外國傳教士參觀圓明園後將其稱為「萬園之園」，圓明園以「Summer Palace」（夏宮）的美名流傳於歐洲各地，引起無數外國人的羨慕與渴望。

嘉慶年間，對圓明園又進行了一定程度上的擴建，將其附近的長春、綺春兩處附屬園林併入其中，三處園林以圓明園為主，其餘二處為輔，各自獨立而又相互連通，形成了園中有園的別致景觀。因此又統稱為「圓明三園」。經過清王朝幾代皇帝先後長達一百五十餘年，耗去白銀兩億兩之巨的苦心經營，到咸豐年間，圓明園已經是一片總面積達三百五十公頃、周長十公里、占地五千多畝，規模宏大，空前絕後的園林建築。

園中究竟是怎樣的驚世奢華？從法國大作家雨果的描述中可以看出：「你可以去想像一個你無法用語言描繪的、仙境般的建築，那就是圓明園。這夢幻奇景是用大理石、漢白玉、青銅和瓷器建成、雪松木作樑，以寶石點綴，用絲綢覆蓋；祭台、閨房、城堡分布其中，諸神眾鬼就位於內；彩釉熠熠，金碧生輝；在頗具詩人氣質的能工巧匠創造出天方夜譚般的仙境之後，再加上花園、水池及水霧彌漫的噴泉、悠閒信步的天鵝、白鷴和孔雀。一言以蔽之：這是一個以宮殿、廟宇形式表現出來的充滿族人類神奇幻想的、奪目耀眼的寶洞。這就是圓明園。」

然而，就是這麼一座美輪美奐的皇家園林，卻在第二次鴉片戰爭中遭到了殘酷的蹂躪。

咸豐十年（一八六〇年）九月，再次來襲的英法聯軍已經逼近了北京城。迫不得已的咸豐帝只得派出怡親王載垣等人赴八里橋與聯軍代表談判。前文已經提到，彼時的聯軍代表是時任廣州總領事的巴夏禮。也許是由於數次中英衝突，他都有所出面，起到了重要的作用，讓顢頇糊塗的清朝官員誤以為他是一員重要的「夷酋」；於是，在八里橋談判之際，清廷居然自作聰明地將聯軍代表一行三十九人扣押並監禁起來，企圖以此要脅英法聯軍退兵，這更給了英法聯軍繼續進攻的口實。

咸豐帝倉皇而逃，留守北京的奕訢雖積極布防，無奈情報洩露，使得聯軍繞攻北京西郊，雖有僧格林沁、瑞麟等清軍餘部出城抵抗，但大勢已去，聯軍於當日傍晚幾乎不費吹灰之力的抵達了圓明園門外。面對著洶湧如潮水襲來的英法聯軍，只有二十餘名圓明園技勇太監進行了微弱而堅決的抵抗，然而很快他們就以身殉國了。

聯軍一擁而入，攻佔了圓明園，管園大臣文豐涕泗橫流，投福海而死。進入圓明園的聯軍被園中的富麗堂皇驚呆了。由於擔心可能會對接下來與中方的交涉造成不利的影響，他們一開始還勉強壓抑著心中的貪欲，命令士兵不得搶劫財物；然而很快他們就控制不住在戰爭中業已混亂的本性。第二天，英法聯軍的上層軍官便開會討論如何分配園中的財產，並很快動手實行。可是，計畫中的搬運很快就變成了毫無章法的搶劫，沖昏了頭腦的士兵紛紛成群結夥地開始搶掠財物和藝術品，後來軍官也參與其中。

然而，更糟糕的事情還在後面：在搶劫的過程中，聯軍士兵發現了之前被清廷扣押的三十九名聯軍人質，而且由於清廷對其百般折磨，已經有二十六人死於非命，有些屍體甚至被肢解。已經搶劫搶到頭腦充血的聯軍聽說此事更是勃然大怒，英軍指揮官額爾金伯爵決心給予清政府以無法挽回的損失作為報復。於是，在十月十六日，本已搶劫得心滿意足的英軍又返回圓明園，肆意縱火，將圓明園化作一片白地。

而此時，遠在承德的咸豐，這位九五之尊，他在做什麼？且不說是他的昏庸直接葬送了祖宗基業，而在萬園之園被強盜燒成焦土的時候，他卻將自己關於熱河，閉目塞聽，今朝有酒今朝醉！據書中記載：奕置兵敗於不顧，攜妃嬪遊行園中，寄情於聲色既聊以自娛，又自我麻醉。國難當頭，他依然沉浸於美色絲竹、美酒鴉片，再痛心疾首再怒其不爭，大好河山還是被蹂躪在了他的手中。

咸豐十一年（一八六一年）七月，早已被酒色掏空身子的咸豐聽聞噩耗，一病不起，在悲憤與羞愧中一命嗚呼。而此時的北京城內，另外一個不平等條約《北京條約》正式簽訂。咸豐，因他錯坐了寶座，中華民族之殤，無可挽回。

【知識鏈結】

歷史的真相往往令人不忍觸碰。當英法聯軍進圓明園時，發現有個庫裡裝滿了先進火器火槍，都快黴爛了，應是乾隆時期外夷進貢，遠比當時聯軍使用的武器先進的多……人們不禁唏噓感慨，如此閉目塞聽、驕傲自大，無視一切外來因素，更沒有識得進步的慧眼，中國如何不能沒落！

第十章：垂簾聽政，半個世紀的荒唐富貴

慈禧，一個中國近代史上永遠也不可能避開的名字。從熱河開始，這個女人統治了中國整整半個世紀之久。在她的手中，列強得寸進尺，人民苦不堪言。本已經日薄西山的大清帝國，一步步走向滅亡。慈禧，無異於親手挖掘了大清帝國的墳墓。

生得獨子扶搖上，端倪初現野心家

咸豐二年（一八五二年）的大清帝國並不平靜，太平天國連戰連捷一路北上，從西南到華南都籠罩在戰火硝煙中。這一年也有一位姿容出眾的十七歲少女選秀入宮，被封為「蘭貴人」。沒有任何人能想到，十年之後，看似柔弱的少女，竟然叱吒政壇，主宰大清長達四十七年，她，就是慈禧皇太后。

正史中並沒有記載蘭貴人的名字，根據慈禧娘家後人的回憶，蘭貴人入宮前的名字叫做「杏貞」。蘭貴人姓葉赫那拉，曾祖父吉朗阿是嘉慶年間的刑部員外郎，祖父景瑞是道光年間的山東司員外郎，外祖父惠顯是佟佳氏族人，道光年間多次出任腰肢。道光十五年（一八三五年），杏貞出生於這個官宦世家中。杏貞在童年時，景瑞曾因虧空戶部庫銀被革職入獄，家道中落。後來祖父獲釋，原官致休，父親惠徵也被外放道台，先後在山西和安徽任職。咸豐二年，杏貞得以參加選秀入宮。她入宮前的情況並未留下多少記載，甚至她的出生地，迄今尚有多種說法。

一般說法，杏貞出生在北京。又因其父惠徵曾經在外地任職，杏貞又有出生於呼和浩特、浙江乍浦、安徽蕪湖的說法，因此杏貞擅唱南方小曲兒，並被咸豐注意。這些都被影視劇廣泛採用，但實際上破綻百出，經不起推敲。

還有一種更為奇特的說法：即杏貞出生於山西長治。據當地人說，杏貞原非滿人，而是潞安府西坡村王姓族人，原名王小慊，由於家境困難，自小被賣給上秦村宋家，改名宋齡娥；幾年後又被轉賣潞安府知府惠徵當丫頭。後來，惠徵夫人偶然發現她身具福相，日後必然大富大貴，因此將她抬入旗籍，收為乾女兒。此說亦是存有很大爭議。

被封為蘭貴人的杏貞，開始並未獲寵，她居住在圓明園的「桐蔭深處」，很少得見天顏。然而，僅僅過了兩年，她便打敗了一同入宮只為咸豐生下女兒的麗貴人他他拉氏，於咸豐四年（一八五四年）二月被封為懿嬪，炙手可熱。在風雲詭譎的後宮之中，蘭貴人從眾多佳麗中脫穎而出，才貌也好陰謀也罷，正顯示了其不同常人的心智。

中國古語有云「母以子貴」，對於二十四歲仍無所出的咸豐而言，意義更為重大。咸豐六年（一八六六年）三月，懿嬪生下皇長子，就是後來的同治皇帝——載淳。興奮不已的咸豐帝，御筆親書：「庶慰在天六年望，更欽率土萬斯人。」咸豐給予了懿嬪以足夠的獎賞和榮寵，不僅賞賜懿嬪的娘家人房屋宅院，還立刻將懿嬪進位為妃，第二年又晉升為懿貴妃。此時的後宮，除了高高在上的皇后鈕祜祿氏，沒有人能夠挑戰她的權威了。

但是，咸豐還是低估了杏貞的心氣，杏貞並不滿足於這樣的榮寵和地位。懿貴妃有一條獨一無二的長處，那就是她略通詩書，特別是能讀寫漢文，這是其他一般滿族女性所難以做到的。咸豐發現有一定文化的懿貴妃可以幫助生性疏懶又體弱多病的他處理政務。最初的時候，咸豐只是拿出一些請安摺子、事務報告等等不甚重要或者例行公事的折本，讓懿貴妃按慣例批覆「知道了」，「轉各部知道」等等三言兩語。嘗到了甜頭的咸豐進而變本加厲，逐漸開始拿一些軍機處送來的重要摺子，甚至是機密摺子給懿貴妃批閱，本應由咸豐親自批覆指示機宜，但咸豐懶得動筆，只是自己看一遍，再口擬諭旨，由懿貴妃謄寫清楚即可。

按照清朝祖訓，後宮與宦官不得干政。懿貴妃的舉動，早已是赤裸裸的干政之舉。可是，從咸豐看來，懿貴妃只是謄寫員幫他減輕負擔，只要他心中有數、調度有方，就不會出現後宮干政，牝雞司晨的狀況。但對懿貴妃來講，透過批覆奏摺文書，又有咸豐的講解和示範，她「時時披覽各省章奏，通曉大事」，加之她生性聰慧又熟諳後宮生存之道，更將廟堂冠冕堂皇之事了然於心。也許，一開始她只是以此來表示對咸豐的關心，為丈夫分憂解難，進而鞏固在宮中的地位。但是，嘗過了「一朝權在手，便把令來行」的滋味，誰還能依舊把持內心平靜？天長日久，連咸豐都沒有發覺，懿貴妃早已非當日吳下阿蒙，從一個弱女子變成了對權力懷有熱切渴望的野心家。

到咸豐朝後期，懿貴妃已經成為咸豐身邊須臾也離不得的嬪妃，她已經能夠時時為咸豐出謀劃策，分擔他對政務的憂愁和苦惱。

根據清人的記載，當英法聯軍連戰連捷，攻佔天津時，咸豐帝正在圓明園內飲酒作樂。聞聽噩耗，咸豐竟然手足無措，當著妃嬪的面痛哭流涕，醜態百出。當所有的妃嬪哭作一團、烏煙瘴氣之時。只有懿貴妃面色如常，冷靜地建議咸豐皇帝：事已至此，痛哭又有何用？……恭親王奕訢聰明決斷，又熟悉外情，陛下可以宣他進殿討論該如何是好。之後，當咸豐在肅順的慫恿下決定「北狩」逃離北京的時候，她又公開反對，若皇上離京，不僅對士氣是個嚴重的打擊，更會讓洋人乃至天下百姓輕視朝廷，後患無窮。

不能不說，在此生死攸關的時刻，懿貴妃的沉著機智都讓她做出了在事後看來是正確的選擇，可惜嚇破了膽的咸豐沒有聽從懿貴妃的建議。饒是如此，懿貴妃的舉動已讓朝中重臣頗為不滿，大臣們的戒懼也引起了咸豐的警惕，在他生命的最後時刻，他意識到了子幼母壯的後患無窮，於是他把壓制懿貴妃的重擔交給了皇后和肅順，但無論是與世無爭的皇后還是自作聰明的肅順，他二人怎能是懿貴妃的對手？

咸豐十一年（一八六一年）七月，咸豐在熱河駕崩，皇后晉升為慈安母后皇太后，而懿貴妃則以新皇生母的身分晉為慈禧聖母皇太后。這一年，她二十七歲。大清帝國的權力，馬上就要掌握在她的手中。

【知識鏈結】

在清朝，皇帝之女統稱公主，因嫡庶之分稱「固倫公主」和「和碩公主」。而親王之女稱為和碩格格（漢語為郡主）；郡王及其世子之女、貝勒之女稱多羅格格（漢語分別為縣主和郡君）；貝子之女稱固山格格（漢語為縣君）；公之女稱格格（漢語為鄉君）；其他級別貴族之女統稱宗室女。因此，電視劇上經常對皇帝女兒的格格的稱呼是十分錯誤的。

辛酉政變，垂簾聽政

咸豐十一年（一八六一年）九月三十日，國喪期間，護送大行皇帝梓宮還京的「顧命八大臣」之一的肅順被醇親王奕譞當街逮捕，又一場血染政變拉開帷幕。

肅順是鄭親王烏爾恭阿的庶子，祖上乃是赫赫有名的「鐵帽子王」濟爾哈朗。雖不能承襲爵位，卻不甘只做閒散宗室，他雖讀書有限，但卻很有能力，又善於籠絡人心，因此頗受推崇。咸豐也十分信任他，幾年之內肅順就從一個散秩大臣升到了戶部尚書，任藩院事的高位。肅順對待外夷態度頑固，一力主戰，不料清軍連敗，在英法聯軍進逼北京時又慫恿咸豐逃往熱河行宮。咸豐唯肅順之言是聽，落荒而逃，把北京留給了恭親王奕訢等主和派大臣善後。誰料咸豐竟駕崩於熱河，再也沒能回京。

臨死之前的咸豐，深知自己離京在外，又留下孀妻弱子，必然會造成政局的動盪。為了順利扶保載淳成人，咸豐一方面將怡親王載垣、鄭親王端華、協辦大學士戶部尚書肅順、御前大臣景壽及軍機大臣穆蔭、匡源、杜翰、焦祐瀛等八人封為為參贊政務王大臣——也就是所謂的「顧命大臣」；另一方面賜予皇后鈕祜祿氏一顆「御賞」圖章，賜予懿貴妃一顆「同道堂」圖章，要求新君的所有詔書都由八大臣擬定，但要加蓋兩顆圖章才能生效。這樣，在內宮與外廷之間達成了一種制約關係。

咸豐的設想雖然看似周到，但卻忽視了一個重要的方面，成為致命失誤。

咸豐「北狩」時被留在北京的大臣中不乏朝廷重臣，以及一大批實心任事之材，他們對洋人的態度比較客觀，主張議和，然而正是如此，遭到了肅順等人的排擠和咸豐帝的棄用。共同的政治取向使他們逐漸成為較有影響的政治集團，這個集團中便包括了才華橫溢、爭儲失敗一直閒散的恭親王奕訢。此外五阿哥惇親王奕誴、七阿哥醇郡王奕譞、八阿哥鐘郡王奕詥等人，咸豐並未給這些兄弟們安排任何職務，出奔熱河之時卻把他們留在京城汛地挺身犯險，這自然讓他們大為不滿。雖然他們沒有實權，但皇親國戚的身分卻也不能小視。於是在這種情況下，以奕訢為首，留守北京的大臣和諸皇子們逐漸勾搭連環，成為一股絕不遜於顧命八大臣的強大勢力。此外，據野史記載，肅順與慈禧早有不和。咸豐病重，決定立載淳為太子，肅順趁勢向咸豐進言，為防止母以子貴，仿效漢武帝誅殺鉤弋夫人，將太子的生母處死。雖然咸豐沒有同意，但此事被懿貴妃得知，她自然對肅順恨之入骨。

總之，咸豐的失誤，以及他根本想不到的內外矛盾，導致了一場宮廷政變的發生。

鬥爭從咸豐甫一逝世就開始了。八月初一日，聞聽噩耗的奕訢要求到承德奔喪，但是被八大臣拒絕了，他們要求恭親王留在北京。奕訢哪肯甘休，又以手足情深為理由屢次申請，八大臣考慮到人之常情，就允許了。奕訢到了避暑山莊，先在咸豐靈前一番痛哭，緊接著密見兩宮太后，密謀政變的計畫就敲定了。兩天後，奕訢遂回北京做具體部署。

九月二十三日，大行皇帝梓宮起駕還朝。兩宮太后聲稱孤兒寡母，一路之上多有不便，要求從小道先行趕回北京，肅順並不放心，派出其餘七大臣一路跟隨。然而讓肅順始料未及的是，兩宮太后特別是慈禧此時的魄力和勇氣遠非常人能比。這一行人日夜兼程，僅用六天就回到了北京，而此時由於秋雨連綿道路泥濘，梓宮還在路上。這就為政變提供了絕好的機會。

兩宮太后回到北京以後，立刻召見奕訢等人，並以小皇帝之名擬旨，將顧命八大臣全部革職，交部議處。第二天，一面逮捕在京的載垣、端華等人，一面派醇郡王逮捕尚在途中的肅順。十月七日，清廷改年號為「同治」，並宣布載垣等三人大逆不道等罪狀，當即賜載垣、端華自縊，將肅順斬首，景壽等五人分別罷黜或遣戍。震驚中外的「辛酉之變」就這樣發生了。

這場政變，以兩宮太后和恭親王大獲全勝收場。十一月初一，載淳登基，恭親王奕訢成為議政王，兩宮皇太后垂簾聽政，兩百年多年前順治登基之時的狀況又一次重演了。慈禧太后也從此如願以償成為了中國實際最高統治者。

「垂簾聽政」歷朝罕有，大多數守舊派官僚不能接受。早在朝廷尚未返回北京之時，關於「垂簾聽政」的爭論就已經爆發，後來經過政變，兩宮皇太后成功「垂簾」（由於慈安並無政治野心，因此只是例行公事而已）。平心而論，這一制度並無不妥之處，由於同治皇帝年紀尚小，有人輔政是必須的。事實上，在同治登基以後的十幾年內，這一制度還是發揮了極其重要的作用。也正是在「垂簾聽政」的期間，清政府針對之前幾十年遇到的一些問題進行了一系列改革，雖未必稱得上行之有效，但卻使死氣沉沉的政治局面出現了一些新氣象。這被歷史學家稱為「同治中興」。清政府無論在用人之道還是對外交流上，在慈禧太后的支持下，以恭親王奕訢為首，搞洋務、建北洋，力圖自強富國，是明智之舉。

在史學研究者看來，「同治中興」只能是清政府在特定的時間、特定的地點所表現出來的一種迴光返照而已。在全世界都已經被捲入資本主義和現代化的洪流中時，清政府卻未能及時轉型，而只是妄想在技術層面有所轉變，殊不知西方科學技術的發展及其所獲得的成就，正是源於其與中國截然不同的社會結構和政治體制，因此想要在不觸動清政府的前提下參與資本主義全球化的浪潮，就只能是癡人說夢了。

【知識鏈結】

垂簾：太后或皇后臨朝聽政，殿上用簾子遮隔。聽：治理。指太后臨朝管理國家政事。垂簾聽政始於漢朝，漢惠帝不理政事，呂后臨朝。漢殤帝出生不過百日就繼漢和帝為帝，皇后鄧氏以皇太后臨朝。南北朝時期北魏馮太后也曾經臨朝稱制。唐朝武則天以太后臨朝甚至廢唐建周，自己做了皇帝。宋代有多位皇太后曾臨朝稱制。但垂簾聽政的制度卻要到唐朝武則天時期才開始。此前的太后臨朝不需垂簾。近代慈禧太后垂簾聽政，控制中國政壇近半個世紀。

荒誕同治帝

一八六一年，年僅五歲的載淳繼位，即同治皇帝。經過一場驚心動魄的宮廷政變，兩宮皇太后在恭親王奕訢的支持下「垂簾聽政」。大清國的最高權力，就落在了兩個婦人之手。

幼稚無知的同治，懵懵懂懂被抬上了九五至尊的寶座，接受文武百官王公大臣的三跪九叩，山呼萬歲。其實他什麼也不懂，所有的軍國大事，都由坐在身後的兩位母親說了算，他也只是裝裝相，每天的主要任務是到弘德殿讀書。

同治自幼喪父，母親又忙於政事，他自小就和一幫太監宮女廝混在一起，正是所謂入鮑魚之肆，久而不聞其臭。本來少年心性，貪玩好動，又沒有得到嚴格的管教，同治逐漸養成了懶散不好讀書的惡習。即使有倭仁、李鴻藻、翁同龢等等名臣為師，無奈聖上脾氣喜怒無常，「天威難測」，也只好睜一隻眼，閉一隻眼，得過且過。《翁同龢日記》記載了同治十年（一八七一年）同治帝的學習情況：晨讀懶洋洋，只是敷衍了事；作文腹內空空，幾乎不能成篇；做詩吭吭巴巴，不忍卒讀。完全就是一副老師最不喜歡的差學生模樣。過了兩年依然如此，連《大學》都背不下來。在清朝的所有皇帝中，他恐怕是唯一一個不愛學習的皇帝。如此學問，同治的治國能力可想而知。同治親政之後，甚至連奏摺都看不懂，只得叫苦連天。曾經有一次，同治和翁同龢聊天，其間居然抱怨：「當皇帝的差使太累了！」

同治一見書就頭痛，但提到玩樂就兩眼放光。清人曾有論認為，同治「跳蕩遊冶之遺傳性，亦得之慈禧為多」，繼承了父母「優良基因」的同治頻頻出宮，北京城幾乎每個角落都留下了他的身影，在清人的筆記中，記載了大量關於同治微服私行的軼事。據說他對人們消費結賬不明所以，待弄清之後便親寫「飭廣儲司付來人銀五百兩」幾個大字交給他長久賒賬的飯館老闆，事情最後由慈禧出面廣儲司賞銀給老闆才算了事。

同治年少輕狂，大率類此。但隨著他年紀見長，朝野中要求兩宮太后停止垂簾歸政於帝的呼聲也越來越高。慈安稟性淡泊，對此提議自然是無可無不可，可是慈禧始終以「典學未成」為由，不允許同治親政。這雖是慈禧權力欲望強烈使然，但這個理由倒一點兒沒錯，同治沒有治國之才是千真萬確的。

不過，慈禧終究不得不遵守祖制，於同治十一年（一八七二年），宣稱皇帝年紀漸長，理應親政，不過皇帝既然成人，應當先舉行大婚方為妥善。於是下詔命京城內外滿蒙大臣送秀女入宮備選，為十七歲的同治挑選皇后。但后位人選，兩宮皇太后卻意見相佐，慈禧想在皇帝身邊安插自己人，看重員外郎鳳秀的女兒富察氏，而慈安則認為富察氏出身小戶、缺少教養，難以母儀天下，於是更看重書香門第翰林院侍講崇綺之女阿魯特氏。於是，這個皮球被踢到了同治面前。按照同治一貫好冶遊惡讀書的作風，他應該比較喜歡姿色過人豔麗無雙的富察氏才對，可當他看見跪在丹墀下的一排排美女的時候，也不知道怎麼鬼使神差地就看中了氣質過人溫婉賢淑的阿魯特氏。這可讓慈禧大失所望、大為光火。

儘管在慈禧亡羊補牢的安排下，富察氏被冊封為慧貴妃。但婚後的同治卻與阿魯特氏伉儷情深，對富察氏不理不睬。盛怒的慈禧將一腔邪火遷到了皇后身上。變著法兒地刁難皇后，甚至不許二人見面，逼著同治與慧妃同房，鬱悶的同治只好變著法兒地抵制慈禧。他以身體不爽為名，獨居養心殿。後來同治病重，皇后偷偷去護理侍奉，二人久未見面，不免說些兒女私情之話。誰知慈禧得知此事，火冒三丈，親自闖入養心殿暖閣，抓著皇后的頭髮拖出殿外，連打帶罵，還要叫太監杖責，全然不顧太后和皇后的體面。

受辱不過的皇后情急之下說了句：「媳婦是從大清門抬進來的，請太后留媳婦的體面！」誰知這句話反而激起了慈禧更大的怒火，慈禧本來就為自己未能在咸豐生前冊為皇后而耿耿於懷，聞聽此言宛如火上澆油一般，認為皇后是刻意諷刺自己，更加不依不饒。可憐同治見此，嚇得人事不省，病情轉重。

不久同治病重身亡，悲痛欲絕的皇后決心殉死，吞金自盡未遂。誰知慈禧卻只是淡淡地說：「就隨大行皇帝去了吧」。不久慈禧擇載湉為新君，皇后在宮內已經沒有任何名分可言。在同治駕崩七十五天之後，皇后也撒手西去，年僅二十一歲，據說逝世時腹中已有同治的子嗣。

同治十二年（一八七三年），同治開始親政。由於他於第二年便遽爾駕崩，因此在這短暫的一年多時間並沒有太多為人所稱道之處，相反倒是惹出了一樁大風波——下旨重修圓明園，這其中肯定有同治討好兩位母后的考慮。當時消息傳出，眾臣無不瞠目結舌。內憂外患剛剛有所平息，整個朝政有所恢復，然而畢竟是戰亂之後，各項事業方興未艾。此時同治帝放著一大堆的軍務政務還有夷務不處理，卻一心要重修已經被英法聯軍一把火燒得七零八落的圓明園，這要花多少銀子。滿朝文武無不心急如焚，議政王奕訢更是同醇親王奕譞、淳親王奕誴、孚郡王奕惠等十位重臣聯名上疏進諫，不想竟牽涉其他皇帝微服私訪之事，同治一怒之下竟然要將勞苦功高的議政王奕訢和醇親王奕譞等皇叔廢為庶人！

在慈禧的調停之下，這場鬧劇總算草草收尾。在慈禧的斥責之下，同治痛哭流涕，從此再不敢自作主張。聰明的奕訢明白，皇帝下旨重修圓明園自然有太后的默許，事情鬧到這個地步，即使自己官復原職，猜忌和懷疑的種子也已種在高高在上的聖母皇太后心中。

【知識鏈結】

權傾一時的議政王奕訢，雖勞苦功高，卻被處處制肘。他先後因安德海之案和反對重修圓明園一事觸怒慈禧。後來慈安太后去世，奕訢更為孤立。光緒十年（一八八四），慈禧藉口奕訢「委靡因循」免去他的一切職務，奕訢集團（武英殿大學士寶鋆、吏部尚書李鴻藻、兵部尚書景廉、工部尚書翁同龢等）被逐出軍機處和總理衙門。光緒二十年，奕訢被重新啟用，但毫無作為。光緒二十四年（一八九八）奕訢病故，終年六十六歲。

同治之死，帝王之崩總懸疑

同治十三年重修圓明園的風波鬧得沸沸揚揚，盡人皆知，而且說法眾多，不勝枚舉，然而這些說法幾乎都眾口一詞地指斥同治帝毫無體統，肆意妄為。

經過這場風波，同治重新又回到了任事不管的「逍遙」境地，對內，母親因為皇后的事情，和自己鬧得頗不愉快；對外，經過修園風波的諸位大臣們也和自己離心離德。由於見不到皇后阿魯特氏，同治滿腹的心事居然不知向誰提起。同治想必感覺非常無助和寂寞，他重新開始出宮遊玩，並且變本加厲。

此時的同治開始廣泛出沒於花街柳巷，秦樓楚館。據說他經常到崇文門外的酒館和妓院中飲酒作樂，「伶人小六如、春眉，娼小鳳輩，皆邀幸」，又沉迷於「小說淫詞，秘戲圖冊」中。這個時候，他又認識了王慶祺。

這王慶祺本是一世家子弟，英俊瀟灑，多才多藝。有一次在廣德樓飯莊唱曲兒，恰巧被微服私行的同治遇到，同治大加讚賞，便一見如故，給其加官晉爵，原本王慶祺只是個小小的翰林院侍讀，驟然以五品官加二品銜，毓慶宮行走。這王慶祺其他本事沒有，吃喝玩樂的手段卻花樣繁多，於是同治與他朝夕相處，日夜遊玩，簡直一刻也離不開。有一次，太監給同治送茶，遠遠就看見同治與王慶祺兩人坐在榻上湊在一起津津有味地看一本小冊子，狀甚親密，太監心中疑惑，待走近一看，居然是本《秘戲圖》。兩人看得入迷，連旁邊有人都渾然不覺。由是便傳出了同治亦好男色的說法。

同治的身體本來就弱，根本經不起這種醇酒婦人的折騰。很快他就病倒了。同治十三年（一八七四年）十二月初五，年僅十九歲的同治在養心殿駕崩。關於同治的死因，當時就眾說紛紜。

根據官方說法，同治是患天花不治身亡。《翁同龢日記》中詳細記載了同治從發病到病重，最終駕崩的情況，翁同龢根據太醫的說法，明確提出同治是患天花而死。歷史研究者透過對清宮檔案中保留下來的藥方的研究也證實了這一點。

野史記載，同治患病之後，宮內外進行了規模浩大的「供送痘神」，恭請「痘神娘娘」進入養心殿接受供奉的宗教活動，兩宮太后親赴景山壽皇殿焚香祈禱，祈求列祖列宗的保佑；文武大臣身穿花衣，為皇帝祈福；宮中張燈結綵，貼著驅邪避祟的對聯……皇宮內外，鑼鼓喧天，樂聲震地，好不熱鬧。

而同治死後民間流傳的一副對聯似乎也能說明同治死於天花，上聯是「弘德殿、廣德樓，德行何居？慣唱曲兒鈔曲本」，下聯是「獻春方、進春冊，春光能幾？可憐天子出天花」。

然而，這副對聯也嘲諷了同治糜爛混亂的私生活，正因如此，不少人對天花致死說提出質疑，認為無論是翁同龢的日記，還是太醫院的診療報告，都有可能是「為尊者諱」，因此不能作為切實的證據。

很多人堅信，同治是患梅毒而死的。根據野史記載，同治外出尋花問柳之時，由於擔心被人認出，不敢去比較正規的娛樂場所，而是專揀私娼取樂。這種地方，魚龍混雜，交叉傳染的幾率很大。同治患病以後，太醫院恐怕傷了皇家體面，不敢對症下藥，恐怕傳為笑談，佯裝天花治之。同治自然病勢日重，最終不治而死。

這一說法也有其他的證據：一些關於同治症狀的記載說同治死時，頭髮全部掉光，由此看來，同治的病與梅毒的症狀實在很像；而《越縵堂日記》也非常婉轉地記載了此事，先說「上旋患癰，項腹皆一，皆膿潰」，又說「宮廷隔絕，其事莫能詳也。」如此含含糊糊的表達方式，不禁讓人生疑。

還有一種說法，認為同治是慈禧太后害死的。然而具體如何行凶，卻是說法不一。有一說，據傳來自皇帝死後遭貶黜的王慶祺。他說，重修圓明園，乃是同治深謀遠慮的一步妙棋。原來同治雖然親政，但慈禧仍然事事過問，頻頻掣肘。同治便打算重修圓明園，以請慈禧移居圓明園之名，行監禁之實。不料事機不密，被慈禧太后得知，最終釀成大禍。

此外，還有一種更為奇特的說法，聲稱同治死於慧貴妃富察氏之手。傳說清宮舊例，天子要巡幸某妃嬪宮中，要經皇后的批准方可，否則妃嬪不准擅自接駕。同治死前，曾經想要往慧貴妃宮中就寢，皇后阿魯特氏再三不允，禁不起同治苦苦哀求，只得允許。誰料第二天同治突然一病不起。更有甚者提到同治龍馭上殯之時，慈禧毫不悲痛傷心，而是忙著考慮由誰繼承皇位。由此觀之，慈禧定是凶手無疑。

這些說法根本不能自圓其說，因此只能聊備一格而已。然而，有一種說法卻甚為有趣。

傳說，同治病重時，有一日忽宣李鴻藻入內見駕。原來同治自知病重不治，便決定提前立儲君，由於擔心慈禧太后從中作梗，日後為難皇后，便特意宣李鴻藻來寫遺詔，立貝勒載澍為儲君。由於載澍年紀較長，可防止慈禧弄權。李鴻藻心中暗暗吃驚，他心知同治的這點小把戲根本不是太后的對手。於是當面假意應承，背後卻立刻將此事報知慈禧。慈禧聞言大怒，立刻命人活活逼死了同治。

同治英年早逝，死的可能極不體面，甚至沒有來得及留下子嗣。然而，在這關鍵時刻，慈禧太后選了醇親王奕譞的次子，年僅四歲的載湉入承大統，她的目的只是為了自己可以更長時間地親政。

就這樣，又一個兒皇帝誕生了，大清的最高權力，還要停留在慈禧手中數十年。

【知識鏈結】

令後世不解的是，清朝十二位帝王，其死因大多成迷。十二位皇帝，只有乾隆、道光、咸豐、宣統（建國後去世）四位皇帝屬於沒有爭議的正常死亡。而其他八位皇帝之死，或病或災，或突然或神秘，史書上的記載更是閃爍其辭，躲躲閃閃，而隨之而來的，無一例外都是伴隨儲位之爭的血雨腥風。同治駕崩，光緒繼位，大清朝以往的立儲制度被徹底推翻，開始了由慈禧一人指定皇位繼承人的時代。

只選載湉，肥水不流外人田

同治十三年（一八七四年）十二月的一個夜裡，同治崩於養心殿。他的駕崩讓享國二百餘年的清帝國第一次出現了皇儲斷檔的危機。

按照清王朝父死子繼的不成文規則，同治帝載淳死後，應該由「溥」字輩接任皇帝，朝中一些大臣也如此想，便推舉道光帝長孫溥倫入主大寶。但這正是慈禧太后所不願意之事，因為如果一旦這樣，她的身分就變成了太皇太后，進而失去了繼續「垂簾聽政」的權力。所以她以支脈太遠而拒絕了這一提議。慈禧太后的意思，是繼續從「載」字輩中挑選一人擔任皇位，並且此人還必須是同治皇帝的近親，如此她就可以繼續以皇太后之身分繼續把持朝綱。慈禧最終挑中的是醇親王奕譞的次子載湉，也就是後來的光緒帝。這是為什麼呢？

原來，在道光皇帝的幾個兒子中，當時仍健在且育有後代的，就只有恭親王奕訢和醇親王奕譞。但恭親王奕訢作為議政王，領班軍機大臣，已經權傾朝野，倘若再有兒子繼承皇位，奕訢不啻於是無冕之王，權力過大。況且，奕訢諸子年紀也都不小，不便控制；相反，醇親王奕譞為人低調，而其次子載湉彼時年紀只有四歲，不大不小，便於從小控制，而且更重要的是，奕譞的嫡福晉，乃是慈禧的親妹妹，兩家可謂是親上加親。載湉對於慈禧而言，既是親侄子又是親外甥，皇位自然不出他人，正可謂「肥水不流外人田」。

家中平白多出一個皇帝，似乎是件天大的喜事，但醇親王奕譞可並不這麼看。他深知慈禧的為人，明白自己的兒子當皇帝並不是要君臨天下，而是要給自己的這位大姨子做個幫襯。因此在得知這一決定後，他當時就昏了過去。史載：奕譞「忽蒙懿旨下降，擇定嗣皇帝，倉猝昏迷，罔知所措。身戰心搖，如癡如夢」。

應該說，奕譞是個極為聰明的人，當然他的聰明與奕訢不同。奕訢的聰明表現在文武全才，有經天緯地之能上；而奕譞的聰明則表現在深知進退，韜光養晦上。由於曾經參與辛酉政變，又親自捉拿了八大臣之首的肅順，醇親王在同治朝深受慈禧重用，先後擔任都統、御前大臣、領侍衛內大臣、管神機營事、管善捕營事、步軍統領、弘德殿行走等職務，是僅次於恭親王的重臣。然而他為了避免遭到慈禧太后的猜忌，在光緒皇帝甫一繼位之時，就上奏摺要求辭去一切職務。在其再三哀求之下，慈禧最終同意了他的請求，僅保留了親王雙俸的待遇。

不僅如此，奕譞還秘密給慈禧上了一道名為《豫杜妄論》密摺，其內容大致是說，由於載湉當了皇上，自己雖然身為皇父，但絕對不會要求追封皇帝的稱號。如果自己有一天死了，有不知好歹的大臣，請求慈禧或光緒追封自己，請拿出這封摺子駁斥他。事情果然不出醇親王的預料，十幾年以後醇親王去世，果然有大臣提出此議，結果被慈禧罵得狗血淋頭。由此觀之，奕譞實在是一個深諳政治鬥爭之道，有大智慧的人。奕訢最終被削去官職，在家閒住，奕譞卻榮寵不衰，兩世為帝。

饒是奕譞如此低調，載湉的繼位仍然引起了軒然大波。因為經過二百多年來清朝歷代皇帝不斷的調整和完善，皇位繼承制度已經形成了一套較為嚴密和合理的規則：首先是父死子繼，清代歷史上從來沒有兄終弟及的成例；其次，清代皇帝的確立，早期是由滿族親貴共同協商，或皇帝留下遺詔，在雍正創建秘密立儲制度之後則依此而行；再次，但凡幼主繼位，通常先帝都會安排輔政大臣輔佐新君，但具有強烈權力欲的慈禧卻罔顧祖宗家法，一口氣將這些成例全部打破，以一己之言，決定了皇位的歸屬，並繼續垂簾聽政。難怪一些守舊的大臣會極度不滿，甚至以死抗爭。

光緒五年（一八七九年），同治下葬於惠陵，御史吳可讀請求陪同送葬。結果半路自殺身亡，身後留下一封遺折，請求慈禧待異日光緒成年之後，將其子過繼給同治，作為下一任儲君，以保持大清國祚綿長。這一「屍諫」事件震動朝野，慈禧太后迫於輿論壓力也不得不批准了吳可讀的建議。

無論如何，剛剛四歲的載湉被扶上了皇位，年號光緒。而慈禧太后也順理成章地再次「垂簾聽政」。光緒的幼年生活幾乎和同治無甚區別，從六歲開始，進入毓慶宮讀書，先後教過他的老師有翁同龢、孫家鼐、夏同善、孫詒經等人。光緒在這些飽學宿儒的教導之下受到了良好的教育。和貪玩懶學的同治不同，光緒從小就非常知書達理。甚至慈禧也稱讚他「實在好學，坐、立、臥皆誦書及詩。」兩代帝師翁同龢看著光緒自小長大，師生感情甚好，《翁同龢日記》中記載：光緒八歲那年，曾經向上天祈雨，為了表示虔誠，居然自行齋戒，並要求上書房的師傅一例辦理；九歲過生日，宮中唱戲慶祝，光緒甚為不滿，認為沉迷戲劇，有害無益。光緒小小年紀，其行為舉止便深合儒家之道，這讓翁同龢大為高興。

等光緒年紀稍長時，他不僅熟讀經史子集，而且能詩善書。據史料記載，「上之文學本源極厚。書法鐘顏，端厚渾樸，詩文極雅」。光緒自小養成了讀書的好習慣，當他親政以後，處理朝政之餘，尚且手不釋卷，終日閱讀，而且中西書籍，均有涉獵；此外，光緒的記憶力也相當好，稱得上博聞強識。據說當他親政以後，閱覽奏摺一目十行，只要一遍便了然於胸。

人們不禁會暗暗期待這位年少聰穎的皇帝將來可以成就一番大事，扭轉乾坤，但歷史給了風雨飄搖的大清一次又一次玩笑，只承載了光緒帝短暫悲愴的一生。

【知識鏈結】

清朝中後期，清廷繼乾隆之後又下旨冊封了四位鐵帽子王，他們是：和碩怡親王允祥；和碩恭親王奕訢；和碩醇親王奕譞；和碩慶親王奕劻。

幾朝奮發欲為賢，傀儡難逃五指山

應該說，光緒的能力，完全有資格獨立處理政務，雖未必會成為一代有道明君，但必然不會像咸豐、同治那樣昏庸無用。可不幸的是，他當皇帝這件事本身就是一個悲劇。

慈禧與光緒的關係，從來說不上好，也許是因為年幼的光緒更加喜歡溫柔可親的慈安有關，又或是其他。如此，慈禧便經常有意無意地為難小皇帝。光緒體弱多病，身體一直不好，據說是因為從小就營養不良所致。此外慈禧酷愛聽戲，每次看戲都會叫光緒前來陪同。可是她根本不管小孩子的心情，總是點些《天雷報》之類陰森恐怖，神神鬼鬼的戲，給年幼的光緒心靈上留下了很深的刺激，以至於日後光緒非常害怕打雷。

說來也巧，同治和慈禧不睦，始於慈禧為同治選后；而光緒與慈禧同樣因為光緒大婚的事鬧得很不痛快。光緒十三年（一八八七年）冬，十七歲的光緒皇帝即將大婚親政。慈禧此時與當年為同治選后時一樣，仍想在光緒身邊安插一個自己人。因此，她安排了自己的親侄女，都督桂祥的女兒參選。

年輕的光緒並不笨，他自然知道慈禧安排了一齣選秀之戲，但並不想配合。當慈禧拿起如意，告訴光緒看哪個姑娘合你心意，就把如意賜給她的時候，光緒直截了當地說道：婚姻大事，還是皇爸爸來做主，兒臣就算了吧。誰知控制欲極強的慈禧並不答應。也許在她看來，過程和結果同樣重要。你光緒必須按照我制定的規矩來。光緒畢竟年紀尚幼，看到慈禧如此做派，居然以為自己即將親政，慈禧也要尊重自己的意見了。大喜之餘，一把抓起如意，看也不看站在第一排的桂祥之女，徑直走到站在第二排的江西巡撫德馨女兒面前，就要把如意賜給她。

就在這關鍵時候，慈禧一聲嚴厲呵斥，使得光緒吃了一驚後明白過來，還是無可奈何地踅回身來，把如意重重地往桂祥之女的手中一塞，迅速回到了慈禧身旁。

光緒這個皇帝做得有點窩囊，連選擇自己的皇后也只有認命的份。可慈禧仍不依不饒，她認為既然光緒有心於德馨的女兒，怕她日後奪寵，於是自作主張，將兩個荷包給了站在第三排的禮部左侍郎長敘的兩個女兒。一場可笑的選後儀式就這麼結束了。然而慈禧並沒有想到，她的無意之舉又為自己樹立了一個敵人：長敘的小女兒，就是後來的珍妃。

光緒的一生也就只有這麼一后二妃，是清朝皇帝中后妃最少的皇帝，也是成婚最晚的皇帝。慈禧的做法自然是出於政治的考慮，可以想像，光緒的心情該有多麼鬱悶，更重要的是，新娶的孝定皇后長相醜陋，還有些駝背，這別說是一個皇帝了，就連家境稍微殷實點的男子，恐怕也無法對之產生好感。心裡不痛快的光緒怎麼肯跟這樣的皇后同床？儘管珍妃瑾妃也不是他親自挑選的，但為報復慈禧，他甚至刻意地疏遠皇后而親近珍妃和瑾妃。

自小養尊處優的皇后怎麼能忍受輕蔑？二人時常爆發爭吵。光緒十八年（一八九二年）夏，光緒與皇后又因為小事激烈爭吵起來，鬱悶的皇后氣不過，便到慈禧的寢宮發牢騷。隆裕皇后的本意，只是獲得一些安慰就可以了。誰知道慈禧聞聽此事，勃然大怒，當著一眾太監宮女大罵光緒，轉臉又好言勸慰皇后：「別太難過了，你還年輕，不用為這個病秧子想不開。我有的是辦法收拾他。」皇后一聽此言，知道自己做過了頭，然而也無可奈何。後來連續幾個月，慈禧對光緒都沒有好臉色。從此，慈禧就埋下了剷除光緒的心思。

慈禧與光緒的關係中所最為人津津樂道的，就是那個奇怪的稱呼——親爸爸。有的野史資料也引作「皇爸爸」。這一稱謂究竟是何意，引起了不少人的爭論。德齡女士《清宮二年記》中的一條記載：「皇帝及余（作者）等皆呼太后以男稱。」而德齡也確實聽到過光緒向慈禧請安時說「親爸爸吉祥」。也就是說，「親爸爸」用的正是本義，慈禧希望光緒將自己像生身父親一樣對待。

那麼，慈禧為什麼要這樣呢？有研究者指出，慈禧的這一心理可能還是重男輕女思想在作祟，是一種心理感情和政治的需要。慈禧雖然是掌握大清王朝實際權力的人，但終究身為婦人，沒有辦法和九五至尊的皇帝相提並論，但慈禧並不甘心於此。她曾經說過，即使是光緒皇帝，也是我妹妹的孩子，就跟自己親生的一樣。那麼，讓九五至尊的皇帝叫自己親爸爸，是對光緒帝的一種警戒：大清國的最高權力，在她慈禧手中！此外，對於天下臣民來說，也表明了慈禧的地位要高於光緒，她才是大清國的實際統治者。

慈禧是這麼想的，也是這麼做的。光緒十三年（一八九七年）光緒親政以後，慈禧規定，光緒必須每隔一日向她奏報政務，聽候訓示，還經常派人監視他的行蹤。而光緒懾於慈禧的威嚴，每日請安時都渾身顫抖，任何政務要主動向太后請旨才能實行。後來戊戌變法失敗，慈禧太后以「訓政」為名，重新臨朝視事，居然連垂簾聽政的形式都免了，與光緒帝一起坐在須彌寶座上接受群臣山呼萬歲。

俗話說天無二日，國無二君，這話在慈禧的面前被打破了。有大臣奏對政務，全憑慈禧一一裁決，光緒在一旁只是默然不語。有時候慈禧覺得不妥，用胳膊肘碰他，示意他說兩句，光緒才提起精神，胡亂應付兩句而已。說得不妥，還要遭到慈禧的斥責。

或許慈禧太后認為，光緒能夠做皇帝，這個權力與地位是自己給他的，所以他就必須要聽話。慈禧一直是這麼做的，於是乎，光緒再如何奮發圖強有心成就，也終究只做那難逃五指山的孫悟空罷了。

【知識鏈結】

清朝的封爵分為功封與恩封。功封指因功而封，可以「世襲罔替」（即輩輩長子承襲爵位不降級，鐵帽子王即是）。恩封的爵位則是長子承襲時，輩輩經父親下降一級爵位。但親王之子孫降到鎮國公為止不再降；郡王子孫降到輔國公為止；貝勒子孫降到不入八分鎮國公為止……親王年俸白銀一萬兩、郡王五千兩、貝勒兩千五百兩、貝子一千三百兩、鎮國公六百兩、輔國公三百兩。

第十一章：洋務運動，士大夫的一廂情願

兩江總督曾國藩的一封奏摺，掀開了洋務運動的浪潮。君臣的一致努力，讓大清以為見到了中興的曙光。然而，在封建制度不變的前提下，洋務運動只能是一場幻夢而已，北洋水師的組建與覆滅，中國在甲午戰爭再受恥辱，恰恰證明了這一點。

走出國門，師夷長技

一八四七年，三位不滿二十歲的中國青年容閎、黃寬及黃勝跟隨美國教育家勃朗（Rev Samuel Robbins Brown）牧師赴美留學。他們十分清楚當前大清朝積貧積弱，搖搖欲墜的緊迫形勢。因此他們懷著一顆扶大廈之將傾的雄心壯志前往就學。雖然最終只有容閎一人留在美國升學，但他回國後卻做出了驕人的成就，被譽為「中國留學生之父」。

一八五四年冬，容閎學成回到祖國，他一度想透過「藉雄厚之財力」創辦實業的方式來挽救國家於危難之中，但不久便發現自己既然「志在維新，自宜大處落墨，若僅僅貿遷有無，事業終等於撈月」，於是決計棄商從政。

容閎在曾國藩、丁日昌的支持下，於一八七〇年提出了派遣幼童赴美留學的計畫。基於曾國藩的地位和影響，為了引起清廷的重視，曾氏決定由他領銜會奏，清廷迅即批准。

一八七二年八月，第一批三十名幼童（年齡定為十至十六歲）抵達美國，它揭開了中國近代歷史上批量走出國門、留學西方的第一頁，是中國近代教育史上的一座里程碑。此後的三年時間裡，中國留學生分三批按計劃抵達美國。他們用自己的刻苦耐勞、勤奮好學征服了西方人，許多人的成績甚至在美國學生之上。

據當時美國《紐約時報》報導：

中國幼童均來自良好高尚的家庭，經歷考試始獲甄選。他們機警、好學、聰明、智慧。像由古老亞洲來的幼童那樣能克服外國語言困難，且能學業有成，吾人美國子弟是無法達成的。

幼童們來美後積極奮進、刻苦學習的精神以及美國人士的好評，讓容閎內心極為欣慰。但沒有想到的是，支持自己實現此項「教育計畫」的曾國藩卻於一八七一年冬因病逝世，這一噩耗令容閎感到無限惋惜與悲痛。他說，如果上蒼「賜以永年」，使之「得見其手植桃李，欣欣向榮」、「手創事業之收效」，「其樂當如何耶」？

真是「禍不單行」。令容閎更加沒有料想到的困難接踵而至。曾國藩的去世使他的「教育計畫」失去了有力的後援，加上這些留學幼童中有的逐漸習染西風。開始西裝革履，信奉基督教，尤其是不習漢文，不再遵守封建禮節。時任留學生正監督的陳蘭彬及其繼任者吳子登等人便與朝廷內部的頑固派沆瀣一氣，對派遣幼童赴美留學的「錯誤做法」群起攻擊。認為這些學生「若更令其久居美國，必致全失其愛國之心，他日縱能學成回國，非特無益於國家，亦且有害於社會」，因此為了防患於未然，應當馬上將留美學生盡數撤回，「能早一日施行，即國家早獲一日之福」等。

這場鬥爭實際上是改革與保守、前進與倒退、西學與中學之爭，自始至終能夠堅定不移站在支持方一邊的，整個朝廷裡只有容閎一人。雖然李鴻章對留學生給予了一定的同情，卻也是愛莫能助。他只能在朝野的反對聲中採取妥協的方針：在責令正副監督對留學生進行嚴加管束的同時，向美國政府提出希望能讓中國留學生進入美國陸海軍專門軍事院校學習的交涉，希望以此培養出國家所急需的高級軍事人才，同時也可減輕頑固派所施加的壓力。然而美國政府卻斷然拒絕了這一要求。容閎的一再努力終歸無效，一八八一年夏，清廷最終作出解散留學生事務所、撤回全部留學生的決定。

堪堪功敗垂成之際，容閎並不甘心就此承認自己努力的失敗，他畢竟為此耗費了全部的精力。而此時自一八七二年以來先後赴美的留學幼童中，最小的也已滿二十歲。在他們中間，有很多人不僅高中畢業，甚至已經考入耶魯、哥倫比亞等名牌大學，他們若是中道輟學，那將令人十分惋惜。

於是容閎向美國友人呼籲並請求他們伸以援手，希望他們可以利用自己的身分向清政府施壓，請政府收回成命，讓留學生們在美國繼續學業。哪怕讀的不是軍事院校，理、工及其他高等院校也是可以選擇的對象，學成歸國後，一樣可以幫助大清加快國家近代化的進程。

容閎的呼籲博得了美國教育人士的回應，一時之間，致清政府的函文如雪片般飄落在皇帝的案頭。在這些信中，美國耶魯大學校長波特及美國教育界眾多名流聯名呈遞給清總理各國事務衙門的信最為真誠殷切。他們在信中說道：「（留學生們）自抵美以來，人人能善用其光陰，以研究學術……成績極佳……咸受美人之歡迎……實不愧為大國國民之代表，足為貴國增榮譽也。」波特及眾多名流希望，清政府能夠收回成命，並地指出：「令學生如樹木之久受灌溉培養，發芽滋長，行且開花結果矣，顧欲摧殘於一旦而盡棄前功耶？」

可言者諄諄，聽者藐藐，清廷頑固派依然反對派遣留學生出國，嚴令這些在海外求學的孩子們必須全部克期歸國。一八九一年十一月，除了堅決不歸以及夭亡於異國他鄉的二十八人外，剩下的九十四人回到上海。

至此，容閎心中最為華彩的教育救國之夢就這樣破滅了。

雖然派遣幼童赴美留學一事本身未能善始善終以竟全功，但也未遭完敗，因為這百餘名歸國留學生仍然在為祖國的富強奉獻自己的一份力量。因而容閎後來說：

今此百十名學生，強半列身顯要，名重一時，而今日政府（指清廷）似亦稍稍醒悟，悔昔日解散留學事務所之計畫，此則余所用以自慰者。

昔日轟轟烈烈的派遣留學生行動在保守派的干擾下無奈地落下了帷幕，而晚清政府則是更加風雨飄搖。國際上的環境已經容不得晚清政府明哲保身，唯有與世界相溝通，方可能爭得一席容身之地。雖然清政府所採取的接軌方式過於簡單，對危機四伏的統治也沒有什麼的幫助，但多少也邁出了第一步。

【知識鏈結】

後來，第一批返回的二十一名學生均被送入電局學傳電報，第二、三批學生由中國當時的新式企業如福州船政局、上海機器局留用二十三名外，其餘五十名分赴天津水師、機器、電報、魚雷局等處當差。這批留美幼童後來分散到政界、軍界、實業界、知識界等各個領域；在他們中，有鐵路工程師詹天佑、開灤煤礦礦冶工程師吳仰曾、北洋大學校長蔡紹基、清華大學校長唐國安、民初國務總理唐紹儀、清末交通總長梁敦彥，成為中國近代歷史上的知名人物。

技術立國，自強求富

洋務運動在李鴻章為首的一批人帶領下已經如火如荼地進行了數載，隨著洋務運動步伐的大邁進，「運動」中的致命缺陷也越發顯現出來——那就是如果想真正實現富國強兵的目標，單單靠培養軍事人才是不行的，必須全方位地佔有當前世界上全部的領先學科。

一八六一年的，奕訢深感語言不通，任洋人蒙蔽，遂上奏朝廷，請求創立「同文館」，其意在於培養外語翻譯人才。此後，專門培養外語人才的同文館轟轟烈烈開張，遍及全國，大量西方文獻資料經此傳入中國，對於國人放眼世界，學習西學奠定了基礎。

而最能觸及洋務派靈魂的莫過於資訊的傳遞了。當李鴻章看到洋人使用每秒三十萬公里傳輸速度的電報，而此時的清政府還使用老舊的驛站快馬加鞭的方式傳遞情報的時候，辦電報學堂及掌握世界領先技術的欲念便在李中堂的心中與日俱增。隨後，福州電報學堂、天津電報學堂、上海電報學堂相繼成立，使得電報行業在全國推廣開來，發揮了重大作用。

在洋務運動中所成立的所有實業學堂中，最名副其實的應屬實學館，而實學館中當推廣東為先。兩廣總督劉坤一首先宣導興辦，後來經過繼任兩廣總督張樹聲的發展，已然成長。在論述辦西學館的目的時，張樹聲曾言：

（中國）開廠造船，設局簡器，講求效法，積有歲年。而步其後塵，不能齊驅競捷；得其形似，不能開逕自行。則以西學入門層累曲折，皆有至理，不從學堂出者，大抵皮毛襲之，枝節為之，能知其所當然，不能明其所以然也。

在他的眼裡，只有學習西方科學技術知識，才能有所創造。劉坤一所捐的十五萬兩銀子，正給了張樹聲以啟動資金，開闢出黃埔對河之長洲地方，購買外國船塢，「可為考證學業之資」。是年冬天開始動工，一年之後工程結束開館，取名「實學館」。學習的科目主要是製造。當時在籍丁憂的翰林院編修廖廷相被招聘為總辦館務。他說這樣一來可以「稱名正而言之順，任人正而學者從」。

一八八三年，督辦寧古塔等處事宜的吳大澂奏請在吉林創辦表正書院，「數理精深，又能循循善誘」的江蘇候補知縣了乃文接受掌管教習事宜的委任，分教習則為候選從九品廖嘉綬。該書院的校址在吉林機器製造局東部，建造房屋二十六間，隸屬於總辦機器局的江蘇候補同知朱春鼇負責監督建造。其學生來源，是「吉林府教授衙門送滿漢生童三十餘名住院肄業，專令學習演算法」；「該生童等有志向學，漸入門徑，頗有可造之材，將來日進有功，與機器製造測量諸法，觸類可通」。吳大澂在奏則中指出，學生的學習頗有成效。由此便可知道，表正書院的興辦與軍用的製造局有著密不可分的關係。

應洋務事業需要，台灣巡撫劉銘傳在台灣成立台灣西學堂。

之所以台灣要擁有自己的「西學堂」，首先是「台灣為海疆衝要之區，通商籌防，動關交涉」，然而台灣地區沒有精通外國語的人才，內地的人才也處於緊缺狀態中，難以向台灣輸入；其次是「台地現辦機器、製造、煤礦、鐵路」等工業企業，對此類科技人才有著迫切的需求。

出於這樣的目的，一八八七年四月，台灣西學堂正式建立。首批招收二十餘名「年輕質美之士」，聘兩位漢教習，並「延訂英國人布茂林為教習」，「於西學餘間，兼課中國經史文字，即使內外貫通，亦以嫻其禮法，不致盡蹈外洋習氣，致墮偏詖。」

學堂的學生在第一年學習外語，而後「漸進以圖算、測量、製造之學，冀各學生砥礪、研磨，日臻有用」。這樣，台灣便湧現出了大批的外交人才以及備有工業近代化中所需的科學技術等工程管理人才。

在晚清興辦事業學堂的浪潮中，湖北自強學堂不可忽視。

一八九三年十月，張之洞在武昌建立湖北自強學堂，分為方言、算學、格致、商務四齋，也就是四門專業，每個月均會以考試的形式對學生的學習成績予以考核。

在四門專業中，張之洞將重點放在了方言、也就是外語上。在方言齋就讀的學生必須在學堂居住，直到畢業為止。其餘的三齋學生可以自行選擇是不是住校。對此，張之洞認為：「自強之道，貴乎周知情偽，取人所長，若非精曉洋文，即不能自讀西書，必無從會通博采。」不過隨著局勢的發展，學堂開始對重視技藝的掌握，並在一八九六年，把原鐵政局內的化學堂併入到湖北自強學堂，成為單獨的一門專業。

與其他實物學堂不同的是，張之洞的湖北自強學堂對國外有關工農商等方面的技藝書籍分外關注，並大量引入翻譯此類著作。張之洞認為，隨著事物的不斷發展，現在的形勢與以往已經大不一樣，因此在對交涉公法和武備製造等書進行翻譯時，也要對其他領域的書籍有所涉獵。張之洞稱，「方今商務日興，鐵路將開，則商務律、鐵路律等類，亦宜逐漸譯出，以資參考，其他專門之學，如種植、畜牧等利用厚生之書，以及西國治國養民之術，由貧而富，由弱而強之陳跡」等各方面的書，都應該進行筆譯並且廣泛刊發及流傳，「為未通洋文者收集思廣益之效。」

宣導實務，向西方學習，實質上是要推動中國的近代化進程。然而，在腐朽沒落的封建政治制度環境下，任何努力都只是治標不治本。

【知識鏈結】

京師同文館於同治元年（一八六二年）正式開辦，是培養翻譯人員的「洋務學堂」，也是清代在北京開辦的採用班級授課制的第一所洋務學堂，是中國近代新式學校的發端。畢業後的學生多數任政府譯員、外交官員、洋務機構官員、學堂教習等職。該館所附設的印書處、翻譯處，曾先後編譯、出版自然科學及國際法、經濟學書籍二十餘種。此外還設有化學實驗室、博物館、天文台等。一九〇二年一月，該館併入京師大學堂。

大清必有強軍之路

榜樣的力量是無窮的，教訓也是痛心疾首的。兩次鴉片戰爭這一棒喝砸醒了那些還有些「慧根」的清政府高官們。他們越來越清楚地認識到，要想強兵乃至強國，就一定要培養自己的軍事力量，建設屬於自己的堅船利炮。

軍事學堂之中，最具代表性的便是福州船政學堂，這是中國第一所近代海軍學校，在沈葆禎的苦心經營下培養出了中國第一批近代海軍軍官以及第一批工程技術人才，中國近代海軍和近代工業的骨幹中堅都是由此畢業的學生。

繼福州船政學堂之後，李鴻章又在北方成立北洋水師學堂，培養了大量北洋海軍的骨幹力量，功不可沒。

而在軍隊近代化的建設中，最為關鍵的便是新式的武器了。

早在李鴻章上海剿滅太平軍的過程中，他就發現了外國槍炮的卓越性能，開始組建「洋槍隊」。那時，曾國藩並沒有認識到先進的武器在作戰中的作用，因為他更強調人的能量。不過，他還是對李鴻章追求新式武器的想法予以支持。最終，在奕訢的幫助下，李鴻章的建議終於得到了慈禧太后的首肯，允許他在「剿匪」的前提下，學習製造軍火。李鴻章也認識到，想要自立自強，外國的生產技術必須掌握，長期依靠購買西方軍火，只能增加對外國的依賴性。國家創辦和發展自己的軍工企業，實現自主生產才是強軍的唯一途徑。

一八六二年十月，在李鴻章所提供的軍費資助下，技工們由韓殿甲領導開始生產炸藥及雷管。次年，英國人馬格里在李鴻章的雇用下，會同直隸州知州劉佐禹，首先在上海設立了一個洋炮局，這是上海最早成立的洋炮局，主要生產炮彈銅帽等軍用品。

同年九月，李鴻章將曾國藩的幕僚丁日昌調到上海，再建一局，對西式的短炸炮以及各種新式炮彈進行仿造。後來，丁日昌一直跟隨李鴻章做事，已然成為李鴻章身邊最得力的助手，並成為「洋務運動」的積極實行者。

三個洋炮局先後成立，李鴻章將其合稱為上海「炸彈三局」，當時也稱之為上海洋炮局。由此生產出來的各種彈藥被源源不斷地送往與太平軍作戰的前線，不僅為李鴻章鎮壓太平天國起義提供了有力的支援，也為他日後創辦江南製造總局、金陵機器局積累了寶貴的經驗。

成立於一八六七年九月的江南製造總局又稱上海機器局，初建時以生產槍炮彈藥為主，待到後來修船造艦方面也能勝任，成為一家綜合性的新式軍用企業。曾國藩和李鴻章師徒二人成立江南製造總局的主要目的是「自立自強」，這也是該局的主旨。因此，二人事無巨細，無論是機構的設立還是人事的任免甚至是購置機器他們都要過問，這使得江南製造總局從一開始就有了強大的人力和物力的支持，所以發展得非常迅速。

一八六四年，淮軍攻佔蘇州，馬格里、劉佐禹主持的洋炮局被李鴻章遷往蘇州，成立了蘇州洋炮局。此時的李鴻章已經成了讓人們另眼相看的洋務派首領之一了。後來，蘇州洋炮局搬遷至南京，改名為金陵製造局，規模逐漸擴大，生產力也隨之迅速提高。以生產各種口徑的大炮、炮彈和子彈為主，其他軍用品也兼顧生產。

一八六五年，李鴻章接過曾國藩兩江總督的職務。這時候的他發現，三個洋炮局的設備不全，於是在曾國藩的支持下，將原來設在上海的兩個洋炮局與購買的上海虹口美國人的一座旗記鐵廠合併，擴建為江南製造總局。江南製造總局規模極大，該局經費來自於兩江海關二成的洋稅，主要製造軍械。此外，江南製造總局還附設譯書局，專門翻譯外文科技書籍。

該局以「自立」、「自強」為主旨，從經費的籌措、機器設備的購置、管理人員的委派到洋匠的聘僱、機構的設立等問題，李鴻章和曾國藩都要一一過問，可謂盡心盡力。一八六七年夏天，江南製造總局從虹口一帶遷至高昌廟，規模繼續擴大。後經陸續擴充和添置設備，到十九世紀八〇年代上半期，製造總局已擁有各種工廠十餘座，船塢一座。自一八六七年至一八九四年二十七年間，該局共計生產各種槍支五萬多支，大炮五八五尊，水雷五六三枚，炮彈十二萬發以上。這些軍工產品統一由清政府調撥，除供應淮軍外，還供應南洋系統及各地的炮台、軍艦，各總督所轄地區的軍隊。在製造槍炮之外，江南製造總局同時還生產「製器之器」也就是生產製造機械。

除此之外，還專門設立了一個製造輪船的分廠。李、曾二人都清醒地認識到，要對付西方列強，實現自強，關鍵在於對海域的爭奪，因此就要多造船，用來更好地防禦沿海各個重要港口。為了達到這個目的，曾國藩又奏請另外劃撥兩江海關的兩成洋稅，其中一成作為江南製造總局專造輪船的費用。終於，江南製造總局在一八六八年造出了第一艘大型新式兵輪。中國近代的船舶製造業從此開始。

李鴻章調任直隸總督之後，對崇厚所辦天津機器局進行了接管並加以擴充。在他經營之下的天津機器局，分設東西兩局，規模比以前大得多，主要生產火藥、槍彈、炮彈、水雷等，輔之以修造船艦等。產品主要供應給淮軍以及北洋水師。

這幾個由李鴻章創辦及接辦的製造局加上左宗棠於一八六六年創辦的福建船政局，成為中國早期軍事工業的主幹。幾年間，初具規模的製造局，奠定了中國軍事近代化的根基。在李鴻章和曾國藩的帶領下，許多省也先後用「機器局」、「製造局」的名義，不斷設立軍火工廠。至此，中國透過多年的不懈努力，終於開始有了自己生產新式武器的能力，從根本上改變了清朝軍隊的落後狀況，走上了國防近代化的道路。

【知識鏈結】

馬尾船政學堂是中國第一所近代海軍學校，在船政大臣沈葆禎的主持下於一八六六年在福州設立。初建時稱為「求是堂藝局」，求是堂藝局首次錄取考試的第一名考生就是後來成為北洋水師學堂教習的嚴復。一八六七年馬尾造船廠建成後搬遷至馬尾遂改名為船政學堂。在沈葆禎的苦心孤詣下船政學堂培養出了中國的第一批近代海軍軍官和第一批工程技術人才，由船政畢業的學生成為了中國近代海軍和近代工業的骨幹中堅。

無才可去補蒼天

十九世紀中葉以後，風雨飄搖的清朝統治，幾乎是靠著曾國藩、李鴻章等洋務派的苦苦支撐而維持著。特別是李鴻章，更有大清王朝「裱糊匠」之稱。他們興起的洋務運動確實對清朝的苟延殘喘起到了一定的作用，但並沒有實現他們「富民強國」的抱負和理想。

幾乎與此同時，與清朝隔海相望的日本也實行「明治維新」改革。明治維新之後，日本是否「富民」姑且不論，但「強國」的目的肯定是達到了。

變法維新的根本是國家的政治體制，沒有近代化的政治制度，圖強只是夢想而已，而此時的日本則走在了中國的前面，變革了國家制度，進而走上振興之路。

因為害怕資本主義氾濫，日本在十七世紀採取閉關鎖國政策。然而，在閉關自守的兩個世紀中，日本人並沒有放棄向西方學習，國民已有一定的自然科學基礎。

日本將教育作為實現近代化的核心。明治日本的強大之處，就在於擁有大量受過教育的人才。明治維新後，日本政府頒布新的教育制度，明示如下理念：學問乃立身建業之本，務使鄉中無不學之戶，家中無不學之人。新的教育制度打破了江戶時代身分制度的隔閡，具有劃時代的意義。後又在全國推廣義務教育。許多人出國留學，歸國後在學校裡任教，日本的教育在這一時期得到了空前的發展。國民的受教育程度決定著一個國家的命運，而在西方影響下的日本教育制度，也將其國家推上了近代化發展的高速路。

反觀當時的中國，還是延續了上千年的私塾、科舉制度，對於西方近代化的科技毫無涉獵。實行義務教育、全民教育則是新中國成立改革開放之後的事，比日本晚了近百年，至於免除學雜費的義務教育，則更是直到近年來才正式開始實施，比日本晚了一個世紀之久。兩國差距過大之原因顯而易見。而且，晚清的中國還在把「中學為體，西學為用」的教育思想奉若至寶，根本沒有有效地吸收西方先進的文化與科技。

在日本「明治維新」後，中國落後於日本的一個根本原因就是教育的落後，國民素質低下，承擔不了國家發展的重任，對外部世界一無所知。

美國艦隊於江戶時代末期駛來日本，依仗軍力敲開了它那扇封閉的大門，日本被迫與美、英等國簽訂了眾多不平等條約。當時西歐列強在亞洲各國瘋狂獲取殖民地，並在中國大陸引發鴉片戰爭，日本引以為戒，認為如果坐以待斃，只能淪為列強的殖民地，這種迫在眉睫的危機感，使日本最終走上了引進西方先進科學技術的道路。相比在鴉片戰爭中嘗到慘敗滋味，只是一心想從外國手中購買英國那樣的軍艦，而並沒有想著如何購買建造軍艦能力的清朝，日本卻著重於後者。

當時，日本透過向英國派遣留學生，學習造艦技術，希望這些留學生歸國後可以獨立建造日本的軍艦。俊輔伊藤，也就是後來的第一任總理大臣伊藤博文，以及後來成為政府要員的井上馨等人，青年時代都曾在西洋留學。由於日本害怕外國資本控制本國的工業，所以，無論發展軍事工業還是民用工業，始終堅持一個原則，就是在引進的過程中不引進外國資本，但不排斥外來人才。日本人在引進人才的同時，還非常重視學習西方的技術，將大量留學生派往西方工廠去學習，這批留學生歸國後，在「明治維新」的過程中產生至關重要的作用。

日本在幕府時期，就已經採用西式技術製造火炮，先後從法國、美國進口了大量機床設備。「明治維新」後，擴大了引進技術設備的規模。值得注意的是，一八八〇年日本人就製造出了第一艘軍艦「磐城」，它完全是由日本人自己設計的，而這艘軍艦卻要晚於福建馬尾船廠造出的第一艘軍艦十年，從這可以看出，中國「洋務運動」起跑的時間並不晚，某些方面還遠遠早於日本，但最終的結果卻大相徑庭，令人深思。

隨著江戶時代進入明治時期，日本加快了近代化的步伐。為了能有效地吸收西方的先進經驗與技術，打造出一個可以與西方列強相抗衡的國家，日本政府開出高薪誘惑外籍員工加入到從鐵道、造船等產業到法律、行政等社會制度的各個領域中去。一邊利用他們的經驗與技術為建設添磚加瓦，另一方面又給予日本人自己以光明正大的學習真正本領的機會。待到到明治二十年，全日本外國雇員的數量已經超過二千人。

日本此舉所產生的效果是顯而易見的。舉例來說：明治五年，日本開通的第一條鐵路——新橋至橫濱線，無論是蒸汽機車還是車廂，乃至於鐵軌直接於英國引進，連一切建設工作也全部在英國人的參與下完成。同年建成的群馬縣的富岡絲廠則完全把法國大規模絲廠的運營方式完整地搬到了日本。

此時清朝的「洋務運動」，雖然對人才的培養也有所認識，但確實遠遠不夠的。其中，李鴻章的思想就是「造不如買」。他的思想從長遠來看，自己不能製造，只是一味地引進、組裝，長此以往，必受制於人。

作為「晚清三傑」之一的左宗棠，對此認識頗深，他上奏「凡費宜惜，巨費尤宜惜，而顧於此者，竊謂海疆非此，兵不能強，民不能富。雇買僅濟一時之需，自造實為無窮之利也。於是則雖難有所不避，雖費有所不辭。」「其事較雇買為難，其費較雇買為巨」，這在引進技術的初期肯定是存在，但不能因此而放棄自己製造，左宗棠的戰略眼光令人驚歎，可惜清政府並沒有因此而產生重視態度。

以奕訢為首的洋務派集團，為國復興可謂嘔心瀝血，但是，面對大清這個垂垂老者，只能空有一腔熱情，最終無奈感歎——無才能去補蒼天。

【知識鏈結】

官督商辦，是洋務派利用私人資本舉辦近代新式企業的一種形式，最早出現於十九世紀七〇年代。一般由商人出資認股，政府委派官員掌握經營管理實權，但不負責企業盈虧。這種形式創立初期順應了社會發展的需要，促進了中國資本主義經濟關係的產生和發展。甲午戰後，商辦企業的優越性日益明顯，「官督」已成新式企業贅瘤，逐漸為官商合辦和商辦形式所取代。

組建北洋，亞洲第一豈堪負？

北洋水師，始終是清政府一項驕傲。但其興起之轟烈，覆滅之慘烈，卻也是後人所詬病之一。它的緣起在於與日本彈丸小國一次不算太大的軍事衝突中頗感顏面不濟，泱泱大國的自尊心作祟，終於下定決心建設現代化的海防。

朝廷命令李鴻章和沈葆楨（林則徐女婿）協力此事，二人都是當時洋務運動中的領軍人物，他們都贊成發展工商業以富國力的思想，並積極主張創立中國近代的海軍。因此，他們互相提攜，步調一致。但私下他們卻因為清政府決定分配給南北洋水師共同使用的每年約四百萬兩白銀的海軍軍費而明爭暗鬥。

兩人經過幾個回合的較量，沈葆楨敗下陣來。最終善於權術的李鴻章得到了大部分的海軍經費，而沈葆楨的南洋水師只拿到了很少的部分。在拿到了大筆的銀子後，李鴻章在擔任清政府總稅務司的英國人赫德的大力推薦下，從一八七五年到一八七九年，先後從英國訂購了八艘蚊炮船用於港口的守衛。

然而，經過考察，李鴻章發現了英國軍艦的弱點，經過一番悉心比對，他決議購買德國軍艦。而最主要的原因就是，德國是新興的資本主義國家，價格比較便宜。與此同時，李鴻章把北洋提督的人選鎖定在了當時清政府騎兵總兵丁汝昌身上。

與清軍其他兵種相比較，北洋水師的正規化及近代化已經遠遠地走在了前列，即使是日本也要望其項背。因此，即使也在馬不停蹄地擴充海軍，日本海軍若想將這個夢想化為現實並非易事。

自有階級社會以來，勝利果實的佔有都在於人才的具有。這是古往今來的有識之士的共同見地。故而，中日兩國都不約而同地開始收集人才。

一八六六年，馬尾船政學堂公開招募學生，其中就包括鄧世昌、劉步蟾、方伯謙在內的幾十名十二歲至十五歲左右的孩子，他們也成了馬尾船政學堂的首批學生。幾乎與此同時，位於日本瀨戶內海南端的江田島，也成立了一個與馬尾船政學堂類似的學校，叫江田島海軍兵學校。他們選拔那些日本青年中出類拔萃者，對他們進行世界上嚴酷無比的艱苦訓練，最終將其培養成為具備古代武士道精神的現代海軍軍官。而具有長遠眼光的李鴻章，也將首批馬尾船政學堂中的大部分學生送到英國皇家海軍學院留學。甚至有些人畢業後還會在當時世界一流的英國地中海艦隊實習。李鴻章不僅對他們的能力沒有產生過絲毫懷疑，而且當這些中國第一代近代海軍軍官帶著一口流利的英語學成歸來後，他在各方面都給予了他們最好的待遇。

在北洋水師中，李鴻章給海軍官兵支付的軍餉遠超陸軍的標準。海軍提督丁汝昌的報酬是每年八四百兩白銀，比同級別的陸軍將領的報酬要高出兩倍多。就連北洋水師中剛入伍的新兵，每年也會有四十八兩銀子的收入，這也使得陸軍的弟兄十分眼饞。此時，苦心經營北洋水師多年的李鴻章只差最後一步，便可以使這只水師稱雄亞洲。這關鍵一步也是縈繞在他心頭多年的一個夙願。

一八七九年底，首創大清海軍的海防大臣沈葆楨去世，他沒能看到屬於大清國自己的鐵甲戰艦，埋下深深遺憾。李鴻章與沈葆楨有著同樣的夢想，他不甘心讓沈葆楨的悲劇重演與自己的身上，因此李中堂將後半生的大部分精力都投入到了海軍的建設之中。

鐵甲艦在當時海軍中的地位，相當於今天的戰鬥艦。是一隻艦隊中最重要的戰艦，它有著巨型的火炮、堅硬的裝甲和巨大的身軀，具有極大的殺傷力。但價格也異常昂貴。

在一八七九年日本吞併琉球（琉球原為中國的附屬國，與日本毫無瓜葛），局勢更加緊迫。清政府這才下定決心，下令李鴻章儘快向外國購買鐵甲艦。在駐德國公使李鳳苞的大力推薦，李鴻章選定了由德國伏爾鏘船廠所建造的「定遠」號和「鎮遠」號兩艘鐵甲艦，另外一艘鐵甲巡洋艦「濟遠」號也一併在該廠訂造。「定遠」和「鎮遠」屬同一級別的姊妹艦。這兩艘鐵甲艦在設計時，集合了德國「薩克森」號和英國「英弗來息白」號這兩艘當時世界上最先進鐵甲艦的優點。為保證造艦的品質，李鴻章特派曾留學英、法的劉步蟾、魏翰等人進駐工廠監督製造。造成後的這兩艘軍艦，是當時世界第一等的鐵甲艦，在亞洲地區，更是第一巨艦。

北洋水師在裝備實力上大大超過日本。這種狀況一方面暫時遏止了日本的擴張野心，但同時也直接刺激了日本發展海軍的狂熱心理。

一八八七年，清政府向英德兩國訂造的四艘新式巡洋艦駛回中國。為了和西方海軍接軌，李鴻章親自下令制定北洋水師的軍旗。按照海軍軍旗的設計慣例，軍旗要以國旗作為設計基礎。但是當時，大清國連自己的國旗都沒有，更何況是軍旗。最後幾經討論，北洋水師終於有了自己的軍旗，這是一面明黃色的旗幟，上面繡了一幅藍龍戲珠的圖案，開始時做成三角形，後為與西方保持一致改為長方形。軍旗做成後，清政府十分滿意，索性把這面北洋水師的軍旗也作為大清國的國旗，一旗兩用。

至此，包括已經全部歸國的中國訂購的外國軍艦以及原有的國內自建的軍艦在內，此時的北洋水師共擁有五十多艘各類艦艇，總排水量達四萬多噸。一八八八年十二月一七日的劉公島上，北洋水師正式成立，再加上南洋、廣東、福建等地區的水師，中國海軍的裝備實力一下躍居世界第九，更是成為亞洲的龍頭。

其實，在當時腐敗政府的制約下，再好的武器裝備也都好像是舞台上的道具一般，擺設而已。最終，北洋水師也難以逃脫被覆滅的慘澹下場。

【知識鏈結】

南洋水師，或作南洋艦隊、南洋海軍，是清朝一八七五年由時任兩江總督兼南洋通商大臣沈葆楨一手負責建立的一支現代海軍艦隊。至一八八四年中法戰爭前已頗有規模，有巡洋艦、炮艦等十七艘約二萬噸，但較之清廷更為重視的北洋水師，實力相距甚遠。一八八四年中法戰爭中受到微創。之後南洋水師一度長期停止建購新艦。甲午戰爭北洋水師覆沒後，南洋水師部分艦艇調防北洋。至一九〇九年，南北兩洋水師合併，改成巡洋艦隊及長江艦隊。南洋艦隊正式消失。

朝鮮內亂，日本雄心

一八八六年，北洋水師提督丁汝昌、琅威理率領六艘軍艦在朝鮮東海岸海面進行例常操演。操演結束後，北洋水師並沒有返回劉公島待命，而是在李鴻章的命令下，率「定遠」、「鎮遠」、「濟遠」和「威遠」四艦前往日本長崎進行大修。

名為大修，實質上李鴻章卻是抱著耀武揚威的炫耀之心去的。一八七四年日本侵略台灣事件始終讓他耿耿於懷，那次事件，讓清政府下了組建一支近代化海軍的決心，如今，海軍雛形已立，李鴻章迫不及待地想要拿出去震懾日本。

李鴻章的想法確實收到了成效。四艘軍艦停泊在長崎港口時，長崎市萬人空巷，來自中國的先進、巨大的戰艦上龍旗飄揚，當真是威風凜凜。一時之間，如雲的觀者群中發出了羨慕嫉妒恨的聲音。著實讓北洋水師賺足了面子。但李鴻章沒想到的是，北洋水師最終的覆滅正緣於此。

四艘軍艦在長崎停泊期間，幾名水兵上岸購物，結果在煙花柳巷與當地員警發生了衝突，導致一名日本員警重傷，一名水兵輕傷。

對此，李鴻章承認己方過失，但也覺得小事一樁，不必弄得兩國都不愉快，也沒必要對引發衝突的水兵給予重罰。然而日本卻不這麼想。對北洋水師的耀武揚威心懷怨恨的日本人藉此衝突，徹底點燃了仇恨的火焰。

是年的八月十五日，全艦隊放假一天，軍艦上無論官兵，除了需要堅守崗位的之外，都可以上街觀光。數百人便浩浩蕩蕩地前往長崎。

上岸後的水兵分散行動。當部分水兵來到長崎市廣馬場外租界和華僑居住區一帶時，預謀已久的數百名日本員警將多條街道兩頭堵得水泄不通，持刀舉械地向手無寸鐵的水兵進行攻擊。而長崎市民也在仇恨之中向水兵展開攻擊。從上往下倒開水、扔石頭，甚至有的市民操起刀槍棍棒加入混戰。猝不及防且又分散於各街的中國水兵奮起反擊，最終五名死亡、六名重傷、三十八名輕傷，另有五名下落不明。日本方面則只有一個員警死亡，三十多名負傷，眾多市民則帶有輕傷。

這就是歷史上鮮為人知的長崎事件。

雖然長崎事件之後，李鴻章在北洋水師的撐腰之下拿出了難得的強硬態度，日方也不敢跟中國撕破臉皮。事件得到妥善的解決。但這一事件卻徹底掀起了日本對中國的仇恨情緒。

軍國主義愈來愈濃的日本朝野，個個都在咬牙發狠：一定要打敗中國的北洋水師。

次年，明治天皇頒布了一紙詔令：

朕以為在建國事務中，加強海防是一日也不可放鬆之事。而從國庫歲入中尚難以立即撥出鉅款供海防之用，故朕深感不安。茲決定從內庫中提取三十萬元，聊以資助，望諸大臣深明朕意。

但翻開日本的財政報表，可以發現一個秘密。皇室費定額在一八八六年和一八八七年為二五〇萬日元，從一八八八年開始，皇室費定額增加為三百萬日元。一八八五年～一八九三年，皇室費和神社費實際支出分別為二〇二七三九四、二七〇四四四〇、二七五六五二三、二九四三五六二、三二七四六六六、三三〇六八一一、三三〇六七九六、三三二〇六七九六、三三〇六八一〇日元。捐款所得款項在八年的海軍投資中不足二%，也遠不能與正規募集資金的海軍公債相比。如果不增加皇室費開支一項，就可以為海軍籌集近三百萬日元的軍費。

三十萬日元對於海軍建設來說不過是杯水車薪，連船上的一個設備都買不起。此詔令中最重要的還是最後一句話：「望諸大臣深明朕意。」何意?天皇都掏錢輔助海軍，臣子自然也要如此。

天皇一帶頭，下面無不回應。各級官員、富豪紛紛解囊，平民百姓也踴躍捐款。當時，日本人莫不以向海防建設捐款為榮。

不到三個月的時間裡，海防捐款的總額達到了一百萬之多，但這些根本不夠。

於是，明治天皇揮起了鞭子，將日本新興工業的開發權捲入到政府手中，將三井、三菱、住友等大公司及日本的外貿、重工業、銀行全都予以控制把持，並透過各種進獻、投資非法徵用土地。

然而李鴻章卻沒有看到這一點。一八九一年，在日本政府的大力邀請下，他欣然派遣丁汝昌率「定遠」、「鎮遠」、「致遠」、「靖遠」、「經遠」、「來遠」六艦——北洋水師的精華——自威海衛揚帆，前往日本進行訪問。

殊不知，這正入了日本人所布下的圈套。

此際的日本正在為對華戰爭做著積極的準備，但他們還需要國內輿論的支援，更需要摸清北洋水師的底細。

日本方面對北洋水師的到來可謂是舉國歡迎，水師所到之處「禮意其隆」。天皇親自接見，日本外相招待遊園，海軍大臣盛宴款待……一切的一切，都表現出了中日友好的假像。

作為回報，丁汝昌也在旗艦「定遠」上舉行招待會，答謝包括媒體在內的日本各界人士。同時，又炫耀了北洋水師的軍威。

這對日本又是一個巨大的刺激。曾登上「定遠」艦參觀的日本法制局長宮尾崎三郎事後記述道：（定遠艦）巨炮四門，直徑一尺，長二十五尺，當時我國所未有……艦內清潔，不亞於歐洲……反觀我國，僅有三四艘三四千噸級之巡洋艦，無法與彼相比。同行觀艦者皆捲舌而驚恐不安。

驚恐不安之下，日本政府進一步加強加快了海軍的建設。一八九四年，日本聯合艦隊共有各種軍艦五十五艘，在總噸位、艦船航速、火炮射速上全面超過了北洋水師，彈藥儲備超出了一次對中戰爭可能消耗的數量，迅速發展成為一支強大的遠東海軍力量。

雄心日本需要的是一個時機，一個藉口，很快，朝鮮東學黨起義爆發，中日雙方紛紛出兵朝鮮。起義結束後，清軍應朝鮮請求撤軍回國，而心懷鬼胎的日本斷然拒絕這一合理要求，反而繼續向朝鮮增兵。直至攻佔朝鮮皇宮，扶植傀儡政權，貫徹了自明治維新以來便在朝野中爭議不斷的「征韓論」，同時向清軍發起突然進攻。

【知識鏈結】

明成皇后，本名閔茲映，朝鮮高宗李熙王妃，驪興閔氏外戚集團核心人物，十九世紀末朝鮮實際統治者，主張對外開化，倚仗清朝。由於甲午中日戰爭中國的失敗，閔妃遭國內親日開化派奪權而失勢，轉而與俄羅斯合作對抗日本，引發了一八九五年「乙未事變」，閔妃被日本人暗殺。由於閔妃早期主張開放、後期力抗日本並身死殉難，故深受後世韓國人民的尊崇。一八九七年，高宗李熙改國號稱「大韓帝國」，追諡閔妃為「孝慈元聖正化合天明成皇后」。

忠魂葬海得其所，水師絕唱哭海疆

一八九四年八月一日，中日兩國同時向對方宣戰，中日甲午戰爭打響。

決定這場戰爭勝敗的是黃海之戰。而此時，因為慈禧老佛爺六十大壽，本已捉襟見肘的北洋水師，軍費更是幾乎被挪了個光，水師們只能強撐精神、背水一戰。

一八九四年九月十七日，中日雙方遭遇於黃海海域。是日上午十時三十分左右，北洋艦隊正準備起錨加航旅順，發現日本艦隊自西南駛來，丁汝昌即令艦隊起錨迎戰。日本艦隊隨後也發現了北洋艦隊。

中日雙方，就在這場「偶遇」中展開了激戰。

黃海一役，北洋艦隊損失「致遠」、「經遠」、「超勇」、「揚威」、「廣甲」（「廣甲」逃離戰場後觸礁，幾天後被自毀）五艘軍艦，死傷官兵千餘人；日本艦隊「松島」、「吉野」、「比睿」、「赤城」、「西京丸」五艦受傷（「西京丸」、「赤城」兩艦被拖行不久後沉沒），死傷官兵六百餘人。

僅僅從這個戰果來看，北洋水師似乎是失利了：沉沒五艦，陣亡千餘人，優秀將領鄧世昌、林永生以身殉國；而日本僅沉兩艦，三艦受傷，陣亡人數也比北洋水師少得多。

眾所周知的是，黃海之戰是一場「遭遇戰」：護航清軍增援平壤返航的北洋艦隊「偶然」遇到了日本聯合艦隊，雙方便開始大打出手。

然而事實根本不是這麼一回事。日本早已對北洋水師虎視眈眈，自甲午戰爭打響之後，日本便一直尋求著與北洋水師來一場大決戰。兩軍的「遭遇」並不是「偶遇」，因為北洋水師的所有動向早就因為密電碼洩露被日本知道得清清楚楚。而此時，中方卻毫不知情。黃海之上，日本聯合艦隊其實早已布下天羅地網，只等待北洋水師自投羅網。

日軍發動此戰的目的是要「聚殲清艦於黃海中」，但最後的戰果卻是北洋水師的十六艘主力戰艦在此戰中僅僅損失五艘，這並非一個李鴻章所不能承受的數字。日軍並沒有實現最初的狂妄計畫。而北洋水師此次的目的是為前往平壤的清軍提供護航，且完成了任務，對清朝海軍來說此戰才是真正意義上的遭遇戰。因此不能就此認定清敗日勝。

在戰鬥進行的過程中，日軍在第一階段處於明顯的劣勢，至第二階段方才扭轉。到了第三階段，北洋水師已經重整陣形，「鎮遠」、「定遠」等六艘軍艦會合數艘魚雷艇再度向日軍發起攻擊。日軍對於「定遠」、「鎮遠」二艦的會合十分驚恐，且此際天色已晚，不敢再戰，拖著受傷艦隻加大馬力「向西南一帶飛駛遁去」。北洋水師在追擊了一段之後，收隊返回旅順。

由此可以看出，實質上是日軍率先撤出戰鬥。

此役之後，北洋水師的中堅力量尚在，中日兩國海軍的實力對比並沒有從根本上得到改變，黃海制海權在此時也未完全淪落於日本手裡。除卻北洋水師損失較大的因素外，雙方可以說是打了個平手，且北洋水師略占上風，並沒有黃海戰役北洋水師大敗一說。

黃海海戰雖然以北洋水師略占上風結束，但此後令全世界都大跌眼鏡的是，清廷竟然放棄了制海權。

與我們一直認為的不同，為甲午戰爭的最後失敗而負責的，應該是丁汝昌而非李鴻章。

黃海海戰結束後的次日，李鴻章急電丁汝昌：「各船損傷處，趕緊入塢修理，防日艦復擾北洋」（《李文忠公全書》），並再三催促丁汝昌派出北洋艦隊儘快出海，在旅順、大連，威海一帶巡航，「不然日知我無船，隨意派數船深入，到處窺伺，若再護運兵船長驅直入，大局遂不可問」。

九月二十七日，又發急電：「資訊日緊，即不能制敵，亦可在口外近邊遊弋，使彼知我非束手待斃」（《李文忠公全書》）。次日，李鴻章得知日軍準備攻佔旅順戰略企圖的消息之後，又發電稱：「師船速修，擇其可用者，常派出口外，靠山巡查略張聲勢，雷艇應往小平島附近旅口梭巡」（《李文忠公全書》）。一直到威海衛淪陷，李鴻章始終在命令丁汝昌趕緊把船修理好，趕緊出海巡視，以防止日軍的進一步行動。

然而丁汝昌並沒有聽李中堂的安排。

十月二十四日日軍一部在花園口登陸，二十八日李鴻章便命令丁汝昌前去支援當地陸軍。丁汝昌率艦隊從威海出發，駛往大連灣，但對正在花園口艱難啃陸上守軍這塊硬骨頭的日軍並沒有發起攻擊，只是逛了一圈，敷衍一下，便掉頭跑回旅順，將一大好戰機白白放棄。回過頭來丁汝昌又給李鴻章發了封電報解釋：「我力過單，前去吃虧無益。現回旅趕配定、鎮起錨機」（《李文忠公全書》）。

這個愚蠢的藉口激怒了朝廷，當即要求嚴懲丁汝昌，但被李鴻章保了下來。

李鴻章曾作出水路協同作戰，共守旅順要塞的決策，要求丁汝昌配合陸軍共同抵抗日軍。但丁汝昌都置若罔聞，龜縮不出。直到後來威海失陷，北洋水師全軍覆沒，丁汝昌服鴉片自盡。

一般認為，此責應由李鴻章「避戰保船」的錯誤決定來承擔，但事實上，李鴻章在甲午海戰中給北洋水師制定的是「保船制敵」的作戰方針，而非避戰。

李中堂之所以會做出這個作戰方針，是出於對中日雙方海軍實力對比的考慮。實質上是揚長避短，不爭制海權，而是注重對入海口的防衛，在當時的客觀環境下，不失為一個正確的方針。

只不過，丁汝昌這個歪嘴的和尚念錯了經，將李中堂的一個積極的作戰方針變成了消極的避戰之策，最終導致了這支曾是世界第八、亞洲第一的海軍的悲劇。

甲午海戰之於整個中日甲午戰爭、乃至後世的意義不在於它的勝負，而在於此戰之後北洋水師領導與指揮者那愚蠢的避敵策略。它直接導致了中國海軍的不復存在，從此之後，不僅日本的太陽旗縱橫於中國海域，更在後來八國聯軍入侵北京之際，讓中國的內河飄滿了各國旗幟。對海權的漠視，讓中國陷入了無盡的被侵略深淵。

十七日上午，日軍正式佔領威海衛，將北洋水師的艦船俘獲，插上日本旗。北洋艦隊全軍覆沒，李鴻章保國的希望徹底破滅。

【知識鏈結】

北洋水師全軍覆沒，南洋水師實力不足，使得中國海疆受到更加巨大的威脅。清廷決定重建水師，保家衛國，借戊戌變法之機使重建工作步入正軌，經過李鴻章等開明大臣一系列努力，初具規模。新海軍歷經八國聯軍侵華等戰重創，雖經幾次重置，後改組為巡洋和長江兩大新艦隊，但無奈國力不濟，難復昔日威風。最終隨著大清的終結而接受易幟的命運。

馬關條約，彈丸小國何以欺我太甚？

馬關條約的談判桌上，李鴻章終於明白，以一個戰敗國的身分與日本在談判中維護尊嚴，無異於與虎謀皮。此次簽約受辱，李鴻章發誓「終身不履日地」，日後其出洋考察、回國之際需要在日本換船的時候，年逾古稀的李鴻章硬是拖著衰老的身子，從兩艘船之間搭起的木板上爬了過去，決不讓自己的腳沾上日本的土地。在他出訪西方時，遇刺之際所穿的那件已經染滿鮮血的黃馬褂，也是他必不可少的行頭。他要用這件血衣，來向西方哭訴日本的野蠻，同時，也讓自己記住外交生涯所遭受的此次恥辱。

其實，中日兩國的交鋒，是一場封建制度與資本主義制度之間的對抗。日本透過明治維新走向了富國強兵的資本主義道路，從被人侵略走上了侵略別人的軍國主義之路；而清政府仍死守著已經崩潰的封建制度不放。

此時的大清帝國正是一座即將倒塌的破屋，作為清大臣的李鴻章，自然只能在維持此屋地基不動、建築不改的情況下勉力而為，做些修補工作。然而，「覆巢之下，安有完卵」，國家已經腐敗，北洋水師不過就是犧牲品而已。

洋務派的口號是「師夷長技以自強」，這句話大有講究。其中這個「技」字，僅指外國的科學技術，而並非他們的先進政治制度。這樣「師夷」，只是治標而不治本。所以李鴻章打造的北洋水師外表光鮮，骨子裡還是封建主義的腐朽與沒落。

除了這些眾所周知的原因之外，北洋水師的慘敗還有一個鮮為人知的原因：密電碼洩露——將整個水師的動向全都暴露在日軍的眼下。

在中日甲午戰爭打響前夕的一八九四年六月二十二日，日本外務大臣陸奧宗光致函清朝駐日公使汪鳳藻就國事進行商討。次日，汪鳳藻用密電碼的方式向清廷總理衙門發出一封長篇電報，連帶陸奧宗光發來的那篇函文也包括在內。

他沒有料想到的是，這封電報被日本電信課長、負責監聽中國方面資訊的佐藤愛磨所截獲。然而佐藤拿著中方通訊中的明碼本苦惱了好久也沒有破譯出汪風藻寫的到底是什麼。

結果是那封出自陸奧宗光之手的函文給了這位電信課長以啟迪。他用函文的原文與電報相比較，終於將中國密電碼的編排規律分析了出來。

令人扼腕的是，密電碼洩密一事中方毫不知情。甲午戰爭期間仍然在繼續使用。這就等於將清陸、海軍的行蹤及各方面的情況全部暴露在了日軍的面前。這下，伊藤博文終於不用為本土作戰、為天皇退路操心。

無巧不成書。日本為戰爭做了最壞的準備，而中日甲午戰爭期間，清政府方面也做了一個不為世人所知的計畫——奇襲日本本土。這個計畫由清廷駐外使節宋育仁所提出。

中日甲午戰爭的硝煙燃起之時，宋育仁正在倫敦任中國駐英、法、意、比四國公使參贊。黃海海戰清軍慘敗之後，宋育仁產生了一個奇想，準備就地購買英國的五艘兵艦，十艘魚雷快艇，在招募二千澳大利亞水兵，假借為澳大利亞商船護航的名義，從菲律賓起航北上，直撲日本的長崎和東京。

據宋育仁事後回憶：

澳大利亞為英國的屬地，西例商會本有自募水師保護商旅之權，中倭戰起，澳洲距南洋最近，頗為震動，商會發議，舉辦屬地水師一旅，以資保護，（英國候補議紳）庵潔華特暗聯議院同黨主行其議，而以此謀所購一旅假名於澳洲商會所為，仍掛英旗出口，則局外無嫌，而蹤跡不露。——清・宋育仁・《借籌記》

從這點上來看，這個想法算不上異想天開，倒也有成功的可能。即使奇襲不成功也罷，最少可以逼得日本自中國退軍以求自保。

此計策得到了兩江總督劉坤一、張之洞的支持，同時，宋育仁方面也已經借到三百萬英鎊的費用。只要有錢就好辦事，不幾天，宋育仁最初設想的艦船、武器、戰鬥人員均已齊備，由前北洋水師提督琅威理率領，可以隨時出發。

然而後院起火。此時的清廷已經決定於日本媾和，準備赴日談判的李鴻章對宋育仁的做法表示堅決地反對。沒過好一個生日的慈禧太后也以宋育仁「妄生事端」為由，將購艦募兵等事一概作廢，同時嚴令宋育仁速回國內。

宋育仁功虧一簣。

北洋水師，就在這樣的內外交困中成為了歷史。而甲午戰爭的失敗，讓李鴻章不得不再一次簽署喪權辱國的恥辱條約——《中日馬關條約》，將中國進一步推向了半封建半殖民地社會的深淵。

《馬關條約》，一個在中國人心中永遠也抹不去的傷痛。

賠償日軍兩億兩白銀，割讓遼東半島（後因三國干涉還遼事件被清廷以五千萬兩白銀贖回）、台灣及澎湖列島，日本可以在通商口岸開設工廠……

因黃海海戰的失敗導致中日甲午戰爭的失敗，再導致《馬關條約》的簽訂，中華民族就這樣陷入了萬劫難復的深淵。

日本方面利用戰爭賠款將近代資本主義迅速發展起來，一舉扭轉了長久以來的頹勢，並且將一部分資金投入到教育中去，日本變得愈加發達，最終走上了軍國主義的侵略道路。

再反觀中國。《馬關條約》的簽訂讓中國的國際地位進一步下降；洋務運動的努力徹底失敗，民族資產階級暗無天日；同時，也激起了人民的反抗之心，直接導致戊戌變法的發生，更為日後辛亥革命的爆發奠定了根基。《馬關條約》簽了，但國家還在；北洋水師亡了，但大海仍舊翻騰。甲午戰爭一役，中國海軍的血性讓人民看到中國崛起的希望，而晚清政府的有志之士也認識到，中國不能沒有海軍。在他們的極力堅持下，又一支新的北洋水師成立了。但，這些清朝大臣們沒有想到的是，軍艦鳴響的汽笛，沒有吹起大清重興的號角，反而奏響了清王朝的輓歌。

【知識鏈結】

光緒二十一年（一八九四年），李鴻章奉旨乘輪赴日準備議和。在日本山口縣馬關的春帆樓會談結束後，李鴻章在回旅館途中突遭暴徒小山豐太郎槍擊，子彈深入左目之下，成為「幾乎釀成國際異變」的重大外交事件。

當時談判中，李鴻章在和談中力主停戰，然而此時日本國內主戰氣焰日益高漲，凶手正是在這樣的感染下才決定行凶。正是這次事件，讓日本方面顧忌國際上的輿論壓力，不得不同意停戰，將原定的賠款三億兩白銀減為兩億兩白銀，以期儘快簽訂條約。

第十二章：救亡圖存，大清還是咱們的國

戊戌變法，中國立憲君主制的近代化改革嘗試，它是中華民族不屈的抗爭，也是華夏兒女自強的夢想。義和團，扶清滅洋，替天行道，以身捍衛國之尊嚴。無論如何，大清還是咱們的國，民之愛國，國不能亡！可是，大清依舊是那扶不起的阿斗，依舊在掩耳盜鈴中自掘墳墓。

論戰到底興思潮，公車上書求改革

提到戊戌變法，不能不先說康有為。

康有為原名康祖詒，字廣廈，號長素，咸豐八年（一八五八年）出生在廣東南海一個書香門第。他的高祖康文耀在當地設帳講學，收徒千餘名之多，頗有名望；他的祖父康贊修是道光二十六年（一八四六年）舉人，做過欽州學正，合浦、靈州、連州訓導；父親康達初也是舉人出身，後來參加曾國藩的湘軍，在江西做過小官。

在祖父的教育下，康有為從小就熟讀經史，為以後著書立說打下了紮實的基礎。隨著洋務運動的興起，康有為漸感西學之興，理學之落後，隨後的香港之行他更被震驚。他決心研究西學開新道。經過科舉不順之後，他在廣州租下孔廟，創立了萬木草堂，一面開館講學，一面著書立說。

在這期間，他先後寫下了《新學偽經考》和《孔子改制考》兩書，後來又開始動筆寫《萬法公理》（後出版時定名為《大同書》），闡述儒家學說之假，論證西學之興，震動世人。他還曾試圖上疏光緒，認為當今的世界大勢，不能墨守祖宗成法，而應該變法維新，並提出了「變成法，通下情，慎左右」三條綱領性主張。可惜並未受到重視。

在萬木草堂中，一批曾受「歐風美雨」洗禮的年輕人，在康有為的指點下讀書，並且試著從不同的角度觀察世界。康有為的淵博學識和個人魅力都深深地吸引了他們，他們和康有為一道，致力於破除儒家經典，開創維新之路的工作，這其中也包括了對戊戌變法產生了重大作用的梁啟超。

光緒二十年（一八九四年），已經三十六歲的康有為與梁啟超再一次來到了北京參加科舉，而此時，海戰慘敗、割地賠款的消息傳到北京，官員百姓大嘩，群情激憤。朝中的一些清流派官僚，堅決拒絕簽署這一和議，在他們的策動下，大批現任官員紛紛上奏，數量竟達到數百件之多。

一時之間，都察院門口車水馬龍，人潮洶湧。這一消息對於坐待放榜的舉子們來說更是晴天霹靂，康有為知道，自己推行變法的機會來了。五月二日，他與梁啟超等人，在楊椒山祠內召集一些舉人開會，商議上書之事，商定由他撰寫，並代表十八省舉人聯名上書都察院一事。這便是著名的「公車上書」。

後來，「公車上書」雖然夭折，康有為還是抓住了這次機會。不久他被點進士，並授予工部主事一職。從這時候開始，康有為的名聲逐漸為世人所知，一次轟轟烈烈的變法行動就要開始了。

公車上書的浪潮，讓康有為看到了將變法維新思想推向全國的希望。光緒二十一年（一八九五年），康有為在北京率先興辦了《萬國公報》，這份刊物有力地推行了維新變法思想，給予當時北京思想界以強烈的震動。

據康有為的回憶：「報開兩月，議論漸明。初則駭之，繼而漸知新法之益，吾復挾書遊說，日出與士大夫講辯，並告以開會之故，明者日眾。」隨後，《強學報》等報紙、強學會等西學團體紛紛建立，西學之風盛行。這讓朝中的保守派人士大為恐慌。又爆發了人們熟知的維新派與守舊派的論戰。

光緒二十三年（一八九七年）康有為趕到北京，接連兩次給光緒皇帝上書，痛陳了清帝國目前面臨的危機局勢，要求立刻變法。為了準備維新變法，康有為與梁啟超又再次在北京成立了「保國會」。保國會制定了三十條《保國會章程》，宣稱「保國家之政權、土地」，「保人民種類之自立」，「保聖教之不失」，並要求在各省府縣建立分會。

在當時救亡圖存的大環境下，保國會的主張得到了大多數人的熱烈回應。很快，保滇會、保浙會、保川會相繼成立。如同之前的情況一樣，保國會的成立，同樣遭到了保守派官僚的猛烈攻擊。他們紛紛上奏，攻擊保國會「保中國不保大清」「名為保國，勢必亂國」，要求查禁保國會。然而這時候的光緒皇帝已經坐不住了，他直截了當地駁斥了這些保守派官僚：「會能保國，豈不大善？」

光緒之所以敢於如此，是因為他已經深深地厭倦了作為一具傀儡每日看人眼色行事的日子。雖然光緒皇帝已經在十七歲那年親政，但有了同治皇帝的教訓，慈禧根本不會將實際權力交給光緒，前文已經說過，慈禧要求光緒每隔一日就要向她彙報朝政，而光緒對慈禧也是畏懼有加。但是隨著年紀漸長，這種畏懼，自然逐漸會轉化為不滿，並最終爆發出來。到光緒二十四年（一八九八年）時，二十八歲的光緒決心向慈禧太后要求實際權力，進行朝政改革。

此時的慈禧對維新變法的事情並非一無所知，康有為第五和第六次的上書她都透過光緒帝之手看過了，作為一個經驗豐富的統治者，慈禧非常清楚清帝國當前所面臨的危機，因此實際上她並不反對康有為的維新變法理論，甚至對某些措施還頗為贊成。然而，她始終認為，改革需要在不危及清廷統治基礎和可控制的範圍內逐漸進行。

這種思想一方面促成了她對光緒變法改革的默認，一方面又為後來變法的悲劇性失敗埋下了伏筆。因此當光緒皇帝向慈禧要求改革時，慈禧並沒有表示反對，而是放手讓光緒去做，自己則移居頤和園修養。

等待了十餘年的康有為終於等到了揚眉吐氣的這一天，光緒二十四年（一八九八年）六月八日，康有為擬定《請明定國是疏》，由大學士徐致靖代為上奏，請求光緒帝正式開始變法。三天之後，光緒帝頒布了《明定國是詔》，變法運動開始。

【知識鏈結】

今文經學的「三世說」歷史哲學，是康有為在《孔子改制考》中重點闡述的內容。這一理論來源於春秋時期公羊學派，但長期默默無聞，在嘉道年間才由龔自珍、魏源等人重新發掘出來加以論述。康有為將孔子的理論表述為信奉變化與發展。

他寫道：「所傳聞世為『據亂』，所聞世托『升平』，所見世托『太平』。亂世者，文教未明也；升平者，漸有文教，小康也；太平者，大同之世，遠近大小如一，文教全備也。大義多屬小康，微言多屬太平。為孔子學當分二類乃可得之。此為《春秋》第一大義。」

百日維新——帝因君死，終是血染的浮雲

以頒布《明定國是詔》為契機，光緒終於享受到了君臨天下的快感。他幾乎每天都要發布兩三件詔

書，其變法涉及政治，經濟，軍事，文化教育等諸多方面。

政治方面的改革詔令共有九十多件，其中包括精簡機構，裁減冗官冗職，大力宣導和鼓勵「官民論政」，准許地方官與士民上書，並開放新聞自由，創立京師報館，將上海《時務報》改為官方報紙等。

經濟方面的改革詔令共有七十多件，其中包括制定了以工商立國的國策，並且鼓勵民間興辦實業；大力發展鐵路和礦業；農業要引入西方先進技術開墾土地，並廣泛開設農會，編譯外國農業書籍；此外，還要放開不准八旗子弟經商的禁令，廢除其優待，允許其學習士農工商自謀生路。

文化教育方面的改革招領則有八十多件，明確要求廢除科舉考試制度，改考歷史、政治、時務及四書五經等科目，還會定期加考經濟特科；在京師開辦京師大學堂，在省會城市開辦高等學堂，道台駐地設中等學堂，兼學中西學問，並且鼓勵私人開辦學堂，此外還要設立翻譯、農務、醫學等專科速成學堂；挑選優秀學生到日本遊學，同時派皇族宗室出國遊歷；還要設立譯書局，獎勵發明。

在軍事方面，則要全面廢除舊的軍事訓練方法，改用西洋先進軍事訓練，遣散老弱殘兵，削減軍餉，實行精兵簡政，還要大力推行團練，鼓勵民兵；在武備教育方面籌辦武備大學堂，並停止考核弓刀矢馬步箭，改考槍炮技能，並鼓勵興辦軍事工業。整體來說，新政的目標是透過改變政治經濟文化等多方面的體制，最終使中國成為君主立憲制國家。

為了切實執行變法的各項規章制度，光緒帝還重用了一批具有維新思想的官員。除了之前他就有所瞭解的楊銳、劉光第、林旭等人外，在大學士徐致靖的推薦下，湖北巡撫譚繼洵的兒子譚嗣同也被召入宮中，光緒帝將他們四人提拔為軍機處章京行走，這四人全面負責新政之事。一時之間，守舊派官僚切齒痛恨，目為「四貴」，卻也無可奈何。

然而，到這一年七月的時候，變法似乎陷入了瓶頸，光緒帝推行的幾乎所有新政都沒有被完全的貫徹落實。到八月間已經呈現出舉步維艱的狀況。由於光緒皇帝缺乏經驗，又兼之沒有得力的左膀右臂支持他，幾乎所有的改革措施都無法順利施行，即使是各地方面大員，也以各種理由推三阻四，不願奉旨行事。

李鴻章也認為，康有為梁啟超等人都是典型的書生意氣，他們雖有滿腔熱血，卻只懂得空談救國，不懂得中國的官場之道，沒有任何政治謀略和經驗，更缺乏起碼的政治手腕和妥協精神。李鴻章在不看好康有為的同時，他同樣不看好光緒帝，很多時候，所謂書生意氣，只是為了保住自己脆弱的尊嚴，康有為和光緒帝又如何能成大事？

事情果然不出李鴻章的預料。很快，光緒皇帝和朝中大臣之間的矛盾就激化了。而慈禧在幕後靜觀其變，只選合適的時機，光緒帝的滅頂之災就會降臨。面對緊迫的局勢，維新派亦想到以兵權保君，他們只寄希望於當時參加過強學會，還算一個維新人士的袁世凱。

很快，光緒皇帝一封急電就將袁世凱從天津小站召到了北京。短短一周，光緒帝接連三天接見了袁世凱，並加封為兵部左侍郎，正當袁世凱驚疑不定，不知為何聖眷優隆的時候，九月十九日夜，譚嗣同深夜來到袁世凱下榻的法源寺，將圍園殺后的計畫原原本本地告訴了他。面對譚嗣同的正言厲色諄諄教導，袁世凱一口答應調動新建陸軍進京實行計畫，並拍著胸脯保證道：「殺榮祿，如殺一狗耳！」

然而，維新派的苦心終究化為了泡影。一方面，慈禧太后早就透過各種管道知道了維新派意欲與洋人聯手，將主權拱手付與洋人的計畫。她頓時明白光緒不可能向自己低頭服軟，為了自己苦心經營的一切，她必須重新執掌朝政，於是在譚嗣同夜見袁世凱的同一天清晨，慈禧忽然從頤和園返回紫禁城，控制了政局。

另一方面，袁世凱陽奉陰違，他一回到天津，就立刻向榮祿通報了事情的來龍去脈。大驚失色的榮祿立刻帶兵返回北京，並向已經控制局勢的慈禧稟報了此事。於是，維新派的全部計畫，就赤裸裸地呈現在慈禧的面前。

勃然大怒的慈禧發下懿旨，以光緒生病，不能臨朝視事為由，重新訓政，將光緒帝軟禁於瀛台。並下詔抓捕康有為、梁啟超等人。沒過幾日，徐致靖、軍機四章京，以及御史楊深秀、康有為之弟康廣仁悉數被捕，而康有為與梁啟超事先已經離開了北京，從此流亡天涯。這場持續一百餘天，史稱「百日維新」的運動就這樣宣告失敗。

七天後，慈禧下令將譚嗣同、林旭、楊深秀、劉光第、楊銳、康廣仁等維新派人士處死，這就是歷史上的「戊戌六君子」，也是為維新變法流血的第一批人。大學士徐致靖原本在處死之列，由於李鴻章的暗中營救而倖免於難。

戊戌變法的失敗，把人們依靠朝廷本身的改革來強國的最後一絲夢想徹底擊滅了。統治階級內部鬥爭更趨激烈，錯過了最後一次變革維新的機會，同時也喪失了選擇發展道路的機會。清廷拒絕維新，其結果只能給自己帶來滅頂之災。

戊戌變法是清政府的第一次，也是最後一次主動的、全面的變革，但是由於守舊派的阻撓，戊戌變法以失敗告終，清政府失去了最後一次發展的機會，政府更加腐朽，民間正在策劃反清復明的起義運動，清政府的封建統治即將走向滅亡。

【知識鏈結】

京師大學堂是中國近代最早的大學，它既是全國最高學府，又是國家最高教育行政機關，統轄各省學堂。戊戌變法期間，為了「廣育人才，講求實務」，光緒允在北京設立京師大學堂。同年七月，京師大學堂在北京創辦，由大臣孫家鼐管理，設立新式學科，培養新式人才。戊戌變法失敗後，新政被廢除，京師大學堂雖然總算保留下來，但仍為封建書院式教學。直到一九一〇年，學堂才改設新式七科。辛亥革命後，學堂於一九一二年五月改名為北京大學。

扶清滅洋，一腔熱血終是空

眾所周知，義和團源於山東民間秘密組織「義和拳」。他們在十九世紀末的中國掀起了一場聲勢浩大的起義，「扶清滅洋」，他們仇視一切洋物，是中外矛盾進一步激化的產物。開始，與其他造反一樣，清政府視他們為「拳匪」，為禍一方，欲除之而後快。

後來的清廷，因為一致的排外情緒，對義和團的態度慢慢轉變，直到後來默許。受到清政府鼓勵的義和團，把反洋教的範圍擴大到了反對一切外來事物。他們四處焚燒教會，搶掠財產，當時人記載了大量義和團肆意殺人的歷史：不少人因為抽香煙，戴眼鏡，或者打洋傘，穿西式服裝而被殺害；有幾個學生因為用鉛筆和洋紙，被義和團員搜出結果被亂刃分屍，甚至有因為在某戶家中發現一枚火柴，而導致滅門慘案的發生。

殺紅了眼的義和團讓清政府看不下去了。五月，駐紮在淶水縣的清軍與義和團發生了幾次衝突，但是清軍居然不是義和團的對手。得勝的義和團從此氣焰更為囂張，他們佔領了涿州，控制了從盧溝橋到保定的鐵路，扒鐵軌，燒車站，毀橋樑，弄斷電話線。到六月，甚至是裕祿都不得不請求清廷派兵嚴厲鎮壓義和團，清廷只好調來堅決反對義和團的聶士成的武衛軍來控制局勢。

這個時候的慈禧再也無法穩坐江山。雖然清廷仍然對外做出了鎮壓義和團的姿態，但私底下卻派出了軍機大臣協辦大學士剛毅和順天府尹趙舒翹到涿州考察義和團是否能夠為我所用。趙舒翹得出的結論是「拳匪不可恃」，但剛毅則不這麼看，他平素就和端王、莊王等人關係甚好，自然認為義和團「拳民忠貞，神術可用」。趙舒翹無奈，只好和剛毅向慈禧太后彙報說義和團可以因勢利導，「撫而用之，統以得帥，編入行伍」。

歷史總是有著偶然性，就在清廷得出義和團可用這一結論差不多同時，駐京各國公使開始擔心日益混亂的局勢有可能對北京的使館造成危險。英國全權公使竇納樂作為代表，要求外國軍隊進行支援。「洋鬼子」調集軍隊進京的消息讓清廷大為不滿，也激起了義和團更大的怒火。

清廷和義和團終於取得了一致。六月九日，慈禧從頤和園返回紫禁城，開始研究如何指揮義和團之事，並調來支持義和團的董福祥的甘軍進入北京城駐紮在永定門內。第二天，端王載漪被任命為總理衙門大臣，義和團終於大規模地進入了北京城，見洋人就殺，所有的洋人都被堵到了西什庫教堂和東交民巷。

此時，各國公使真正意識到大事不好了。於是在各國領事的協調之下，由俄、英、美、日、德、法、意、奧八國迅速組織了二千多名聯軍，由英國海軍司令西摩爾率領，乘坐火車增援北京。

但是聯軍沒有想到的是，這時候清軍已經被命令配合義和團的行動了。因此當八國聯軍一出天津，行至廊坊一帶就遭到了清軍和義和團的聯合阻擊。大敗而歸，援救計畫失敗。

這一次勝利，史稱「廊坊大捷」。清廷和義和團更加有理由堅信，洋人並非不可戰勝的。於是一邊命令聶士成再接再厲，攻打天津紫竹林租界，一邊開始圍攻北京的西什庫教堂和東交民巷使館區，雙方互有損傷，但清軍和義和團還是沒有攻下這兩處。

如此打了幾天，洋人未滅，但越來越多的義和團湧入北京城，導致北京到處一片戰火和殺戮。慈禧一見不妙，便打算解散義和團，準備停戰。但端王等人卻不肯甘休，為了堅定慈禧繼續作戰的心志，載漪指使軍機章京連文沖偽造了一份西方列強給清政府的外交照會，以強硬的語氣提出了四條要求：其中包括讓慈禧歸還光緒全部權力，並要求將清政府的經濟和軍事權力交由外國人掌握。

可歎慈禧聰明一世卻糊塗一時。她居然對這份照會深信不疑，於是勃然大怒。六月十七日，慈禧決定向洋人開戰，將義和團編為民團，稱為「義民」，由剛毅、載漪、載勳、載濂、載瀾等人統領，又任命載勳為步軍統領九門提督。六月二十一日，清廷以光緒帝的名義，發布了一道譴責洋人和表達抗戰決心的詔書，在詔書中宣稱對「彼等」開戰。這個愚蠢的決定，讓中國這個殘破之國，同時對抗世界最先進的十幾個國家，多麼荒唐。

此時在天津的清軍和義和團還在忙著攻打租界，他們雖然人數眾多，但卻各自為政，缺乏統一的作戰規劃，甚至連天津到大沽口的道路也沒有切斷，而只是一味蠻幹，猛衝猛打。這自然不是日漸得到兵員補充的聯軍的對手。到七月上旬，聯軍在租界的人數已達到一萬七千餘人，並且有統一的部署和指揮，而清軍和義和團則傷亡甚眾。七月十三日，聯軍展開反攻，圍攻天津城，清軍不敵，退往楊村一帶，聶士成履行了他的諾言，在戰鬥中中炮身亡。第二天，聯軍佔領了天津。

經過短暫的休整，人數達到一萬八千餘人的外國聯軍於八月初向北京進發了。在路上他們幾乎沒有遇到什麼有效的抵抗，義和團毫無戰鬥力，清軍也一觸即潰。

八月十一日，聯軍佔領通州，兩天以後兵分三路攻打北京城。此時北京城內還有十餘萬名清軍和義和團民，但是已全無戰意，第二天，英軍首先攻入廣渠門，其他國家的軍隊也相繼入城。經過三天的巷戰，聯軍徹底控制了北京城。當時還留在城中的五萬名義和團民幾乎全軍覆沒，清軍傷亡四千餘人，聯軍方面僅僅死傷四百餘人。

到此為止，義和團的神話已經被完全戳穿了。慈禧和滿朝文武已經束手無策，全然不知該如何是好。這時才知道上當的慈禧憤怒不已，遷怒於端王等人，但終究已經釀成大禍。不得已，只好再次逃跑。八月十六日，就在聯軍即將攻入皇城前的一刻，慈禧帶著光緒和內宮女眷，連同一幫文武大臣，踏上了西去的道路。

【知識鏈結】

曹州教案，亦稱巨野教案。一八九七年十一月一日，山東省曹州府巨野縣張家莊的天主教堂遭到當地大刀會土匪數人的搶劫，二名在堂內的德國神甫被殺死。十一月六日，德國以此為藉口出兵，於十一月十四日強行佔領膠州灣。該事件之後，清廷與德國一八九八年簽訂協議，山東巡撫李秉衡撤職，支付教方二十二萬兩的賠償，以建造濟寧等地的三座大教堂。另外中德簽訂《膠澳租界條約》，使德國在山東取得膠州灣九十九年的租期，鐵路修築權及採礦權。之後，民間反洋教事件頻發不止，逐漸發展為反清鬥爭遭到鎮壓，這也是義和團運動興起的重要原因。

「北狩」變「西狩」，太后怎的又逃難？

慈禧後悔了，不管之前再怎麼強硬，洋人還是打到了北京城，在處理完珍妃之後，老佛爺便拉上光緒匆匆西去，開始了她繼「北狩」之後的「西狩」。

曾國藩的孫女婿吳永寫下《庚子西狩叢談》一書，對慈禧等人的狼狽狀況多有描述：

據記載，慈禧等人到懷來縣城時，「饑寒已兩日夜，情狀極困苦。」據慈禧自述，他們一行「連日奔走，又不得飲食，即冷且餓。途中口渴，命太監取水，有井矣而無汲器，或井內浮有人頭，不得已，採秫稭稈與皇帝共嚼，略得漿汁，即以解渴。昨夜我與皇帝僅得一板凳，相與貼背共坐，仰望達旦。曉間寒氣凜冽，森森入毛髮，殊不可耐。爾試看我已完全成一鄉姥姥，即皇帝亦甚辛苦。今至此已兩日不得食，腹餒殊甚。」

可是，懷來縣經過潰退下來的散兵游勇和義和團橫加搶掠，也已是空空如也。僅能以小米綠豆粥供應。而慈禧居然大喜過望，連說「甚好甚好」，連筷子也沒有，就拿秸稈臨時湊數，呼呼地喝了起來。

慈禧吃完，感歎良久，居然痛哭流涕道：「我和皇帝連日來走了幾百里，一個百姓都見不到，官吏也都跑得無影無蹤。我實在是沒想到大局竟然不堪到如此地步！如今看到你懷來縣令居然還能衣冠楚楚的來接駕，真是不容易。看來大清的江山還算完好啊！」此話說得可憐。

在懷來縣稍住幾天後，慈禧一行人繼續前進。經由沙城，宣化，大同，忻州一路來到太原，駐蹕於萬壽宮。

但此時，洋人並不會因為攻陷北京城就停止進攻。八國聯軍侵華期間，大肆燒殺搶掠，犯下累累罪行。教士竟與士兵一樣殘忍；美國基督教傳教士梅子明，宣稱「以人頭抵人頭」，在河北任丘殺害了六百多名無辜農民。

到了十月的時候，在中國境內的聯軍總數已經接近十萬人。在瓦德西的指揮下，聯軍以清剿義和團為名，分別由京津出兵，搶佔地盤。英國、俄國、德國分別佔領了山海關到天津的鐵路，以及沿線的車站和炮台；稍後，法國軍隊南下冀中地區，先後佔領了獻縣、保定等地。稍後德國、英國、義大利等國的軍隊也到達了保定。儘管當地官員早已全力鎮壓義和團，並執白旗迎接聯軍，但聯軍仍然將以直隸布政使為首的幾名官員槍斃並且梟首示眾，理由是他們曾經縱容義和團。

聯軍窮追猛打，而清軍卻且戰且退。到十二月底，清軍已經全面退守山西境內，而聯軍則兵分兩路，尾隨不捨。到第二年三月，法軍已經侵佔了山西的門戶——娘子關。

此外狡猾的俄國人也不甘示弱，趁著清政府忙於同聯軍作戰，無暇他顧，俄國人除了派兵參與聯軍之外，還單獨派兵十七萬，侵佔了庫頁島及烏蘇里江以東黑龍江以北的大片領地。

面對著八國聯軍步步緊逼的形勢，慈禧已經毫無抵抗之心，她擔心聯軍會將自己視作義和團運動的罪魁禍首處置。十月，覺得太原已經不再安全的慈禧又將臨時行宮遷到了西安。

此時的光緒雖然是跟著慈禧一路向西逃竄，但其實他內心卻是憤懣難當，一點兒也不想跑。他之前就不主張招安義和團，而應該與洋人和議。但慈禧卻無視他的意見，還殺掉了數名主和派的大臣。據清人筆記記載，洋人進城之時，慈禧慌張逃竄，光緒卻冷靜異常，對慈禧說道：「親爸爸，兒臣以為可以不必逃走。想那洋人本為友邦，對我大清並無惡意，此次出兵，乃是剿滅拳匪，不會對我有礙。兒臣請求親自去東交民巷，與各國公使面談，必定安然無恙。」

慈禧聽了這話，只當光緒胡言亂語，並不理睬。光緒無奈，只好自己回到養心殿，盛裝朝服，想要獨自去使館談判。侍奉太監見光緒如此，大驚失色，連忙報告慈禧。慈禧勃然大怒，親去阻止，硬拉他逃出宮去。

光緒並沒死心，當慈禧一行人遇到前來護駕的岑春煊時，光緒再次提出了回京議和的要求。慈禧自然不允。

到太原之後，光緒第三次提出了返回北京議和的要求，但仍未獲批准。當慈禧決定繼續西行至西安後，光緒再也忍耐不住了。在潼關，他憤憤不平地公開表態：「朕能走，洋人就不能走嗎？這麼走下去什麼時候是個頭啊！就算去了四川，又能怎麼樣？太后老了，可以去西安躲躲。朕要回北京了，否則戰事不了，終究還是要倒楣！」

慈禧和諸大臣面面相覷，無言可對。然而第二天，慈禧仍然帶著光緒繼續西行了。光緒甚至流下了熱淚。

當時清人普遍認為，假如當時真的光緒先期回到北京主持和議，則後來的辛丑合約不至於如此嚴酷，可惜大多數大臣都不明所以，至於慈禧，則擔心光緒趁機親政，在洋人的支持下剝奪自己的權力，故而也不肯鬆口。於是，最好的和談時機便被慈禧白白浪費了。

不過慈禧深知：和談，並不是不可以，可是看要由誰來談。慶親王奕劻曾經幾次三番與洋人討價還價，但是正式的協定從未達成。在經過幾次三番的討價還價後。九月底，清廷終於發下諭旨，委任李鴻章為全權大臣，「著准其便宜行事，將應辦事宜，迅速辦理，朕不為遙制。」

在李鴻章的極力斡旋下，第二年，喪權辱國的《辛丑合約》簽訂了。按照傳統史學的說法，這一條約的簽訂標誌著中國半殖民地半封建社會的徹底確立，清政府徹底墮落為西方帝國主義的幫凶。儘管輿論界對此一致譁然，但此時的慈禧卻因為條約中將本已擬定的廢黜太后之條最終刪除而欣喜不已。

光緒二十七年（一九〇一年），慈禧「回鑾」之時，她早已忘記了出逃之時的狼狽。西安城張燈結綵，鑼鼓喧天，慈禧一行三千多輛馬車，滿載著金銀、古董，浩浩蕩蕩起駕回京。一路上竟以黃沙鋪路，大肆搜刮，大肆揮霍，窮奢極欲。三個月後，慈禧一行回到北京，結束了西逃生活。她到京後十天，就舉行盛大宴會招待各國駐華使節及其夫人，極盡獻媚求寵之能事。

【知識鏈結】

珍妃，他他拉氏，滿洲鑲紅旗人，是光緒帝最寵愛的妃子。她的專寵難免得罪慈禧姑侄，慈禧便借珍妃受賄之事對其公開「褫衣廷杖」、打入冷宮。後來又因為其兄志銳、老師文廷式都屬維新派，再次受到牽連。直到八國聯軍侵華，慈禧在逃京前命太監崔玉貴殘忍將她推井致死。珍妃遇害後的第二年，光緒帝由西安返京，命人將珍妃屍體打撈，追封為珍貴妃，初葬恩濟莊。

辛丑合約，李鴻章最後的敗筆

光緒二十六年（一九〇〇年）六月二十一日，清廷發出了向十一國的宣戰詔書，詔書傳到東南各省，李鴻章將其看做是慈禧和光緒在威逼利誘之下發布的偽詔，斷然拒絕接旨，他透過電報通知了盛宣懷這一決定，並經由後者轉告各個大員。很快，這些方面大員紛紛響應李鴻章的號召。為了確保這一意見的實施。由盛宣懷牽頭，張之洞、劉坤一委派官員，和上海道台余聯沅，與以美國總領事古納為首的各國領事簽訂了《東南保護約款》。其中公開宣稱保護外國人在長江流域中下游的權益。這一條約簽訂以後，李鴻章、奎俊、許應騤、端方、袁世凱等人紛紛響應，先後加入。史稱「東南互保」。

「東南互保」的成立讓朝廷中的守舊派官僚極其震驚，罵聲不斷。然而，慈禧得知此事後，卻以含含糊糊的口氣默許了東南互保的存在。恐怕，彼時的慈禧已經在盤算著如果這一仗打輸以後的退路了。

隨著戰局的發展，清廷愈加發覺事情不妙，曾經急電要求李鴻章和袁世凱進京，當時正是聯軍攻佔大沽口的時候，戰局尚未明朗。清廷召他們兩位進京，無疑是想藉助他們在外交方面的長處來從中斡旋。然而這兩位卻以各種理由百般推脫。其中李鴻章在接旨以後，連續發了五封電報，明明白白地闡述了自己的意見——進京平事兒可以，不過要先把義和團除去再說，否則一切免談。

清廷見此情況，迫不得已，只好調李鴻章為直隸總督兼北洋大臣，半強迫性地調他來京。職責所在，李鴻章不得不起身。

七月十六日，李鴻章坐船到達上海，先同各國領事見了面，互通聲氣。此時，參加東南互保的幾位大員紛紛上奏，要求賦予李鴻章全權大臣之職。八月底，已經在「西狩」路上的慈禧批准了這一建議。於是李鴻章作為全權大臣，繼續北上了。

李鴻章臨行之前，曾經與南海知縣、他的同鄉晚輩裴景福有一番對話。此事被清人完完整整的記錄了下來，從中不難看出李鴻章對局勢的預測和把握都驚人的準確。

六月，李鴻章奉旨進京出發。臨行前李鴻章請裴景福入船一序。進船後，李鴻章叫裴景福撿條凳子坐了，緩緩說道：「偌大個廣州城，靠得住的人卻沒幾個。我看你為官以信為本，倒是很好。要說起來維護地方穩定這事兒，知府知縣的職責可要比督撫大得多！能把地方治理好了，洋人就不會生出侵略之心。你要好好幹啊！」

裴景福當下連忙謝過李鴻章誇獎，然後一拱手道：「少帥說得甚是有理，以景福愚見，東南的安危，取決於上海；上海的安危，又取決於香港；香港的安危，又取決於廣州；廣州的安危，則取決於我南海縣一帶。外國領事洋商，大多在此居住，倘若要是有匪人為非作歹，把南海搞亂了，香港也要跟著動盪，則整個東南不免淪於戰火。景福身為南海縣父母官，願與南海共存亡。還望少帥經過香港時，與港督提及此事，彼此同心協力才好。」

李鴻章頷首道：「無妨，我雖然赴京，但還是兩廣總督嘛。有什麼事儘管和我說嘛，我還是要管的。」裴景福聞聽此言一笑：「原來少帥還不知道，今天朝廷來電，少帥已經正式升任直隸總督兼北洋大臣了。聽說，各國領事知道這個消息，都喜歡得了不得。說您這一去必然戰事不起。」

李鴻章聽了此話甚是高興，當下掀髯一笑，以手撚鬚，自言自語道：「當今之世，捨我其誰！」自得之情，溢於言表。裴景福見他得意，也不吱聲。

李鴻章接著又說：「古語云，百足之蟲，死而不僵。京師的局勢雖已收拾不住，但袁世凱、張之洞、劉坤一這幾人頗有見識，必然相互扶持，不至於全局混亂。現在看看聯軍的兵力，恐怕最多兩個月，京師必然陷落。不過聶士成已經陣亡，馬玉昆又不能打，日本人離得近，英國人要是從中幫忙的話，恐怕最多能撐一個月啊！」話說到這裡，李鴻章悲從中來，喃喃自語道：「內亂如何能停啊……」兩眼一閉，竟自落下淚來。也不發一語。

裴景福見如此，便有些局促。起身深施一禮，便要告辭。李鴻章這才如夢方醒，連連說道：「老糊塗了。竟然把你晾在這裡。來，喝點兒汽水解渴。」又叫裴景福坐下說話。

裴景福只得又坐下說道：「既然如此，敢問此番入京，當做如何打算？」李鴻章搖搖頭，艱難已極地說道：「此次進京，洋人不外乎提出三大條件。第一剿滅拳匪，第二誅殺禍首，第三是賠償損失和軍費。前兩件不難，但最後這賠款數目可就不好說了。我也只有反覆談判，力求把數量減少，年限延長罷了，盡力而為！」說著說著，李鴻章竟然淚如雨下，幾乎泣不成聲。

裴景福見此，不敢久留，胡亂說了些安慰的話，便告辭離去。李鴻章親自送出，並再三叮囑地方要緊。裴景福唯唯答應，心情沉重地目送著李鴻章的船隻起帆而去。

光緒二十六年（一九〇〇年）十月，李鴻章抵達北京，和八國聯軍展開談判。果然正如李鴻章所料，各國提出的要求，都沒超出李鴻章的預想。在隨後的談判中，李鴻章根據國際法據理力爭，他提出皇室之前的宣戰詔書乃是受到脅迫而寫成，而義和團乃是叛逆，和清政府並無關係。因此這場戰爭並不是清政府與十一國交戰，而是外國派兵入華幫助剿滅義和團。基於這一理由，李鴻章堅決不同意割地的要求，只同意賠償軍費及其他要求。

經過將近一年的談判。終於達成了一致，這就是著名的《辛丑合約》。根據這一條約，清政府將向所有參戰國賠付總數高達四．五億兩白銀，史稱「庚子賠款」。除此以外，清政府還被迫建立使館區和外交部，懲罰參加義和團運動的官員和地區等。義和團運動以這個恥辱的條約為結局正式落幕了。

光緒二十七年（一九〇一年）十一月七日，大清帝國的最後一根柱石——李鴻章於北京賢良寺駕鶴西去，享年七十八歲。正如李鴻章自己所言，他最終為了這個條約的簽署，搭上了自己的性命。不妨說，李鴻章是被氣死和累死的。他奮鬥一生想要讓大清國「外修和好，內圖富強」，在生命的最後階段，在他落筆簽署《辛丑合約》之時，徹底灰飛煙滅了。

【知識鏈結】

李鴻章一生為大清殫精竭慮，勞苦功高，日本首相伊藤博文視其為「大清帝國中唯一有能耐可和世界列強一爭長短之人。」聽聞其死訊，兩宮「哭失聲」，慈禧太后稱讚他是「再造玄黃」之人。贈太傅，晉一等肅毅侯，諡文忠。賜白銀五千兩治喪。原籍和立功省建祠十處。京師祠由地方官員定期祭祀。清代漢族官員京師建祠僅此一人。

第十三章：受盡煎熬是大清，民主共和人心向

洋務運動的失敗，戊戌變法的終止，標誌著封建王朝想要以自我改良的方式迎合世界潮流的夢想徹底破滅。中國的封建社會，在歷經了二千多年的風雨之後，已經到了不可逆轉的最後時光，清末政府的那些努力，終成為徒勞。隨著光緒皇帝與慈禧太后相繼離世，大清王朝，掙扎了三年之後，在一片革命的浪潮中轟然倒塌。歷史，又掀開了全新的一頁。

一代梟雄袁世凱

在清末的新政推行過程中，袁世凱是一個繞不過去的人物。他以李鴻章的繼承人自詡，在晚清政壇上發揮了重要的作用，從甲午戰爭登上歷史舞台開始，戊戌變法、義和團運動、晚清新政乃至辛亥革命中，都有他的身影。長期以來，歷史學界對他的評價都極其負面，但近年來也出現了一些為袁世凱翻案的影視作品，雙方圍繞著袁世凱的歷史地位和評價展開了激烈的爭論。

袁世凱，字慰亭（又作慰庭），號容庵，河南項城人，亦稱為袁項城。出生於咸豐九年（一八五九年）。袁家算得上是行伍世家，叔祖父袁甲三曾經督辦安徽團練，後來做到署理漕運總督，算得上是李鴻章的嫡系；生父袁保中雖然沒有出仕，但也是地方名流；叔父袁保慶也出身行伍，後來當到江南鹽巡道。

袁世凱自幼就過繼給他的叔父為子，隨著養父東奔西走，頗長見識，後來袁保慶早亡，又把袁世凱託付給袁甲三的兒子，時任戶部侍郎的袁保恆照顧。袁世凱似乎不愛學習，他十七歲和二十歲時，兩次參加鄉試都未取中，從此對科舉制度深惡痛絕，但他不愧是行伍世家子弟，偏偏愛讀兵法軍書，這也為他後來走上練兵的道路打下了堅實的基礎。

科場此路不通，袁世凱決定投筆從戎，奔赴疆場。光緒七年（一八八一年），袁世凱到山東登州投奔養父的結拜兄弟吳長慶。此時吳長慶是淮軍的重要將領，手下「慶軍」六個營駐防登州，管理山東防務。他對故人之子自然格外照顧，留袁世凱在營中當了一名會辦。

袁世凱的運氣不錯，他剛剛進入行伍不到一年的時間，當時還是清朝藩屬國的朝鮮發生政變，史稱「壬午軍亂」，朝鮮國王請求清廷出兵，慶軍接到這一任務，隨即東渡朝鮮，很快平定了政變。在戰鬥中，袁世凱身先士卒，博得了上至吳長慶，下至普通軍卒的好感，戰後吳長慶向清廷極力保舉袁世凱，這引起了清廷的重視。

當年，年僅二十三歲的袁世凱作為「通商大臣暨朝鮮總督」身分留駐朝鮮，協助朝鮮訓練新軍並控制稅務。袁世凱在朝鮮一待就是十二年，這期間他有效地控制了朝鮮，抵制了日本和沙俄對朝鮮的影響。直到甲午戰爭爆發，清廷失去了對朝鮮的控制，袁世凱才回到天津。但戰爭的失敗並沒有影響他的仕途，李鴻章等人又保舉他操練新軍。

光緒二十一年（一八九五年），袁世凱在天津小站練兵，名為「新建陸軍」。由於練兵有方，袁世凱聲名日顯，不久被擢升為直隸臬台，仍然主持練兵。袁世凱的轉捩點正是前文提到的戊戌變法，由於他可恥的出賣了譚嗣同等人，進而獲得了慈禧和榮祿的重視，甚至署理了幾天直隸總督，並被賜予紫禁城騎馬的殊榮。

不久，袁世凱又調任山東巡撫。由於他大力鎮壓義和團，並加入東南互保，博得了洋務派官僚和洋人的一致肯定，義和團以後的袁世凱已經成為清廷最重要的方面大員之一。

袁世凱深諳為官之道。榮祿死後，慶親王奕劻進位領班軍機大臣，成為慈禧身邊最為寵信的人，慈禧對他幾乎是言聽計從。奕劻此人貪財，袁世凱便投其所好，給他贈送大量白銀。據說奕劻進入軍機處不到一年，其在滙豐銀行中的存款便達到百萬之巨。所謂投桃報李，奕劻對袁世凱自然也是加意照顧，甚至讓自己的兒子載振和袁世凱結為八拜之交。於是在當時的政壇上便出現了以慶親王和袁世凱為主的一股龐大勢力。

袁世凱雖然厲害，但正所謂惡人自有惡人磨，在同時期和他並駕齊驅的重臣，還有另外一人，便是之前提過的岑春煊。

岑春煊的來歷也不簡單，父親岑毓英官至雲貴總督。他年幼時便號稱京城三惡少之一。雖然如此，但並沒有一般紈袴子弟的習氣。甲午戰爭時，時任太僕寺少卿的岑春煊奉命出關視察，岑春煊不畏艱苦，順利完成了使命，後來又帶兵在山東一帶布防，抵禦日軍進攻。這使他在滿朝文武心目中留下了很好的印象，不久被提拔為廣東藩台。後因與譚鐘麟的瓜葛調任甘肅藩台，這反而使他飛黃騰達。他利用慈禧光緒的「西狩」積極表現，博得了慈禧的極大好感，慈禧回鑾北京之後，提拔岑春煊為山西巡撫，後又提拔為兩廣總督。岑春煊在任上大力懲治貪腐，頻頻參劾官員，時人號為「官屠」。

岑春煊此為必定得罪貪財的慶親王不輕。光緒三十二年（一九〇五年），岑春煊在慶親王的詭計下任四川總督。正在這時，瞿鴻禨藉新政改動軍機處之機請岑春煊入京覲見慈禧，趁勢扳倒慶親王和袁世凱。

岑春煊突破阻撓順利進京面聖，也結結實實參奏了慶親王和袁世凱貪贓枉法，賣官鬻爵，慈禧自然十分不滿，同時又對岑春煊格外倚重。而後岑春煊繼而向慈禧連連保舉盛宣懷、鄭孝胥、張謇等人，排擠慶親王一派官員，慈禧竟也動了以醇親王載灃代替慶親王的念頭。慶親王和袁世凱已被逼入絕境，只能破釜沉舟。

二人便利用慈禧對維新派人士的憎恨對岑發動反擊。不久，慶親王借軍機與慈禧商量軍國大事之時，單獨向慈禧密奏，極力將瞿鴻禨和岑春煊描繪成同情康梁一黨的人士，並污蔑他們所保舉的人都是維新黨人；袁世凱隨即又假造一張岑與康梁等人的合影。

慈禧大怒，把岑春煊外放為兩廣總督，又藉故將瞿鴻禨免職。至此，慶親王和袁世凱取得了全面的勝利。這一場政治風波，史稱「丁未政潮」。

後來的慈禧雖然有所醒悟照片可能有假，但終究沒有再次啟用岑春煊，而慶親王奕劻更是得意揚揚。倘若他們知道幾年之後袁世凱篡奪清廷的江山，必然是後悔不迭。

【知識鏈結】

一八九四年，清廷在甲午戰爭中慘敗，湘軍、淮軍、防軍、練軍又相繼腐敗不堪用，於是又有「新建陸軍」、「自強軍」代之而起。因其武器裝備全用洋槍洋炮，編制和訓練盡仿西方軍隊，故稱新軍。

新軍以鎮為基本建制單位，每鎮官兵定額一二五一二人，由步、馬、炮、工、輜重等兵種組成，設統制率領。鎮下分協、標、營、隊、排、棚，分由協統、標統、管帶、隊官、排長和正、副目率領。

清末新政，大清最後的指望

光緒二十六年（一九〇〇年）底，身在西安的慈禧忽然以光緒帝的名義發布了一道「預約變法」上諭，上諭中提到：「大抵法積則敝，法敝則更，要歸於強國利民而已。取外國之長，乃可補中國之短；懲前事之失，乃可做後事之師」，「事窮則變，安危強弱全系於斯。」並且要求朝廷百官，駐外使節，各省督撫等各抒己見，提出革新意見。

這道詔令一下，輿論大嘩，沒想到慈禧太后竟然也要實行新政。一時之間，朝野內外之人各懷心事，關注著政局的進一步發展。畢竟此時與洋人的和談還沒結束，大清的未來還難以判斷。

然而慈禧似乎已經篤定了想法。於光緒二十七年（一九〇一年）三月三日，下令成立了督辦政務處，由慶親王奕劻、李鴻章等人負責。上諭稱，這一機構的設立是為了「變通政治，力圖自強」，全面統籌規劃新政的落實工作。

晚清的第三次，也是最後一次變法運動——「新政」就這樣在眾人驚疑不定的目光中開始了。是洋人的肆虐，庚子之變的恥辱讓慈禧太后下了最後的決心，她終於意識到必定學習西方政治，才能保得社稷永續。

張之洞和劉坤一很快就響應了慈禧的號召，於五六月間聯名發出了三個奏摺要求變法，內中詳細敘述了變法的步驟和具體做法，史稱「江楚會奏變法三折」。他們指出，首先要「育才興學」，開辦「文武學堂」，並且廢黜八股考試制度和武科考試，並獎勵到外國留學；其次，要「採用西法」，比如用洋法練兵，開展覽會，鑄銀元，發印花稅票等等。有趣的是，他們在奏摺中還撇清了自己和康有為的關係，聲明他們的辦法和其主張並不相同，並且都是三十年來已經陸續開始興辦的，有一定的基礎。看到這個奏摺，慈禧自然開心，朱批「按照所陳，隨時設法，擇要舉辦。」平心而論，這所謂的「江楚會奏變法三折」和康有為等人的維新主張實在是無甚差別，可以看到，其中的辦法大多都已經是光緒帝在百日維新時期的老調重彈。

不過慈禧並不這麼想，她曾經在最初宣稱變法的上諭中嚴厲的指出：「康逆之談新法，乃亂法也，非變法也。」這話頗有些言不由衷，純粹出於她個人對康有為等人的厭惡。

無論如何，慈禧的新政開始轟轟烈烈的發動起來。在最初幾年間，慈禧主要做了如下幾件事情：

第一，鼓勵私人興辦工業，並給予一定的獎勵：光緒二十九年（一九〇三年）清廷成立商部，負責管理工礦業和鐵路，後來又分管農業，由奕劻的兒子貝子載振擔任尚書。載振就職後制定了一部《獎勵公司章程》，改變了以往官督商辦，將工業資本控制在官方手中的做法。不過這一章程僅僅是對於投資興辦公司的商人根據投資額的多少賞以不同的官銜，真正降低關稅，保護產權等能夠切實激起資產階級投資興趣的措施則一點也無。

第二，廢除科舉考試制度，興辦新式學校，提倡出國留學。光緒三十一年（一九〇五年），袁世凱為首，湖廣總督張之洞、兩廣總督岑春煊、兩江總督周馥附議，奏請停止科舉，推廣學校。清廷批准這一奏議，下諭旨從第二年開始，停止所有鄉試、會試和各省歲試，歷經千年，屢有變更的科舉制度，就這樣被廢除了。

第三，改革軍制，將舊式的綠營，兵勇逐步遣散，代之以新建陸軍。光緒二十九年（一九〇三年），清廷成立了練兵處，袁世凱負責。光緒三十一年（一九〇五年），北洋軍六鎮編成，共六萬餘人。北洋軍採用了德國的陸軍建制，將陸軍分為步兵、騎兵、炮兵、工兵、輜重等不同兵種，並分設左右兩翼，每翼有若干營。此外，還配備新式武器，採用「洋操」練兵。後來，袁世凱的練兵之法逐步推廣到全國，在各省先後都成立了「新軍」。不僅如此，各省還設立了武備學堂，並從光緒三十年（一九〇四年）起，每年選送百餘人到日本學習軍事。

到此為止，慈禧的新政確實沒有比百日維新更加值得讓人注意的地方，不過，事情並不僅僅這麼簡單，到了光緒三十年（一九〇四年）慈禧居然開始了立憲的步伐，這恐怕是新政最讓人驚訝之處。在滿朝重臣的讚許下，光緒三十一年（一九〇五年），慈禧聽從袁世凱的意見，派遣「考察政治大臣」五人，出使西洋，實地調查各國憲政情況，五人剛到火車站就被革命黨人吳樾的人體炸彈炸死，此事只得推遲。半年以後，清政府又成立了「考察政治館」作為專門的政治改革機構，同時，考察政治大臣們分為兩批，再次出發。半年之後，考察團先後回國，寫成了大量文字報告，陳立憲之種種好處，滿族親貴也決定支援，使得慈禧終於下定決心。

光緒三十二年（一九〇六年），慈禧頒布諭旨，決定「預備仿行立憲」。光緒三十四年（一九〇八年），千呼萬喚始出來的《欽定憲法大綱》和《逐年籌備事宜清單》終於頒布了，與此同時還頒布了「臣民權利義務」、「議院法要領」、「選舉法要領」三個附錄。檔中的君權色彩雖然仍舊濃得化不開，但也體現了三權分立的原則。對現代公民的權利和義務都做了規定和限制。還決定，第二年實行地方諮議局和中央資政院選舉，並以九年的時間籌備憲法。從此以後，整個中國急速地走上了憲政國家的探索之路。

可惜的是，預備立憲本就形同鬧劇，在滿清親貴的手中，本就不可能真正實施，伴隨著光緒和慈禧先後去世，載灃的求穩，皇族內閣在一片唾罵聲中草草收場，終於使對清廷還抱有一絲希望立憲黨人們大失所望，大清的末日不遠了。

【知識鏈結】

一九一一年（宣統三年）清廷裁撤軍機處和舊內閣，實行新的「責任內閣制」，以慶親王奕劻為總理大臣，那桐、徐世昌為協理大臣，下設外務部、學部、民政部、度支部、陸軍部、海軍部、法部、農工商部、郵傳部、理藩部十部，以梁敦彥、善耆、載澤、唐景崇、蔭昌、載洵、紹昌、溥倫、盛宣懷、壽耆分任各部大臣。十三人中，滿洲貴族九人，漢族官僚僅四人，而滿洲貴族中皇族又占七人。這就是「皇族內閣」或「親貴內閣」。雖然這是清廷自掘墳墓的重要一步，但是它在推進中國專制政治結構的轉型中具有重大進步意義。

光緒辭世，鵬翅預展終無力

光緒三十四年（一九〇八年）十二月十四日，光緒皇帝在囚禁了十年的瀛台涵元殿駕崩，享年三十八歲；一天之後，七十三歲的慈禧太后也駕鶴西去。兩宮幾乎同時駕崩，未免太過巧合。很快就有不少說法認為，光緒正當春秋盛年，可能是慈禧臨死前下了毒手。光緒之死，也成為清末的最後一個疑案。

自從戊戌變法失敗以後，被軟禁的光緒過著極為壓抑的生活。整日鬱鬱寡歡，唯以讀書為樂，而庚子事變時，慈禧下毒手將珍妃害死一事，更是極大地刺激了光緒的心理。不僅如此，根據清人筆記所載，光緒後來甚至於到了無衣無食饑寒交迫的地步。

據說，早在翁同龢還在朝中時，有一年冬天進宮，看到光緒穿了兩件馬褂，看起來鼓鼓囊囊，便問道：「皇上，為何如此穿著啊？」

光緒回道：「太冷了。」

翁同龢詫異道：「那為何不穿皮草啊？」

光緒遲疑了一下，說道：「朕的兩件皮草穿開了線，拿去縫，還未拿回來呢。」

翁同龢也未多想，便回道：「內務府裡皮料甚多，皇上可讓他們再做一件。」

光緒一聽此話，臉色一暗道：「再說吧！」

翁同龢這才意識到，必然是慈禧故意為難光緒所致，連忙口頭不迭連連謝罪。到光緒駕崩時，涵元殿內已經是破爛不堪，毫無皇家氣象，偌大個宮殿內，只有一張大床，旁邊有一個土搭的火爐子，窗櫺紙也大多黴爛破損，甚至不如一般普通人家的住宅。

更有甚者，民間還廣泛流傳著光緒經常遭到慈禧毒打的傳聞。

傳說京城有一牙醫，某日忽然來了一人，拿著一枚牙齒，問他這個能不能給鑲回去。這牙醫看了看說可以，可是病人在哪兒呢？來人便帶著牙醫前去病家，沒想到居然進了宮中。醫生雖然覺得奇怪，但是也沒多想，覺得大概是太監犯事挨打。不久來到一個極為偏僻的地方，只見一個穿青布袍的中年男子坐在那裡，鼻青臉腫，看起來確實是剛剛挨了毒打的樣子，牙醫知道不能多問，便迅速給這人鑲了牙便告辭了。

第二天，昨天來找牙醫那人又來了，讚他手藝不錯，送了四兩銀子給他。誰知道又過了一天，又來了個陌生人，進門就痛哭流涕，扯著牙醫問，是不是有人帶他進宮給人鑲牙？牙醫一頭霧水，說確有此事。這人哭得一發厲害，說帶牙醫進宮的人是他的哥哥，結果此事被太后發現，把他的哥哥殺了。

此時牙醫恍然大悟，想必他為之鑲牙者，正是被慈禧毒打了的光緒。

無論這些故事是真是假，光緒在宮中過得毫不自由，甚至遭到慈禧的冷暴力是確實的。這也為慈禧謀殺光緒提供了一個旁證。光緒雖然體弱多病，但卻一直悉心治療，怎麼會忽然死亡？

民國年間的雜誌《逸經》上曾經登載了一篇據說是曾經做過宮廷御醫的屈貴庭所撰的文章，他說光緒臨死前三天，他曾經進宮為皇上瞧病，本來這之前光緒的病情已逐漸好轉，但那天卻忽然惡化，變得非常嚴重。只見光緒在床上滾來滾去，大叫大嚷，直喊肚疼，過不幾天，光緒便宣告駕崩。因此這位御醫認為光緒是被人投毒身亡的。絕大多數持謀殺說的人都支援這一觀點，認為光緒是在服藥時中毒身亡的，不過下毒者究竟是誰，則眾說不一。

有的說法認為正是慈禧毒死了光緒，慈禧病重後自知時日不多，而光緒卻正值壯年，她擔心自己死後光緒執政，重用康梁等人，所以索性一不做二不休，將光緒毒死。據說慈禧病重期間，有太監跟慈禧說：「皇帝知道您病重，不但沒有悲傷之意，反而面露喜色。」慈禧一聽勃然大怒，咬牙切齒地說道：「我不會比你先死的！」於是便下了毒手。

根據著名書法家啟功先生所言，據說慈禧病危之際，曾經派遣小德張給光緒送過一碗優酪乳，不久就傳出了光緒駕崩的消息。稍後才宣布了慈禧的死訊。如果這樣，慈禧的嫌疑實在是很大，末代皇帝溥儀在其《我的前半生》裡也提到了這種說法，直言是慈禧害死了光緒。

也有一種說法，認為光緒是被袁世凱毒死的。袁世凱在關鍵時刻出賣皇帝、葬送變法，光緒對他深惡痛絕，甚至在宮中寫他的名字再撕碎藉以洩憤，袁世凱擔心可能重新掌權的光緒對自己處以極刑，因此在慈禧駕崩之際，他孤注一擲毒殺光緒帝。這一說法據說是溥儀從宮內帶出的老太監處得知。

還有的說法，認為是大太監二管家崔玉貴夥同隆裕皇太后害死了光緒。由於崔玉貴是謀殺珍妃的凶手，而隆裕皇太后與光緒長期關係惡劣。慈禧一旦撒手人寰，他們也擔心光緒對自己不利，因此藉機會將光緒害死。這一說法較少有人提及。

儘管眾說紛紜，但始終沒有確鑿的證據證明光緒是被謀殺的。

光緒自小在宮內長大，缺少母愛，喜歡他的慈安早亡，慈禧和他又不甚親近，反而處處為難於他，再加上不順心的事兒，光緒的身體一直很差，患有數種慢性病，十幾歲的時候，他就已經是一個身體衰弱，多病纏身的藥罐子了。成年以後，光緒還患有常年遺精的毛病，除此以外，他還有神經官能症、關節炎和骨結核等疾病。陳年痼疾沒有有效治療，最終導致心肺衰竭而死。從脈案看來，並沒有什麼急性發作的異常症狀。

不管光緒因何而死，他這一生，註定是一個徹頭徹尾的悲劇，令人扼腕。少年勤奮用功，成年變法圖強，再多的努力終究逃不過傀儡的定數。光緒死了，慈禧也死了。大清帝國又一個兒皇帝即位，王朝氣數已盡。

【知識鏈結】

李蓮英的侄子李成武所作的《愛月軒筆記》中記載：「（慈禧下葬時）腳蹬碧璽蓮花，重三十六兩八錢，估值七十五萬兩。……錦被，製價八萬四千兩，鑲八分珠一百粒、三分珠三百零四粒、一分珠五百粒、六厘珠一千二百粒、米珠一萬零五百粒、紅藍寶石大塊者約重四錢者十八、小塊者六十七、祖母綠五分重者兩塊、碧璽、白玉共二百零三塊。略估珠值八十五萬四千二百兩，寶石約值四萬二千兩。」據專家估計，慈禧的陪葬品的總價值當一億兩白銀以上。而墓室的豪華程度，更是無法想像。

驅除韃虜，恢復中華

早在光緒二十一年（一八九五年），康有為等人即將在北京發起一場讓其聲名鵲起的「公車上書」之時，在香港的一間洋樓上，十幾個年輕人也聚在一起成立了一個叫興中會的組織。和康有為一心要輔佐光緒、實現君主立憲制不同，這個興中會在創辦伊始，就打出了「驅除韃虜，恢復中華，創立合眾政府」的口號。

不久興中會決定發動一次起義，打算進攻廣州作為繼續革命的根據地。可惜由於事機不密，清政府發現並鎮壓了興中會，大多數興中會成員都不幸罹難，只有興中會的秘書倖免於難，為了躲避清政府的通緝，他剪掉辮子，穿起西服，以「中山樵」的名字流亡到了日本。

他就是後來被尊稱為中華民國國父的孫中山。

孫中山原名孫文，於同治五年（一八六六年）出生於廣東香山縣翠亨村一個普通的農民之家；光緒四年（一八七八年），十二歲的孫中山來到夏威夷，進入當地的意奧蘭尼書院學習，萌發了對西學的興趣。光緒九年（一八八三年），孫中山進入美國公理會教會學校奧阿厚書院繼續就學，哥哥孫眉擔心他沉迷於基督教，將其送回家鄉。然而，此時的孫中山已完全成為了一個「英年洋派」的人物，他回鄉之後不僅搗毀神像，還擅自來到香港接受了基督教洗禮，繼續在香港讀書。

光緒十二年（一八八六年）孫中山進入廣州博濟醫院附設醫學堂學醫，次年轉入香港西醫書院。孫中山在此學習了五年，香港的市容市貌給他留下了深刻的印象，因此他暗暗下定決心要在中國推廣資本主義制度。年輕的孫中山愛好暢談國事，熱衷發動革命，推翻清政府統治，時人聞聽皆倉皇失色，躲避不及，只有尤列、陳少白、楊衢雲等人贊同之，故此四人被稱為「四大寇」。

光緒二十年（一八九四年），孫中山北上天津，向時任北洋大臣的李鴻章上了一封萬言書，書中要求變法改革，提出「人能盡其才，地能盡其利，物能盡其用，貨能暢其流」的主張，並要求與李鴻章面談，可惜被拒。

失望的孫中山從此轉而走向武裝革命推翻清政府的道路。

然而，孫中山等人組織的第一次革命就失敗了，好友陸皓東身死，他也成為清廷全球通緝的政治犯。孫中山並不氣餒，他在日本結識了大量政界要人，發展勢力，以圖後計。

光緒二十六年（一九〇〇年），八國聯軍入侵中國，孫中山希望能夠趁機再次與時任兩廣總督的李鴻章見面，說服他趁機自立為總統，脫離清朝統治。但後來卻發現這只是清政府為了捉拿他而設下的陷阱。憤怒的孫中山轉往台灣，希望在日本的支援下在惠州發動起義，但終因日方改變主意，起義再次失敗。

這之後，孫中山遠渡重洋來到美國，希望可以得到海外華僑華人的支持，然而由於康有為的保皇立憲思想早已傳播至此，孫中山在美國很是吃了一些苦頭；不久他又轉向歐洲傳播革命思想。一九〇四年，孫中山回到日本，並結識了黃興。經過交談，他們決定聯合彼此的組織，成立一個正式的革命團體。

光緒三十一年（一九〇五年），在日本人內田良平的協調下，孫中山、黃興、宋教仁、蔡元培、章炳麟、吳敬恆、張繼等人在日本成立中國同盟會，將之前的興中會、華興會、愛國學社、青年會等組織合併。由孫中山出任總理。同盟會確立了「驅除韃虜，恢復中華，建立民國，平均地權」的革命政綱，並發行《民報》作為機關刊物。同盟會首次提出了「三民主義」學說，並以此為武器，與康有為梁啟超等保皇立憲黨人展開了激烈的論戰。根據傳統史學的觀點，同盟會的建立，標誌著中國資產階級民主革命進入了一個新的階段。

同盟會建立以後，在孫中山黃興等人的組織下，先後進行了一系列反對清廷統治的起義。光緒三十三年（一九〇七年）四月~七月，同盟會員在孫、黃領導下先後發動黃岡起義和欽州廉州起義，均以失敗告終。十二月二日，鎮南關起義打響，革命軍夜襲鎮南關，一舉攻下鎮南、鎮中、鎮北三座炮台，孫中山、黃興等人立刻親赴前線指揮。然而，由於革命軍缺乏軍火，不得不停止進攻，堅守關隘，孫中山等人返回越南河內籌集軍火。而當孫中山返回河內的時候，他們聽到了廣西提督龍濟光攻陷鎮南關的消息。一個月後，在鎮南關起義中失敗的黃明堂等人偷襲雲南河口，並趁勢向蒙自和個舊進攻。但又被雲南總督錫良擊退回越南境內。

一次一次的失敗，孫中山和同盟會都元氣大傷，此時正值清朝預備立憲時期，立憲得到了國內立憲派的大力支持，革命力量不斷削弱，加之清廷的大肆搜捕，革命形勢岌岌可危，悲觀的情緒也充斥革命黨內部，此時必定需要一次重大的勝利給革命打上強心針。

宣統三年（一九一一年），孫中山、黃興孤注一擲在廣州發動了最大規模的起義，這一次他們花了大力氣進行了周密的部署，計畫派遣八百名「選鋒」先期進入廣州佔領要害部門，接著打開城門，引進起義的新軍。然而，這一計畫並未得到很好的執行，由於清廷再次察覺了革命黨人的起義計畫，最終起義倉促發動，僅有一百六十餘人參與進攻，最終全軍覆沒。事後，有人將犧牲的屍體合葬在黃花崗，共有七十二具，這就是著名的廣州黃花崗七十二烈士。

到此為止，孫中山奮鬥十餘年，所經手的大小起義已有十次之多，然而仍舊未能推翻清廷的統治。落魄的孫中山甚至只得在美國丹佛朋友的酒店中打工度日。眼看著革命一次次失敗，而清廷的力量卻似乎越來越強盛，孫中山能夠最終獲得勝利嗎？

【知識鏈結】

林覺民（一八八七～一九一一），字意洞，號抖飛，又號天外生，福建閩侯人，林徽因之堂叔父。少年之時，即接受民主革命思想，推崇自由平等學說。留學日本期間，加入中國同盟會。一九一一年春回國，留下情真意切的絕筆「與妻書」，和族親林尹民、林文隨黃興、方聲洞等革命黨人勇猛地攻入總督衙門，轉戰途中受傷力盡被俘。在提督衙門受審時慷慨宣傳革命道理，最後從容就義，史稱「黃花崗七十二烈士」之一，他也是在這場革命中成百上千捨家為國的革命義士之一。

皇族內閣惹人怒，灤州兵諫，君主立憲夢破滅

黃花崗起義以失敗而告終，革命形勢又陷入了暫時的低谷。不過，晚清政府卻從中看到政治改革的必要性。朝廷中的立憲黨人都抱著在政治改革的進程中分得一杯利益之羹的幻想。可以說，這種幻想，正是灤州兵諫的根源所在。

灤州兵諫的主要領導人吳祿貞、張紹曾和藍天蔚，三人在日本留學時結為莫逆，時人有「士官三傑」之美譽。他們頗受孫中山思想的影響，更與湖北籍的革命者劉成禹等人交往密切。然而，他們的身分是清廷官派的軍事留學人員，並不是嚴格意義上的革命者，只是有著變法強國的願望，卻沒有從根本上改變政治制度的勇氣，只能稱之為朝廷中的立憲黨一派。

學成歸國後的一九一一年，吳祿貞任陸軍第六鎮統制；張紹曾任新軍第二十鎮統制，駐守瀋陽、新民一線；藍天蔚則任第二混成協統領官。可以說，這三人手中所掌握的新軍兵力之總和，在北方來說當屬首屈一指。

這也為他們舉起灤州兵諫的大旗創造了條件。

黃花崗起義之後，政治改革的呼聲愈加強烈，清政府也開始主動尋求改革。一時之間，朝中的立憲黨人彷彿看到了一線曙光。

五月八日，清政府開始實行責任內閣制。然而，建立的卻是被時人稱之為「皇族內閣」或「親貴內閣」。這一責任內閣制的出現使得立憲黨人先前的政治期待全都化為泡影，激起了他們極大的惱怒。緊接著，盛宣懷所提出的鐵路國有化之建議又為朝廷所採納，南方各省群情激奮，反抗聲音此起彼伏。最終導致了保路運動這一武昌起義先聲的浪潮。

這種國內局勢可不是清政府希望看到的。為了壓制各地風起雲湧的抗議聲浪，清廷決定，於當年秋天調動大軍舉行永平秋操。命禁衛軍第一、二、三混成協和新軍第一、四、二十鎮先後從駐地向灤州一帶集結。

新軍第二十鎮正是由張紹曾所統領。當張部從駐地新民府開往灤州之時，武昌起義爆發，一時之間全國大震，士氣不振，軍心大嘩。朝廷當即下令將當年秋操的一切準備活動予以停止，並改編部分新軍為兩軍，趕往湖北前線。

接到朝廷旨意後，從各地進發灤州集結的各路大軍相繼回撤，返原駐地待命。唯有張紹曾所部的第二十鎮仍舊駐紮於灤州。

灤州乃北京門戶，拱衛帝都的京畿要地。張紹曾在此要害之地按兵不動，朝廷頓時起了疑心。此時正值多事之秋，紫禁城裡自然擔心武昌之事在灤州重演，而一旦武昌變局再現，北京勢必會成為起義者首當其衝的目標。為避免這一極為不利的後果，清廷派出多名與張紹曾相交的將領，趕往灤州當說客。第六鎮的統領吳祿貞便是其一。

此時的吳祿貞已經奉清廷之命返回原駐地保定。出生於湖北的吳祿貞、藍天蔚等人對家鄉發生的武昌起義尤為關心，再加上留日期間受到革命黨人思想觀念的薰陶，對武昌起義確有遙相呼應的考慮。而且，張紹曾滯兵灤州不歸，其實也是「士官三傑」最初的計畫之一。

朝廷派吳祿貞前去遊說張紹曾，實等於給了士官三傑一個名正言順的溝通串聯機會。三人也正好藉此良機，對之前制定的計畫做一番修正。

十月二十七日，張紹曾坐擁灤州之兵，聯絡一批新軍將領，發動兵諫，聯名向朝廷施加壓力，要求朝廷將立憲事宜儘快提上日程，以政治制度上的徹底變革，來對南方革命黨人的合理要求進行回應。張紹曾他們認為，此措施不僅能維繫清政府繼續存在下去，也能在政治上推動中國的進步。一時之間，朝廷難以抉擇。張紹曾等人騎虎難下，又繼續施壓，要求將軍隊駐紮在南苑，以兵臨城下之勢逼迫朝廷。

這時，一列載滿發往武昌前線軍火的列車，給張紹曾又一個向朝廷施壓的機會。

這趟專列上的軍火採購於歐洲，奉朝廷之命，由東三省總督趙爾巽發往武昌前線，天津兵站司令部副官彭家珍負責押運。但趙爾巽萬萬沒有想到，這個彭家珍，竟是一個潛伏得極深的革命黨人。這批軍火對武昌前線的局勢有何影響，誰都心知肚明，因此彭家珍馬上透過特殊管道通知第二十鎮統制張紹曾，希望張紹曾用各種手段將軍火截留或扣留，以用來支援武昌前線的革命將士。

張紹曾經過一番考量，決定用被扣留的軍火向朝廷施壓，以實現儘快政治改革、儘快實行君主立憲、回應南方的要求的政治目的。

這與彭家珍以及其他革命黨人的想法明顯不同。

張紹曾扣押支援武昌前線軍火的消息傳到北京，馬上引起了一系列連鎖反應。朝廷動用了各種關係，透過各種方式勸張紹曾以國家大事為重。

張紹增見目標未成，軍火不可能就此乖乖交出。十月二十九日，張紹曾、盧永祥、藍天蔚、伍祥楨、潘榘楹（吳祿貞因調任山西巡撫而未一同聯名，後於十一月七日，被袁世凱所派的殺手暗殺）等新軍將領聯名向朝廷上奏，要求清政府立即實行真正、徹底的君主立憲制，「以定國危而弭亂」。

這份洋洋灑灑萬餘言的奏摺歸根結底只有一句話，就是要求朝廷立刻進行政治體制的改革。如果張紹曾等人的建議能夠為朝廷所採納，武昌方面的那場如火如荼的起義至此就完全可以結束，因為此時的革命黨人還需要藉助封建官僚的勢力，這種折衷的結局也正是他們所期待的。然而清廷卻罔顧張紹曾等人的忠誠，對他們的建議採取了糊弄的對策：一點點讓步，一點點為皇族爭取更大的權益。

結果錯失良機，君主立憲的機會完全喪失。大清帝國，也就在武昌首義的革命浪潮中走向了最終的滅亡。

【知識鏈結】

一九一〇年，英法德美四國銀行團逼清政府訂立借款修路合同。一九一一年五月九日，清廷在郵傳大臣盛宣懷的策動下，宣布「鐵路國有」政策，將已歸商辦的川漢、粵漢鐵路收歸國有。四川修築鐵路的股金，不僅來自紳士、商人、地主，還有農民，而且農民購買的股份占很大比例。清政府頒布「鐵路國有」政策以後，由於拒不歸還四川的股金。因此招致了四川各階層，尤其是廣大城鄉勞動人民的反對，進而掀起了轟轟烈烈的保路運動。保路運動也是辛亥革命成功的重要因素之一。

武昌起義，溥儀退位，三百載大清終謝幕

彼時，坐上大清金鑾寶座的乃是宣統皇帝——溥儀，坐鎮軍機處的乃是溥儀生父——醇親王載灃。這對不幸的父子，終究要背上亡國之君的千古罵名了。

從光緒末年開始，革命黨人不斷地起義，又不斷地被清政府鎮壓下去。到宣統三年（一九一一年）四月，黃花崗起義再次失敗以後，同盟會內部發生了分歧，消極悲觀絕望的情緒彌漫在每一個同盟會員的心頭。

正如黃興所言：「此番以黨之全力舉事，中外周知，而事機坐誤，不能有成。粵省一失，各處都不能發。」

然而，大清帝國已至垂垂老矣的階段，絕不是不可推翻的。

宣統三年（一九一一年）十月十日夜，武昌陸軍第八鎮的駐地上，工程第八營後隊二排哨長陶啟勝正在查夜，他看到班長金兆龍抱著槍在東張西望。別的士兵見陶啟勝過來都忙不迭站起來敬禮，只有這個金兆龍不理不睬。

陶啟勝怒極厲聲罵道：「想造反哪！」他本以為金兆龍會乖乖地站起來認錯。誰知道金兆龍一個鯉魚打挺跳起來，嚷嚷起來：「老子今天就是反了。」說完劈面一拳，和陶啟勝扭打在一起。

兩人打得熱鬧，陶啟勝突然中槍而亡。所有人都驚呆了，原來是金兆龍班的士兵程正瀛開的槍，一眾人驚慌失措之際，程正瀛連續開槍打死聞訊趕來的軍官，另一位熊秉坤當即鳴哨，跳上一個彈藥箱，厲聲大叫「反了」，緊接著拿出一條白毛巾，纏在頭上，舉槍振臂一呼，向外衝去。眾士兵愣了一下，紛紛拿起手中的槍吼道：「殺韃子，殺韃子……」說完，一窩蜂地隨著熊秉坤向楚望台的軍械庫湧去。

改變了中國歷史進程的武昌起義，就這麼爆發了。

保路運動正風潮迭起，兩湖地區的革命團體文學社和共進會見此良機，便準備在武昌和長沙聯合舉行起義。在同盟會的協調下，兩個團體的代表在武昌召開會議，初步定於十月六日中秋節那天於武昌和長沙同時起義。

然而，革命黨人的計畫卻趕不上變化。就在會議召開的當天，新軍八鎮炮標三營的幾個士兵因為退伍，便和大家吃喝，飲酒行令。結果與執勤的排長發生了爭執，事情越鬧越大，士兵發生了嘩變，直到馬隊前來鎮壓方才平息。

因為這一事件，湖廣總督瑞澂擔心革命黨人趁機作亂，因此宣布八月十五不放假，並且全城戒嚴，新軍官兵一律禁足不得外出，並禁止攜帶彈藥。在這種情況下，革命黨人的起義計畫自然不能實行，另外由於湖南方面也沒有準備充分。因此又延期十天，重新定於十月十六日發動起義。

不過，一件意外事情發生了。十月九日，共進會領導人在漢口俄租界秘密製造炸彈時不慎引起爆炸，被聞聲而至的俄國巡捕發現，拘捕多名革命黨人，並搜出革命黨人花名冊與起義文告。俄國方面當即通知了瑞澂。

如臨大敵的瑞澂立刻下令全城戒嚴搜捕革命黨人。受此打擊，文學社領導人當即決定提前發動起義，但由於計畫臨時更改，起義各方無法聯絡。只好再次宣告推後進行。與此同時，瑞澂卻在城內指揮軍警大肆捕殺參與起義的新軍官兵。到十月十日，起義的領導人已有多名犧牲。眼看起義又一次要遭到失敗了。

這時，新軍士兵們決心自行發動起義。

十月十日晚，武昌北門外，第二十一混成協炮十一營輜重隊士兵李鵬升，首先點燃了草料庫，舉火為號，同情革命的新軍士兵們紛紛響應，各自向楚望台軍械庫進發。隨後就發生了金兆龍等人起義的一幕。

經過一夜的激戰，起義的新軍士兵佔領了武昌城。漢口漢陽隨即聞風而動，發動起義。十月十二日，武漢三鎮全部為起義軍所掌握。起義士兵迅速成立了中華民國軍政府鄂軍都督府，改國號為中華民國，一個新的政權成立了。

驚慌不已的清政府連忙調集北洋陸軍前往鎮壓。這時候，聽說革命成功喜訊的黃興等人連忙趕到武昌。雙方在漢口和漢陽展開了激烈的爭奪，戰鬥持續了四十一天，史稱「陽夏保衛戰」。

雖然最終漢口和漢陽重新被清軍奪回，但在這四十一天中，湖南、廣東等十五個省紛紛通電起義，宣布擁護共和。在清政府所謂的關內十八省中，只有甘肅、河南、直隸、山東四省效忠清朝。

這時候，束手無策的載灃想到了袁世凱。不得已，他只好請袁世凱回來主持大局。宣統三年十一月一日，「皇族內閣」解散，袁世凱任內閣總理大臣。

袁世凱一方面命令北洋新軍保持對革命軍的壓力，另一方面又聯絡英國公使朱爾典從中斡旋議和之事。在袁世凱的計謀之下，同盟會最終與袁世凱派出的議和代表達成了共識。雙方答應由袁世凱勸說清帝退位，而以支持袁世凱擔任中華民國大總統為交換條件。

此時的攝政王載灃，隆裕皇太后已經完全做不得主。雖然對袁世凱出爾反爾的行為切齒痛恨，但也無可奈何。

一九一二年二月十二日，隆裕皇太后宣布接受南京參議院通過的《清室優待條件》，並發布《遜位詔書》，在詔書中宣布宣統退位，並委託袁世凱組織臨時政府。而隆裕與宣統則「帝得以退處寬閒，優遊歲月，長受國民之優禮，親見郅治之告成。」

這一刻，大清帝國走到了歷史的盡頭。

從努爾哈赤龍興遼東建立後金開始到宣統退位，二百九十六載光陰，十二位帝王。有堅忍，有豪情，有熱血，有無奈。

時光的車輪在不斷轉動，封建社會迎來了自己的挽歌，民主共和深入人心，無人可敵。歷史，將掀開新的一頁。

【知識鏈結】

《關於清帝優待條件》，大意是：「一、清帝辭位後尊號不變；二、每年由民國政府撥給銀四百萬兩；三、暫居宮城日後移居頤和園；四、宮內的執事人員照常留用，以後不得再招閹人；五，原有之私產由民國政府特別保護。」原本在此有待條件下，溥儀仍可在頤和園中安靜渡日，偏偏因為「張勳復辟」的鬧劇被趕出故宮，開始了一生顛沛流離、任人擺布的棋子生活。

汲古閣 19

一讀就停不下來的

大清史

作者	劉觀其
美術構成	騾賴耙工作室
封面設計	九角文化/設計
發行人	羅清維
企劃執行	張緯倫、林義傑
責任行政	陳淑貞
企劃出版	海鷹文化
出版登記	行政院新聞局局版北市業字第780號
發行部	台北市信義區林口街54-4號1樓
電話	02-2727-3008
傳真	02-2727-0603
E-mail	seadove.book@msa.hinet.net
總經銷	知遠文化事業有限公司
地址	新北市深坑區北深路三段155巷25號5樓
電話	02-2664-8800
傳真	02-2664-8801
香港總經銷	和平圖書有限公司
地址	香港柴灣嘉業街12號百樂門大廈17樓
電話	（852）2804-6687
傳真	（852）2804-6409
CVS總代理	美璟文化有限公司
電話	02-2723-9968
E-mail	net@uth.com.tw
出版日期	2023年06月01日　三版一刷
	2023年10月05日　三版五刷
定價	380元
郵政劃撥	18989626　戶名：海鴿文化出版圖書有限公司

國家圖書館出版品預行編目（CIP）資料

一讀就停不下來的大清史 ／ 劉觀其作.
-- 三版. -- 臺北市 ： 海鴿文化，2023.04
面 ； 公分. --（汲古閣；19）
ISBN 978-986-392-487-6（平裝）

1. 清史 2. 通俗史話

627.09　　112003967

SeaEagle

SeaEagle

SeaEagle